本书为国家语委
"十三五"科研规划 2020 年度重点项目
"语言文明规范与社会治理研究"
（项目编号 ZDI 135－127）
最终成果

方小兵 徐大明 等著

语言文明与社会治理

南京大学出版社

图书在版编目(CIP)数据

语言文明与社会治理 / 方小兵等著. —— 南京：南京大学出版社，2023.11
ISBN 978-7-305-26423-8

Ⅰ.①语… Ⅱ.①方… Ⅲ.①社会语言学－研究 Ⅳ.①H0-05

中国版本图书馆 CIP 数据核字(2022)第 248864 号

出版发行	南京大学出版社
社　　址	南京市汉口路 22 号　　邮　编　210093
书　　名	**语言文明与社会治理** YUYAN WENMING YU SHEHUI ZHILI
著　者	方小兵　徐大明　等
责任编辑	张淑文　　　　　　　编辑热线　(025)83592401
照　排	南京南琳图文制作有限公司
印　刷	南京新世纪联盟印务有限公司
开　本	718 mm×1000 mm　1/16 开　印张 16.5　字数 305 千字
版　次	2023 年 11 月第 1 版　2023 年 11 月第 1 次印刷
ISBN	978-7-305-26423-8
定　价	90.00 元

网址：http://www.njupco.com
官方微博：http://weibo.com/njupco
官方微信号：njupress
销售咨询热线：(025) 83594756

＊版权所有，侵权必究
＊凡购买南大版图书，如有印装质量问题，请与所购
　图书销售部门联系调换

语言与人类文明(代序)

李宇明

语言是人类最为重要的用于交际和思维的符号系统,是推动人类进步的重要力量。语言与社会互动互育的过程中,语言结构、语言媒介、语言功能等不断发展丰富,社会文明也日新月异,各种共同体不断建构、升级、重组,人类的生活方式、生产方式、学习方式乃至思维方式、体格体能都发生着重大变化。全面认识语言及其与人类文明的关系,对多个领域的科学研究、大众语言生活、国家乃至全球治理,都多有裨益。

一 从交际、思维、文化、图腾四个维度认识语言

语言的首要职能是充当人类的交际工具,传递信息,表情达意。手势、体态、图画、符号,乃至音乐、花语、红绿灯、手机里的表情包等,都可用于人类交际,但其使用多有局限,只能用于特殊交际场合,或作为语言的辅助手段。

人类的交际工具与思维工具具有内在关联,最常用于交际的也用于思维。思维有情景思维、形象思维和逻辑思维等不同类型,凭借的分别是情景、形象和语言。逻辑思维是人类的主要思维形态,以语言为思维工具;情景思维、形象思维也需要语言参与,故而语言是人类最为重要的思维工具。用于思维的语言是内部语言,由外部语言内化而来。研究表明,思维时都伴随有发音器官的神经运动。儿童内部语言的发育尚未完成,常用自言自语的方式进行思维;老年人因内部语言退化,也需用唠唠叨叨的方式来帮助思维。

作为人类最为重要的思维工具,语言必然影响思维方式和思想内容。而所谓的文化,其广义是指人类的所有创造物。当人类拥有语言后,语言与文化的关系可谓"互为表里",如纸之正反面,布之表里层。但若详论,可将二者关系概括为如下三点:

1. 语言是文化的重要组成部分。动物界都各有信息交换手段,类人猿甚至具有类似于人类语言的萌芽,但皆不能与人类语言同日而语。语言是人类

的伟大创造物,助弱小的人类成为"万灵之长",人类80%以上的信息由语言来记录、传递、贮存。

2. 语言是文化最重要的负载者、建构者和阐释者。语言的文化负载主要在三个"容器":第一,语言单位、语言结构及文字中蕴含的文化内容;第二,语用习惯中的文化规约;第三,口语和书面语记录的各种文化。文化是个不断建构的过程,语言因其交际、思维的职能而影响着文化的创造与传播,自然成为文化最为重要的建构者。文化一般分为表层、中层和底层,表层指器物等有形可察的物质文化,中层是制度文化,底层是意识形态。文化层次愈深,语言的构建作用就愈显著。文化的深入理解需要阐释,语言是最好的阐释者。其一,非语言文化,如音乐、绘画、雕塑、建筑、服饰、古玩、化石等,需要语言阐释才能准确理解其文化意义。其二,新文化新思想的普及,文化的纵向传承及向其他文化区域的横向传播,更需要语言阐释或译释。这种阐释或译释的重要性,从教科书、辞书、解说词、导游词中常能感受到。

3. 文化滋养语言。语言在文化的滋养中运作,其生命力取决于语言社团的文化厚度和创造力。不断有新发现、新发明、新思想、新艺术、新器物出现的社团,其语言也就充满活力,甚至还影响其他语言,成为其他人群的外语,成为国际某领域的用语。而若语言社团文化衰微,其语言也营养不良,甚至逐渐濒危。

语言具有如此重要的职能,便常成为文化社团的"图腾"。不少国家的宪法或法律常有国语的规定,国语与国旗、国徽、国歌具有相同的象征意义。其实,语言与民族(部族)、国家并非一一对应,有的民族没有自己的语言,有的民族使用多种语言,有的国家有多种国语,有的语言为多国所用。尽管如此,语言必然是许多国家、许多民族的图腾,也是个人身份认同的标记,凝聚着群体的特殊感情。语言问题处理不当,常会引起语言冲突,甚至引发语言战争。

二 语言发展与人类进步

人类形成发展的历程,就是获取语言、使用语言、发展语言、创新语言技术的过程。人类起源仍是科学之谜,有"多元论""一元论"等诸多学说,基因研究与化石研究的成果倾向于一元论。人类出现于距今300万年至200万年期间,现代人类的直接祖先是生活在非洲东部的智人。距今8万年至6万年期间,他们来到亚洲;4.5万年前或更早,到了印度尼西亚、巴布亚新几内亚、澳大利亚;4万年前进入欧洲和亚洲;1.5万年前从亚洲到北美,再到南美。

人类一直在没有语言的漫漫长夜中艰难生存,大约在7万年前才获得语言。有了语言,人类的认知能力发生了革命性变化,发明出船、油灯、弓箭等,有能力从西亚迁徙到全球。人类语言有两大特点:1.用有限符号表达无限意义;2.可以表达现场之外的事物。这就可以通过回忆表达过去,通过设想展现未来;可以臧否社会成员,虚构各种故事,将这些故事推演为群体信仰;可以创造出《荷马史诗》《吉尔伽美什》《罗摩衍那》这样的史诗。

为打破时空对口语的限制,人类进行了6万余年的艰难探索,实验过结绳记事、实物传信、图画刻符等,最终发明了文字。大约5500年前,两河流域出现了楔形文字(亦称"丁头文字")。中国的甲骨文有3300来年的历史,但其之前应有千年的演化史,距今5000多年的仰韶文化遗址中的几何形符号,或有汉字萌芽的性质。今天,世界文字有3000多种,基本分为两大系:1.由楔形文字演化而来的拼音文字系统,包括阿拉伯文、古希腊文、拉丁字母、基里尔字母、印度天城体字母等;2.汉字及受汉字影响产生的文字。此外还有玛雅文、彝文等特殊起源的文字。文字的发明与应用,使语言拥有了光波载体,形成了书面语,产生了"识字人"这样专门收集、整理、阐释、传授知识的文化群体,人类历史由传说进入有文字记载的信史阶段。

印刷术是帮助书面文本传播的重要语言技术,其前身是雕版技术。雕版起于隋,行于唐,盛于宋。北宋毕昇发明泥活字印刷,其后400年辗转传至欧洲,产生了古腾堡的铅合金印刷术。激光照排技术的出现使印刷术融入现代语言技术中。近千年的活字印刷,打破了知识垄断,读书读报的机会增加,知识普及,社会快速进步。

20世纪初,广播、电视等有声媒体产生,语言拥有了"传声传影"的电波媒介物。口语功能大幅提升,标准语音迅速普及,也方便了外语教育。电影、电视可把语言交际现场重现,图像、字幕、语音三媒体同用,信息传播既快且远,世界因此而聚为一体。

1946年电子计算机问世,1969年计算机网络出现,1995年互联网商业化。互联网为人类新建了一个生存空间,滋生出大批网络新媒体,"传统媒体"也移居网上。媒体在网络上聚合融合,形成"全媒体、融媒体"。计算机不仅构筑了互联网,而且也在发展人工语言智能(简称"语言智能")。1954年,美国乔治敦大学首次完成英俄机器翻译试验,拉开了机器翻译的序幕,也开启了计算机获取语言智能的征程。如今,"人—机—机—人"交际成为交际常模,机器进行语言翻译、信息检索、写作、与人对话的水平日见提高,人类很快就进入与语言机器人共处共事的时代。

互联网和人工智能的联袂发展,催生了大数据时代。数据不仅是推进科技进步的关键要素,也是数字经济的关键要素。2019年10月,党的十九届四中全会将"数据"与"劳动、资本、土地、知识、技术、管理"并列为第七大生产要素,这是重大的理论创新。人类观察世界所形成的数据,可供计算机处理的数据,80%都是语言数据,因此,语言数据也是数字经济时代的重要生产要素,语言在人类历史上开始扮演"生产要素"的新角色。

人类出现之前,世界就是自然界,只是一个"物理空间"。人类的出现,在物理空间中生长出一个"社会空间"。互联网所构造的"网络空间",早期附属于社会空间,但是人工智能的发展,特别是拥有语言智能的机器人出现,网络空间正转化为人类的第三空间——"信息空间"。2019年11月,潘云鹤院士在《人工智能2.0与数字经济》的学术报告中指出,人类正由传统的二元空间,逐步进入"物理空间、人类社会、信息空间"所构成的三元空间。

信息空间正在建构发展,其结构及运行机理还在逐步完善、逐步认识中。但有一点相对明确:信息空间主要是被数字化、智能化了的语言空间。语言过去具有"单空间"性,只在社会空间中使用;如今是在社会、信息两空间中使用,发展为"双空间"性;就发展趋势看,语言并不满足于此,还将跨入物理空间,具有"三空间"性。若在需要驱动的目的物上植入语言机器人,人即可与万物关联,与万物对话,使万物具有语言智能。无人驾驶的汽车、轮船、飞机,已经展示了人与物对话的雏形。就三元空间的发展前景看,"新基建"应理解为"智能基建",即不仅为数据铺设通道,还应让基建物具有智能,在物联网的帮助下促成"人—机—物"三者的互动,特别是三者的语言互动。

三 个体语言能力与人生质量

人是语言动物,个人的一生也是获取语言、使用语言、利用语言完成人生使命的一生。人生不同阶段有不同的语言任务,需要不同的语言能力。

十月怀胎,受精卵发育为新生儿,几乎演绎了地球生命发育的全过程,个体发育是群体演化的"缩影"。新生儿的智能水平还不如类人猿,但儿童在学前期习得了口语之后,其认知飞速发展,可达文字创制时人类的水平。口语习得对儿童有三大作用:1. 植入一个母语的认知框架;2. 如脐带般连通着母语社会,不断从中汲取心智营养;3. 与父母、老师、玩伴等周围人保持信息互动。进入小学、中学,识字并逐步掌握书面语,也涉及有声媒体和网络媒体,人类5000年文明都可以摆上精神餐桌。中学生口语更精密,知识获取更便捷,已经具备当代人的思维能力。

大学阶段是在高中课业基础上接受专业教育、掌握专业语言的阶段。大学毕业(包括研究生毕业)走向工作岗位,人开始职业化,专业能力转化为职业水平,专业语言转化为职业语言。此期是人生的成熟期,也是语言成熟期,其生活与建树与语言能力密切相关。国人良好的语言能力包括三点:1. 具有多语能力。能够掌握方言和民族语言,以深扎文化之根;能够掌握国家通用语言,以拓展扎实而开阔的人生半径;能够掌握一两门外语,以方便在人类文化中穿行。2. 掌握现代语言技术,特别是信息空间常用的语言工具。3. 懂些语言规划。做好家庭语言规划,以保证子女得到良好语言教育;了解国家、行业或单位的语言规划,以出色完成职业使命。

70岁后进入明显的语言衰退期。口耳手眼等器官退化,听说读写不便,且大脑语言中枢也开始老化。专有名词遗忘严重,前言后语关联不畅,话语与语境不能适配,甚至失去语言能力。补偿老年语言损蚀,延缓语言衰退,维持"语言健康"进入健康老年生活,是重要课题。

许多语言疾病也妨碍语言生活,影响人生发展。如失明人只能学习盲文,且对颜色、形状不能直接感知而影响颜色词、量词和一些形容词的使用。失聪致哑,失聪人不能使用正常口语,只能用手指语(手势语)交际,故而影响到抽象思维能力。此外还有失语症、失读症、口吃、儿童语言发展迟缓等。近年来,儿童自闭症成为城市多发病,因自闭而产生的交际障碍影响儿童的教育发展及其家人的心理和生活。全民健康是全民小康的基础,研究语言疾病,有效预防、治疗、康复语言疾病,运用现代语言技术补偿患者的语言生活,应引起社会高度重视。

语言能力是个体的重要劳动能力。从原始社会到农业社会、工业社会、信息社会,语言能力在体力、智力中的比例逐级而升。在人口移动半径急剧加大、第三产业快速发展、线上经济活动变为常态的今天,语言能力已成为重要的劳动力,在许多岗位甚至是主要劳动力。人类的发展就是主动适应社会、适应工具。适应意味着改变,改变知识库,改变思维方式,改变体能,甚至改变体格体形;这也可叫作进化、"物化""工具化"。农业技术、工业技术主要延伸人的体力,体力适应主要改变的是体能;信息技术主要延伸人的脑力,脑力适应主要改变的是大脑。如果说信息空间主要是被数字化、智能化了的语言空间,那么今后人类的进化主要是被"语言化",以适应现代语言技术和语言空间。

四　语言传播与共同体建构

人类是群体动物，分属于各种共同体。不管是历史上还是今天，都有不同层级的共同体存在。这些共同体的形成与存在，都需语言作沟通纽带，都与语言传播相关。

古代，人类群落的大小取决于交际工具的能量。语言产生之前，人类的群落规模都不大；人类拥有语言这一强大交际工具之后，群落不断扩大，且可以远距离迁徙以寻找更适合生存的环境。这种原始群落几乎分布全球，产生了不同的部族与宗教，创造了丰富的史前文化。

印刷术促进书面语传播，在欧洲也影响到现代国家的形成。现实生活中，语言是个连续统，相邻村落一般都能相互通话。印刷术将语言连续统切分为段，形成不同语言的边界，促成语言认同，也帮助民族身份的认同和民族国家的建立。共同的阅读帮助建立起共同的集体记忆，进一步为"想象共同体"奠定了想象基础。印刷术在中国的表现与之有异。汉字不是拼音文字，印刷术没有将方言连续统切分为段，反倒模糊、弥合了方言界隙，加强了方言众多的汉语共同体；甚至还模糊了汉语与民族语言的界隙，增强了中华民族共同体的凝聚力。

汉字及汉语书面语在东方的传播，构建了"汉字文化圈"这样一个文化共同体。朝鲜半岛长期使用汉语作为书面语，朝鲜北方1945年废除汉字，韩国1948年才规定公务文件不得使用汉字。日本在公元604年用汉字颁布了17条宪法，这是日本用汉语作公文的标志性事件。直到明治时期，官方的文件告示还是用汉文发表。越南历史上都是使用汉语书面语，直到1945年9月，汉字和喃字才被废除。在学习汉文经典、使用汉语汉字的过程中，日语、朝鲜语（韩语）、越南语都吸收了大量的汉语借词，并借鉴汉字创制了假名、谚文和喃字。至今，汉字汉语汉文化在这个文化共同体中还有特殊表现。

当前，世界上有7000余种语言，这些语言及其方言与大大小小的语言共同体关联，与部族、民族、国家和超国家共同体关联。人类的多数共同体都有一个语言的故事。中文、英语、法语、西班牙语、阿拉伯语、葡萄牙语、德语、俄语、荷兰语、斯瓦希里语、波斯语、马来-印度尼西亚语、印地-乌尔都语等，都叙写了这些语言故事的精彩篇章，值得研读。

中国当前重要任务之一，就是铸牢中华民族共同体意识，既要充分发挥国家通用语言文字的作用，又须妥善处理国内各方言共同体、语言共同体的关系。同时，通过"一带一路"倡议、南南合作、南北对话、区域一体化合作平台及中非、中拉、中阿等合作论坛，中国也在推动形成多个周边命运共同体、亚洲命运共同体、"一带一路"等多层次多梯度的"中间共同体"，并最终指向"人类命运共同体"这一宏大蓝图。命运共同，需要语言共通。

世界百年未有之大变局，包括国际政治变局，也包括科技发展、经济形态变化而带来的各种变局。在认识变局、适应变局、引导变局中，要有语言意识，提升语言觉悟。特别是面对信息空间的快速发展，面对人类未来三元空间的格局，面对语言数据作为主要生产要素的数字经济时代，面对被"语言化"的人类进化前景，更要重视语言之力，获取语言之益。

前　言

　　本书是国家语委"十三五"科研规划2020年度重点项目"语言文明规范与社会治理研究"(项目编号 ZDI 135-127)的最终成果，该项目主要关注语言文明与社会治理之间的关系问题，具体探讨语言文明规范建设与当前的语言政策、城市管理、乡村振兴、社会治理之间的关系，并在此基础上提出符合21世纪国家语言战略需要的语言规划科学预案。

　　本书主要内容由导论、20章正文和余论组成。导论交代语言文明研究的缘起，正文20章分为五个部分，分别探讨了语言文明与社会治理领域的五个重要议题。余论就语言文明话语建构提出了一些对策。下面，我们对正文的五个部分依次做一些介绍。

　　第一部分的话题是"语言文明理论建构"。这是后面三个部分讨论的出发点。第1章"从文明语言到语言文明"概述了语言文明的研究现状，论证了语言文明概念的层次性，认为语言文明可以从个体、集体和民族共同体三个层面进行考察，不应该把"文明语言"(礼貌语用)等同于"语言文明"概念。第2章"论中华语言文明"指出，中国语言是中华文明的组成部分，是一种语言文明。华语文明("华夏语言文明")根植于中国农业文明，是华夏文明的同构体，在创造华夏文明的同时，华语文明也在创造、发展和完善自身。国际中文教育发挥的就是推动文明互鉴这一重要作用。第3章"语言伦理与语言文明"提出语言伦理是语言文明的一个组成部分，语言伦理关注的不是言辞礼貌，而是讲话人和话语内容的"诚、正、善、雅"。"诚"指不欺诈、不讲假话、空话、套话，避免空洞式、吹捧式和掩盖式等类型的语言腐败；"正"指遵循语法、拼写、标点等方面的规范，避免语言错误和不规范、低俗化的用法；"善"强调道德规范，避免侮辱诽谤、语言歧视，基于同理心宽容善待文化多样性和所有语言的传承；"雅"是言语行为规范的高层次要求，指语言形式上追求典雅精致，内容上追求人伦教化。第4章"人类语言的最后一道屏障——言语社区"指出，言语社区规范的动态性使得目前的"弱人工智能"还不足以对人类构成威胁，但是机器语言的发展已经足以突破"只有人类可以使用语言"这一界限了。在智能语言机器广泛应用的情况下，在听到任何对话的声音时，说话人不能假设对方就是一个有血有肉的人，也不能期望对方是有一定同理心的正常社会人，更不能因为听到熟悉的口音就假设对方是我们熟悉的言语社区的成员了。第 5 章"三主体言语社区：互联网时代的语言生活"指出，传统的言语社区是双主体的，但是在互联网时代，言语社区不仅需要包含说话人和听话人两个主体，还需要包含另一个必不可少的主体——"联话人"。它不但可以进行"原汁原味"的语音传递，还可以高智能地进行"语音增强"的改进，即改变部分自然产生的语音信号以利于交际。这些选择性的语言加工及自动翻译等等都可以界定为扩展的联话功能。在这种情况下，联话人的目标不仅是语音的传递，而且是为高层次的言语交流效果服务。联话人不仅可以连接说话人和听话人，也可以随时中断双方的对话，因此具有"语言管理"功能。

　　第二部分讨论的话题是"语言文明与话语实践"。第 6 章"从话语阐释到话语规划：语言政策研究的话语路径"认为，虽然以往的语言政策研究都或多或少涉及话语问题，但无论是话语阐释，还是话语批评，或是话语互动，都只是针对既有政策的话语分析。话语规划则是一种完全由话语驱动的语言政策研究路径，关注的是政策话语的形成、传播、阐释、援用和反馈这一全景式的政策过程，充分考虑话语规划的多元主体，以及不同群体和不同层次话语间的竞争，认为在不同领域和不同层次都可以发现具有能动性的主体在进行话语规划，而且即使是官方话语，也并非异口同声且始终如一，而通常是一种多声部的动态话语。同时，语言意识形态必须借助话语的力量才能显示作用。一些研究者热衷于将不同语言意识形态定制为各种语言政策背后的驱动因素，但实际上缺乏相应的证据。而采用可观察的话语，则可以避免这种随意性。如果在观察语言生活时，缺乏话语这个抓手，就容易沦为政治学、社会学和管理学的研究模式。如果顺着话语这条线索去考察，就会发现许多有价值的、有可操作性的语料，这样便可以发挥语言学学科本身的优势，在语言政策与规划研究中做出学科自己应有的贡献。第 7 章"20 世纪 80—90 年代的中国语言文明研究"指出，改革开放初期我国的语言文明研究目标是满足社会语言生活的拨乱反正和满足全社会精神文明建设的需要，主要集中在倡导规范语言和礼貌语言的使用上，是在"语言是人与人之间的交际工具"和"语言美有助于精神文明建设"的理论思想指导下开展的。语言文明的探讨实质上是对语言本体规划的讨论，加上国家语委等有关部门负责人、文化界、新闻界人士召开的"语言文明建设"座谈会，更加凸显了语言文明建设作为国家语言规划的重要组成部分。第 8 章"语言文明建设中的 4A 评价原则"认为语言文明建设离不开语言文明评价机制,建议从语言信息的可用性(availability)、可及性(accessibility)、可接受性(acceptability)、可适切性(adaptability)四个原则(简称 4A 原则)入手,做好语言文明评价工作。该原则兼顾硬件设施完善与软件服务质量,静态结果与动态过程并重,自我评价与外部评价相结合等综合评价手段,能够保证语言文明建设各项工作落到实处。第 9 章"语言文明的雅言特质、内涵与路径"认为,雅言雅语是语言文明的集中特质。语言文明既关涉表达者、又观照理解者,强调主体双方在互相尊重的基础上进行的语言沟通,减少因语言文化的摩擦导致不必要的理念与行为冲突。中国自先秦开始,雅言就作为一个重要的范畴被历代文人学者所重视。雅言雅语除了修辞学与美学的意义,内容上强调言论的正确合理、反映现实、合乎文明教化。作者认为,语言文明建设应该做到以下四点:一是要将人们的日常交流语言规则融入精神文明创建工程和新时代文明实践中心建设;二是要加强语言教育,厚植优秀文化资源助力语言文明,持续提高国民语言文字使用的水平与能力;三是要关注全球化背景下跨文化过程中的语言文明,使国家通用语言文字发挥主体作用,外语服务因需可及;四是进一步明确法律依据,对包括语言文明相关的国家和地方性法规、政府规章进行全面梳理,持续推进语言文明治理。

第三部分讨论的话题是"语言文明与城市管理"。第 10 章"城市语言管理与城市语言文明建设"将语言管理理论和语言生活研究成果应用到城市管理领域,提出建设城市语言文明的倡议。该倡议包括对政府的语言文字工作的建议和倡导全社会共同参与语言文明建设的内容。城市语言管理可以结合创建文明城市的工作,开展包括言语互动规范在内的城市语言文明建设。针对这一目标,语言学界需要开展相应研究。研究包括发掘现有的语言文明的内容,也包括确立进一步提升语言文明的目标和实现这些目标的方法和途径的内容。第 11 章"城市语言文明建设与小区名称标牌语言景观规范"认为城市语言景观是社会公共空间建构的重要部分,各级部门虽然对小区名称景观建设都提出了明确要求,但在贯彻落实过程中还存在一定差距。大力推广和规范使用国家通用语言文字、传承弘扬中华优秀文化是我国需要在各领域长期坚持的一项基本政策。在小区名称景观的建设管理中,同样也应该长期坚持这一政策,这样有利于构建"健康向上的人文环境、有利于青少年健康成长的社会环境"的新时代文明城市。首先,大力推广国家通用语言文字,使规范汉字成为小区名称标牌的基本用字;其次,对当前标牌中存在的不规范语言使用现象,予以坚决规范,尤其是要加强对开发商相关法律法规的系统教育;最后,大量使用饱含中华优秀文化,特别是优秀传统文化的名称也是未来小区标牌设计的重要思考。第12章"语言政策与规划视角下城市洋化地名的治理"中，作者从语言政策和规划的多主体性的角度探讨洋化地名和洋化地名治理，建议基于不同权利主体的能动性，探讨语言政策宏观和微观层面的互动，进而说明语言政策和规划的多层次性和多主体存在。作者将官方治理洋化地名的语言政策和规划作为宏观层，将地方政府、开发商、主流新闻媒体作为中观层，将普通大众作为微观层，通过三者的互动来说明治理洋化地名这一语言规划活动的复杂性，进而说明从语言规划的发起直到政策实施，不同层级的行动者进行充分对话和协商才是语言规划成功推行的关键。第13章"从一米高度看城市语言文明"提出，在儿童友好城市建设中，应该为儿童成长发展提供适宜的条件、环境和服务，规划"一米高度看城市"的儿童视角。一米高度的语言景观应该针对儿童需要，提供适宜的内容，培育语言规范、语言伦理和语言文明。

第四部分讨论的话题是"语言文明与乡村振兴及文化传承"。第14章"农村家庭语言文明：问题及对策"指出，家庭语言文明是在家庭域的语言使用中所体现出来的良好文化修养和令人愉悦的语言环境。文章调查了江苏省连云港市灌云县某农村中学初二年级两个班的学生和部分家长，发现父母通常使用的不文明语言有"比较型"（"你看别人家的孩子"）、付出型（"我都是为你好"）和否定型（"你怎么这么不争气/学习不好干什么都没用"）、辱骂贬低型（"你怎么那么蠢"）、夸张讽刺型（"养条狗都比你听话"）和漠视型（"我懒得理你"）。目前，孩子的学业表现成为影响家庭语言文明的最重要因素，而家长对家庭语言暴力认识模糊，家庭语言文明意识淡薄。第15章"村落振兴的实践路径及对语言生活的影响"以福建省厦门市军营村为调查对象，指出在城镇化的大背景下，乡村振兴也在面临村庄空心化的挑战。尽管乡村的方言保护是一个大课题，但作者认为，无论是对已有的产业进行升级改造，还是开辟新的产业，都需要军营村及时提升自己的语言及文字水平；军营村未来的发展，将取决于它能否从外部吸引年轻的人才。在此，语言一定是不可忽略的因素。第16章"南洋华侨历史文献《公案簿》与中华语言文明传承"指出，中华语言文明与在地语言文明因南洋华侨而产生接触联系。中华语言文明的复杂性，让其他民族有时会出现疑惑，华侨先辈要负责进行解释，这是最好的语言文明接触与理解的过程。通过官职名称借词变化可以发现，中华语言文明具有包容性的特点，不仅是过去语言接触理论视角下的借词，而且是文明视域下互鉴与汲取营养。南洋华侨没有因为生存压力而抛弃自己的祖语文明，而是大办义学、招募塾师、促办新学，努力地传承中华语言文明。《公案簿》作为华侨历史文献，见证和记录了南洋华侨传承中华语言文明的历史，这也提示我们，对华侨文献当代资源价值的挖掘,要多一个语言文明的视角,要结合语言接触、语言传承的基本语言学理论,从文明的角度寻找在海外传承中华语言文明的鲜活故事。第17章"汉字文明的特质及申遗可行性分析"指出,汉字已经超出了语言辅助工具的记录功能,其自身已经形成了一种文化符号。汉字文明是中国为世界创造的重要文化遗产,汉字是古文字体系唯一流传至今的文字;汉字具有强大的文化功能,衍生出众多文化形态(如书法、剪纸、楹联);"四大发明"中的"造纸术"和"印刷术"就是汉字记录和书写活动的鲜明写照,为世界文明发展做出了重要贡献;汉字文化是共存文化,至今在汉字文化圈国家影响深远,建议申请加入世界非物质文化遗产名录。

第五部分讨论的话题是"语言文明与社区语言规范"。第18章"手机号码分段中的机构干预与动态趋同"认为,手机号码分段是一个未被管理的社区语言现象,不同的手机号码分段会带来交流的困难,有些人认为这不是什么大问题,另外一些人则会因此改变自己的习惯,改用社区中较为流行的分段。因此,个人的语言习惯在言语互动中会有适应性的调整。在社会交际中,通过不断试错和调整,最终,多数人的语言习惯趋于一致。这种情况可能就是主流形式以及社区规范形成的基础。言语社区的规范不具有强制性。因此,在刚性语言管理的空白区域,手机号码分段的个体变异得以产生。群体变异特征在社会认同和机构规范的影响下逐步形成,社区规范在群体间互动的基础上形成,机构支持的语言规范在与言语社区的互动中逐步实现。第19章"电话号码分段与语言文明规范"通过调查发现,口语层面过多的手机号码分段模式,特别是违背经济原则的四分、五分模式,不利于语言信息交际,也违反了语言文明规范的基本要求。手机号码分段变异模式过多,如果不进行语言规划,迟早会影响到书面语,社区层面的规范会遭到挑战,最终会影响语言文明建设。适度的语言管理可以遏制语言的负功能,进一步提升语言文明的规范性。第20章"机构规范与社区规范:手机号码分段变异调查"分别对企业的400电话、固定电话、手机号码进行统计分析,以探究机构规范与社区规范的互动。作者认为,尽管社会语言学认为统一的语言规范在较大范围得以实现一般需要几代人的时间,但是在交际密度较高的言语社区内,一代人即可形成一个社区主流趋势。

本书由方小兵负责总体策划和最终定稿。各章编写安排如下。前言:方小兵;导论:徐大明;第1章:方小兵;第2章:郭熙;第3章:方小兵、方愈、陈羽;第4章:徐大明;第5章:徐大明;第6章:方小兵;第7章:李荣刚;第8章:滕延江;第9章:沈凡莘;第10章:徐大明;第11章:袁伟、丁元;第12章:杨黎黎、尚国文;第13章:孙小春;第14章:蔡冰;第15章:付义荣;第16章:王文豪;第17章:安丰存;第18章:李荣刚、徐大明;第19章:于蓉、张斌华;第20章:陆书伟、徐大明;余论:方小兵。

  在成书之际,我们衷心感谢中国辞书学会会长、中国语言学会语言政策与规划专业委员会会长、北京语言大学李宇明教授慷慨赐序,感谢南京大学出版社尤其是张淑文女士对本研究给予的关注和关心,为本书的顺利出版提供了重要支持。

  由于水平有限,书中各种讹误、欠妥之处在所难免,还望方家批评指正。

方小兵
2023 年 10 月

目 录

导论：文明自语言始 ·· 001

第一部分　语言文明理论建构

第 1 章　从文明语言到语言文明 ·· 009
第 2 章　中华语言文明 ··· 017
第 3 章　语言伦理与语言文明 ·· 020
第 4 章　人类语言的最后一道屏障——言语社区 ······························ 026
第 5 章　三主体言语社区：互联网时代的语言生活 ··························· 035

第二部分　语言文明与话语实践

第 6 章　从话语阐释到话语规划：语言政策研究的话语路径 ··············· 047
第 7 章　20 世纪 80—90 年代的中国语言文明研究 ··························· 061
第 8 章　语言文明建设中的 4A 评价原则 ······································· 067
第 9 章　语言文明的雅言特质、内涵与路径 ···································· 071

第三部分　语言文明与城市管理

第 10 章　城市语言管理与城市语言文明建设 ·································· 079
第 11 章　城市语言文明建设与小区名称标牌语言景观规范 ················ 088
第 12 章　语言政策与规划视角下城市洋化地名的治理 ······················ 105
第 13 章　从"一米高度"看城市语言文明 ······································ 118

第四部分　语言文明与乡村振兴及文化传承

第 14 章　农村家庭语言文明：问题及对策 ····································· 127
第 15 章　村落振兴的实践路径及其对语言生活的影响 ······················ 140
第 16 章　南洋华侨历史文献《公案簿》与中华语言文明传承 ············· 163
第 17 章　汉字文明的特质及申遗可行性分析 ·································· 173

第五部分　语言文明与社区语言规范

第18章　手机号码分段中的机构干预与动态趋同 …………… 185
第19章　电话号码分段与语言文明规范 …………………… 195
第20章　机构规范与社区规范：手机号码分段变异调查 ……… 202

余论：语言文明观念阐释、话语实践与政策建构 …………… 212

参考文献 ……………………………………………………… 224

导论:文明自语言始

在人类历史上,语言的产生和使用标志着社会发展的一个文明阶段。语言作为社会组织的方式替代身体暴力的社会控制手段是一项进步,同时开拓了个体理性发展、群体协商合作的新途径。文字等语言记录技术的发明和应用进一步提升社会认知和社会合作的规模和程度。现代化国家的产生和发展高度依赖语言文字的应用,通过教育、传播和管理的方式锻造了现代言语社区,陶冶了语言文字的存现模式,使之成为更强有力的社会动员和社会组织手段。因此,现代人和现代社会基本体现为语言人和语言社会。

一、文明社会与语言文明

语言社会相对于前语言社会,很大程度上排除了暴力的使用,是比较文明的社会。语言社会所残存的暴力内容可以区分为隐蔽的和显露的语言暴力;前者指利用语言的隔阂功能所进行的信息屏蔽,后者指利用语言的传意功能所进行的精神伤害;前者大多体现在社区层次,后者大多体现到个体层次。本文首先讨论"硬"语言暴力,即最明显的对言语社区个体成员的精神伤害,这种伤害最接近于身体暴力的伤害,也是社会文化层次上对群体的排斥和伤害的基础性表现。介乎于社区和个体之间的大小群体的争权夺利活动中以语言为主要介质的欺诈活动和歧视行为可称为"软"语言暴力,这些内容延伸到语言暴力分析的更多维度,可以留待今后的讨论。

自索绪尔起始的现代语言学的重要成果是对语言的表意功能的认识,其中指出语言形式和语言意义的二重性及其对应关系的任意性。20世纪中叶发展起来的社会语言学则进一步指出之前所忽视或默认的语言表意体系的社会局限性。21世纪以来的理论建设,在语言使用研究和语言变异研究的基础上,将其界定为语言的"社区性",即语言的功能基本上是在社区的层次实现:在社区内是沟通和联系作用,在社区之间是隔阂和分离作用。人类的语言,虽然其生物基础是人类物种进化的结果,但实现为多样化的"语言和方言"的变体,只是在高度抽象的层次上才成其为"人类语言"。因此,进入人类活动和经济社会的层次,语言最主要的功能不是区分人类与其他物种,而是人类个体社会化和群体之间的社会结合的方式、路径和形式。

人类的发展可以界定为文明的发展,即从野蛮向文明的过渡,以及文明程度的不断提升。上文提及的语言及语言社会的产生和发展可以作为上述命题的一个例证。语言社会的发展因此也可以再纳入文明程度的分析。语言社会的文明程度体现为语言暴力现象的减少和消除,而第一层的语言暴力即"硬"语言暴力,从"语言文明"的发展上看,是需要认真对待的内容。社会上的硬语言暴力现象,成为建设和谐社会的道路上显而易见的障碍。

语言作为人际交流的工具,上文已经提及,主要实现在面对面交际的层次和文化背景相似的人群内部。因此,语言作为交际工具基本是用于实现一系列的社会互动目标,可以界定其为一系列的社会言语行为,如询问、回答询问、宣示善意、回应善意、宣示恶意、拒绝交流、等等,学者们从哲学、社会学和语言学方面对此有很多研究,但仍然有许多争议和空缺的内容。

上述的言语行为基本可以概括到语言的传意功能范围之内,因此属于言语社区内部活动。言语行为的实现需要互动双方共享一套行为框架认知系统,而这一系统的应用就是言语社区成员身份的体现。言语社区成员身份包含有关的言语交际的知识及应用这些知识的能力和实践。当然,要获取这些知识和能力一般也需要一个旷日持久的实践过程。已有的研究基本是在称作"交际能力"和"语言社会化"的话题之下开展,有很多有用的成果。

综上所述,可以建立这样一条思路:语言社会是人类文明的一个标志,但当前的语言社会仍然残留一些文明程度较低的内容,可以界定其为"语言暴力"。语言暴力的减少和消除是语言社会的进步,也是社会文明的提升。语言暴力涉及多种语言功能的许多内容,但是最基本的和显而易见的是"硬语言暴力",即对社区成员产生精神伤害的言语行为。下面要讨论的问题是:具体哪些言语行为是上述的伤害性行为,它们怎样造成伤害,等等。

二、言语社区与语言文明

接续上述言语行为的话题,可以想到,宣示敌意的言语行为,宣示恶意的言语行为,可以是以伤害为目的的行为。但是,这些行为的实现也还有一些条件,需要该行为的对象具有一定的接受能力。具体来讲,如果你说了一句意在侮辱听话人的话,如果对方没听懂,那你伤害的目的似乎并未达到。进一步举例,在某社区,你对某人说,"你是我儿子",可以被理解为一种侮辱和伤害;同样一句话的字面意思,在具有不同社区背景的某人理解中,却可以是宣示善意的一种表达。

建设和谐社会,提升道德标准,传播"与人为善"的思想,是包括语言学家在内的所有社会成员的责任和义务,但是怎样以语言学家的特殊身份和专业特长来对此做出贡献,却需要针对特定的语言问题。语言学家不一定是道德专家或心理导师,因此其语言学知识不一定能用来直接降低社区成员因各种社会原因而产生的敌意和冲突。但是,依笔者之见,以确信大部分社会成员的社区意识为前提,通过揭示和解释许多"无意为之"的伤害性言语行为的效应,可以产生提升言语社区文明规范的程度。

言语行为的实现是以社区为条件的,社区的特点是合作与和谐。言语社区也是如此,一个言语社区,之所以成其为言语社区,就是因为它是一个和谐的语言生活环境,而且,其和谐和功效也是建立在一定的文明程度之上的。上文所提到的,一个言语社区的多数语言应用场景都是以互通信息、合作共事、宣示和回应善意为目标的。然而,作为适应当前社会发展阶段的一种机制,其中往往也包含少量敌对性、攻击性的言语行为模式。这一点,充分体现了语言作为人类社会的结构性内容的特点。

如上所述,有意为之的言语伤害行为,语言学家的解释似乎无力阻挡。然而,"无意为之"的伤害行为,一旦行为主体认识到其错误和严重性,就有可能予以改正或有所收敛。因此,下文重点讨论这类行为。

上面举了一个例子说,一句侮辱的话在一个不同的文化背景的人理解起来可能成为一个善意的表达。其实,相反的情况也成立,一个善意的表达在不同文化背景的人那里可能会理解成恶意的宣示。具体的例子读者可以自己去找,应该不难找到。"跨文化交际"的研究中有许多这类内容。

下面要提示的是"动态言语社区"的理论。传统的、比较简单的"言语社区"的理解,是"理想的"言语社区,其语言学上的理解,不是"高度文明"或"无语言暴力"的理想状态,而是一个社区内群体和个体之间无差异的语言传意过程。然而,现实的言语社区都是包含社会分化、语言变异和语用变异的言语社区。尽管如此,言语社区仍然是高度规范化的说话人群体。每个言语社区,都有一些习焉不察的语用规则、语境意识,有一些"正常"的搭话、发话、回话等方式,有一些熟人之间"必须"要说的、生人之间一般不说的话,有一些礼仪性的话语,也有一些"塔布",即"绝不能说"的话语。

静态性的言语社区研究往往是把上述内容作为定性的调查结果描述出

来。然而，应用社会语言学方法的调查研究显示，这些内容，以及语言学中认定的许多语音语法规则等内容也是如此，在现实中只是一些大概率事件，其中个别项目还是高度灵活变化的多种形式的表现。"跨文化交际"的研究，最初只是针对不同民族不同社区的成员之间的交际案例，逐步扩展到针对同一个社区的不同群体的成员之间的"误交际"案例。因此，民间流传的一些男女朋友以至夫妻之间的言语误解不都是过度夸张或凭空杜撰的作品。

　　大规模、高速度的城市化进程带来了人口流动、社区重组的效应。言语社区的不成文的规范，在无流动的小社区中往往习焉不察，跨社区流动人员则发现自己会将其"误用"到新社区，造成许多尴尬不便，或摩擦冲突，极端的情况则是不可挽回的损失。这里笔者不由得记起几年前发生在一座中等城市的"西瓜杀人事件"。事件是因买西瓜引起的纠纷，根据媒体的有关报道，交易中的争执进一步上升到言语的冒犯，而进一步的言语冲突最终导致一位中年人"激情犯罪"，执刀杀人，连续砍杀两位老者；甚至一位被害人在不断讨饶的情况下也还被砍杀。是什么"激情"在主导着杀人者，其与被害人之间有什么深仇大恨以致酿成如此惨烈的血案呢？

　　根据比较权威的媒体的报道，以案发现场的录像和记者调查为依据，事件历经一两个冲突的回合，从事件起始到杀人案发，历时不过几十分钟的时间。涉事双方，之前并无冲突或其他干系。根据围绕该事件的报道和微博等多来源的不同媒体的多项报告内容，事件中的三人，邻里熟人和亲友对他们的评价都是"好人"。其中，关于杀人者，人们之前似乎没有任何负面的印象，他既没有任何案犯前科，还被认为"老实"，谦和友好，事发前家庭也和谐无恙，个人情绪稳定。被害两位老者都是退休人士，也不乏"为人友好"的评说，唯一负面的评价似乎是"好贪小便宜"以及"与人争吵常占上风"等些许微词。所谓"激情犯罪"是记者引述法律专家的说法。对于语言学家来说，我们很想知道，两位老者是通过什么话语和言语行为激怒了一位素昧平生的"一向平和"的"好人"以致动杀机而不平怒的呢？整个过程的录像显示，两位老者没有采取任何肢体接触的攻击行动来伤害对方，现场录像并无录音，但显示说话的面部活动是清晰的。

三、言语行为与语言文明

　　笔者自然不能根据传媒上所提供的信息对事件妄作判断，所以，对这一事件的描述只作为一种可能的理论模式来对待。笔者首次注意到该事件，是网络上流传较广的一则传闻,即两位老者,因无法获得西瓜的退赔,声称要在超市门口连骂"七七四十九天",随后,在连骂第 N 天的时候,被骂者终于忍无可忍将其杀死。这一版本的帖子流传较广,笔者从不同来源多次收到,有的还伴随同情杀人者的跟帖。显然,一些相信该版本的人,以及有意无意讹传该事件的人,认为被骂 N 天以及还有未来直到 49 天的难熬的 N 天预期是可以产生累计效果以致逼迫人失去理性而动杀机的。

但是,有关"咒骂"效果的研究结果,似乎并不支持该种假设。咒骂在被骂对象身上产生的效果,一般随时间和重复次数的累积而减弱,也就是说,一些骂詈话语,刚听到时有反应,听多了反而会麻木了。有关研究显示,在一些方言或小群体的俚语和习语中,在其他方言或较大群体中"绝不能说"的"塔布"话语,因为频繁的使用,在该方言群体或社会群体中已失去骂詈功能,甚至具有普通词语的功能和作用了。因为,骂詈行为,必然包括一定的突兀性,而骂詈词过度频繁使用,不再有任何突破性的效果;听说双方均无骂詈的感应,可能早就忘记其骂詈词的意义了。

在创建文明城市的活动中,一些城市的"市民文明公约"列出"说话不带脏字"的条文,这是语言文明建设的有利举措。但是,何为"脏字"可能还需要继续研究,需要在社区层次上确定。如上所述,所谓"脏"不但是个比喻,而且有较强的相对性。一些人所认定的"脏"对另一些人来说可能并不感觉"脏"。反之亦然,一些人已司空见惯的言语行为,另一些人则难以接受。一般来说,同一言语社区中的同一代人,彼此之间对于各种言语行为的理解和接受度差距不大。当然社会分化比较严重的社区,在语言方面也会出现一些相应的分化,如上文所提到的性别群体之间的差异,社会阶层之间的差异,以及社会场合之间的差异,在骂詈语上也会有反映。

回到之前讨论的"西瓜杀人事件"的话题,一些旁观者认为是骂詈行为的反复累积,造成的伤害的程度加深,终于突破了骂詈对象的忍受底线而酿成了悲剧,笔者不太认同这一观点。根据该事件的比较权威的报道,整个事件的发生时间很短。笔者的判断:并不是可能产生的骂詈行为的时间增量,而更可能是当事人所发出的某些话语的内容突破了听话人所能忍受的底线,使之失去理性而付诸升级的暴力,这恐怕更符合所谓"激情犯罪"的典例。

根据已有的研究,不同的言语侵犯可能造成不同程度的精神伤害,而且因人而异。其实更重要的是,前面已经讲到,同样的话语,在不同的社区之间,其理解和效应会大相径庭。根据该事件的有关报道,涉事双方虽然都是当地社区的居民,一方似乎被认为是该城市的"本地人",另一方则是几年前来本地居住和工作的"农民工"。如果是这种情况,一方应该比另一方更适应当地言语社区的情况,在外地完成语言习得之后特别是在完成交际语言能力的习得之后才进入当地社区的人,总有一个适应当地社区规范的过程。对于相对较少遇到的争吵等语境来说,通过经历而改变和调整的可能性较小,不自觉地应用自己原来的社区规范的情况更容易发生。根据有关报道,首先发起言语攻击的两位老者似乎有较多的在本地争吵的经验,而根据事件的发展情况看,他们在发起攻击时绝没有预料到对方会做出这种反应,因为,虽然邻里对老两口与人争吵已习以为常,却认定从未产生过超越口头事件的情况。因此,两位老者可能以为这只是再一次的"维权"行动,结果却变成了一个致命的言语事件。根据各种相关信息的判定,这里存在一定程度的"交际失误",造成的原因可以追溯到"言语社区重组"的情况。

对于真实的"西瓜杀人事件"的解释,上述判断不一定准确,但是,作为一种理论演绎,则构成一个有意义的模型。这里用"交际失误"的极端情况来说明的一条"真理"可以是,在非理想化的言语社区中,言语互动双方可以产生误判对方企图的情况;而且,在动态的言语社区中,更可能出现这种情况。

四、结语

上述语言学分析的现实意义在于,在社会转型、人口大流动的情况下,我们似乎更需要提升言语社区和"动态言语社区"的意识。而且,对于许多有足够的社区意识和友善态度的社会人士来说,我们不仅需要在其他方面相互理解和容事容人,在语言方面也需要增强互助互谅以及文明规范的意识。对于以"文明人"自视的社会成员来说,我们可以增强"语言文明"的意识和对言语行为的敏感度。如上所述,我们可能无恶意地使用了一些词语,但不经意间却对有些听话人产生了冒犯。

语言学的有关研究显示,在受到言语冒犯或言语侵害之后,受到伤害的人可能会出现一系列无法控制的生理和心理反应,轻者为心跳血压内分泌等多项指标的短暂变化及不适的感觉,重者会高度激动以致失去理智,还可能留下长久或永久的心理烙印和社会心理障碍。因此,无论是个人还是社会,追求文明可以从语言开始。善良的人啊,要谨行也要慎言!文明的人啊,语言也文明。

第一部分

语言文明理论建构

第 1 章
从文明语言到语言文明

语言文明的说法早已有之,但作为一个概念和命题提炼出来进行推广,却是在践行社会主义核心价值观和倡导语言生活治理这一大的时代背景下才出现的。

作为一个从时代命题中提炼出的新概念,不同研究者对语言文明概念的内涵和外延理解存在一定分歧是在所难免的。为了深入把握这一概念,避免对概念基础属性和价值取向产生误解,更好地理解和应用这一概念,应该加强对语言文明的学理探讨,剖析概念的本源、形成过程、内涵和外延,才能掌握其本质属性。

一、"语言文明"研究综述

"文明"一词最早来自《易经》:"见龙在田,天下文明。"其原始语义是"文采光明"。在语言演变中,"文明"一词产生了多个含义。从已发表的文献看,"语言文明"与其中的三个语义相关。第一个含义指文治教化、文德辉耀、文教昌明,常常与德行修养联系在一起,因此,语言文明就是遵守礼仪,讲求礼貌,远离语言暴力的言语行为;第二个含义指社会发展水平较高、较进步的状态。因此,语言文明就是语言文化中积极、健康和进步的成分(陈汝东,1996);第三个含义是指人类在改造自然和社会的过程中所创造的物质和精神成果,是社会进步和发展的标志。因此,语言文明就是文化社团的"图腾"、文化成果的建构者和阐释者。(李宇明,2021)

从知网检索结果看,既有语言文明研究主要运用以下四种理论:语言规划理论、语体理论、社会文明理论和社会治理理论,涉及话题包括文明史(扬清,2002;王虹,2005;王海霞,2007;关健英,2019;刘芳,2021)、语言污染与语言规范(王静,2004;张娣,2007)、学生素质教育(赵清福,2005;张焕香、李卫红,2013;库忠芳,2016),以及服务窗口语言文明建设(束红岩、李向福,2005;张平云,2008),城市语言文明建设(李沿囲,2005;路卿等,2014;徐大明,2020),等等。

一提到"语言文明",大多数人想到的是言辞礼貌,不说粗话脏话,或表达形式符合通用规范,研究内容主要涉及"语言不文明"现象,如考察动画片中存在的语言粗俗问题(史雯娜,2016)、公共空间存在的语言粗鄙化现象(王玲、陈新仁,2019)、互联网使用中青少年群体遭受的语言霸凌现象(Van Hee,2018),等等。此类研究确实是语言文明的一部分,但似乎还只是涉及语言文明概念的表层,准确地说,是对"文明语言"的研究。

总体来看,尽管很多学者从不同角度探讨了语言文明,但大多围绕"文明"的第一个语义进行分析论述,没有考虑其层次性、系统性和理据性,也没有从提高这一概念的阐释力方面进行学理研究。

语言政策具有微观、中观和宏观三个层次,相应地,语言文明是不是也具有层次性?笔者认为,为了更好地认识语言文明,应该将这一概念分为三个层次。第一是个体层次的语言文明,表现在个体在言语行为上注重礼貌形式,避免语言暴力,这一层次属于语用范畴;第二是言语社区层次的语言文明,表现在群体倾向于使用普遍认同的典雅文体,这一层次属于语体范畴;第三是文化共同体层次的语言文明,表现在特定文化共同体有意识地通过母语来提出本土概念术语、建构知识体系和保存文明成果。文化共同体是指以共同的文化记忆、文化理念和文化精神生活为导向的共同体(高杨,2021)。显然,这一层次属于完整的语言范畴。在建构、阐释和传播文明的过程中,语言也表征了一种文化所达到的物质文明和精神文明的高度。上述三个层次既相互独立,又相互依存和相互促进。

为此,本文将对语言文明这一概念进行学理研究。首先梳理个体语用层次语言文明的内在特征和实践路径,然后创新提出追求典雅语体是言语社区成熟的标志,是建设物质文明和精神文明必经阶段所呈现的特征。在此基础上,探讨语言文明在文化共同体层次的具体表现,并论证在文化层次语言与文明的同构性。文章最后分析语言文明三个层次的联系,以期澄清语言文明概念的理论旨趣,彰显这一概念所蕴含的现实价值,助其成为阐释语言生活的核心概念。

二、语用视角的文明语言

以文明方式行事,就意味着"一切事情都必须通过言辞和劝说(即和平的方式),而不是通过强力和暴力来决定"(阿伦特,1998)。在这层意义上,文明与野蛮相对,倡导平和语言,反对语言暴力。

语用层面的语言文明涉及两方面的内容:一是礼貌用语的使用,强调语言文明意识,致力于语言和谐;二是语言规范的保障,强调语言生态治理,致力于语言秩序。前者从正面引导语言文明,后者从反面杜绝语言不文明,两者殊途同归。

(一) 礼貌用语:唤起语言文明意识

礼貌是一种语言意识,代表着对他人的一种尊重,是同理心的一种表现,反映人性的真善美。恰当使用礼貌用语,可以融洽人际关系,有助于建立和谐的社会氛围。

礼貌用语对内容和形式都提出了要求,如内容上要求言辞美好、友善委婉、用语得体,摒弃野蛮粗俗和低级趣味;形式上要求恭敬谦和,彬彬有礼。不礼貌的言语行为会引起人们的反感,也损害了社会文明,尤其是公共服务机构更需要重视礼貌用语的使用(徐大明,2013;张天伟,2021)。

语言是社会的一面镜子,语言文明是一个社会文明程度的折射。在什么场合使用什么样的礼貌语言,实际上是一种语用规范,并不是可以自然习得的,而是需要指导和培训的。一个人经常被不文明的语言包围,就慢慢失去了对语言文明的意识。因此,我们除了要从小培养孩子学习使用礼貌用语,还需要在全社会大力宣传礼貌用语,以唤起民众的语言文明意识。

(二) 语言治理:致力于语言交际秩序

语言治理旨在消除语言不规范、不纯洁、不健康的问题,以维护语言秩序,实现多元异质语言生活的和谐。这一过程是一种多主体的共同治理,强调社会协同和公众参与度。

在语言政策与规划研究中,消除语言不规范现象是一个经常被提及的话题,但仅有少数学者以语言文明的视角阐述,如"语言规范化是衡量一个民族文明尺度的重要参数之一"(胡培安,2001),"语言文字规范化是一个国家发展和社会文明的标志"(周秋原,2005)。语言治理的另一个重点内容是保持语言纯洁,消除"语言污染"。一方面是杜绝血腥暴力、粗俗恶心、不堪入耳的脏话,一方面倡导母语纯洁性,整治崇洋媚外,过多使用字母词和欧化句式的现象。

语言治理还有一个经常被忽视的内容,即消除语言腐败,不说假话、空话、套话,营造风清气正的语言生态。语言腐败主要表现在话风败坏,不符合社会主流价值观的"诚实"原则。空洞式、吹捧式和掩盖式等类型的语言腐败会污染政治生态,影响公序良俗(贠杰,2019)。

当前,语言治理的重要话题是整治语言暴力,包括侮辱谩骂、人身攻击、网络霸凌等暴力行为,消除"黑界""祖安文化""饭圈文化"等语言负能量,维护语言交际秩序,提升政府形象,以保障社会稳定(党兰玲,2012;郭继荣、杨亮,2021)。

尽管礼貌语言使用经常涉及集体组织,特别是提供公共服务的机构,但归根到底还是针对每一个使用语言的当事人,语言生活的末端治理也是涉及一个个具体的语言使用者。因此,语用视角的语言文明在本质上是个体层次的。

三、语体视角的典雅语言

探究语言文明概念时,我们需要思考"现代文明怎样体现在现代语言的特征和模态之上"。笔者认为,现代文明要求语言不仅具有日常交际功能,而且应该具有典雅的美学特征、艺术传承价值和文化传播价值。言语社区共建、共享典雅文体是现代文明的基本需求和典型特征。

(一)提升典雅语言能力

新型冠状病毒感染期间,基层社区的标语、口号尽管直白传意,但也暴露民典雅语言能力的局限问题。社会交际中频繁出现的言语行为"低俗化"问题,以及官宣文本中的文法文体错误问题,已经开始拖累社会进步的步伐,其中许多问题可以归结到语言能力的层次,而语言能力提升的先决条件是具有相应的语言意识问题,这里就是语体意识。在许多情况下,我们并未意识到自己的语言能力存在局限性,更没意识到这是一个语言文明问题。其中一个重要原因就是学界对语言文明的研究还远远不够,语言文明在语言政策与规划研究中还是一个盲区。(徐大明,2020)

2020年2月,日本各界在向中国捐赠抗疫物资时,印在物资箱上的众多温情脉脉的古诗一下子吸引了人们的注意力:"山川异域,风月同天""岂曰无衣,与子同裳""青山一道同云雨,明月何曾是两乡""辽河雪融,富山花开;同气连枝,共盼春来"……典雅暖人的中国古诗标语,展现了汉语的魅力,迅速引起中国人民的强烈共鸣。与这些文辞典雅、意蕴深厚的诗句相比,我们口号式的话语"武汉加油""中国加油"就显得有些相形见绌。有网友写道:"不读书,你连捐赠留言都写不过人家。"

这里并不是贬低通俗语体。其实许多高大上的东西,一开始都是通俗的。

例如,《诗经》里的国风就是民歌。但如果一个言语社区的成员大多只会大喊口号,语体单一,满足于即时宣泄的需要,而缺乏那些充满诗情画意的典雅语言,这个言语社区的文明程度就不会太高。古人的礼仪文明强调以文化人,通过各种仪式让民众耳濡目染风格庄重的书面语,通过"立言"来"立人",以提高民众的文明意识。

李宇明(2021)认为,当下人们需要具备口语体、一般书面语体、典雅语体等"三语体"能力。典雅书面语是具有典雅、庄重风格的正式书面语,使用在典礼、法庭判决、宗教活动等场合。

在不同的场合应该有一些有例可循、行之有效的言语手段和表达方式。在尚未自然形成的言语社区中,这些可以进行有意识的设计和推行,使其成为言语社区的设施和财富(徐大明,2020)。如果言语社区成员都推崇典雅语言,那么语言文明就成为整个社会的一个组成部分,语言文明与社会文明就存在一致性和共生性的关系。

习近平总书记强调,一个国家、一个民族的强盛,总是以文化兴盛为支撑的(叶帆,2016)。语言不仅是文化的承载物,还是表征文化和传播文化的工具,因此文化复兴必须夯实语言根基。"言之无文,行而不远",即使是优质内容也需要借助丰富的表现形式才能具备更高的传播力。当前应该大力倡导典雅语体,不能被浅阅读、快餐文化所羁绊,这样才能为中华文明的传播插上翅膀。

随着语言智能服务越来越深入日常生活,我们还必须关注人工智能背景下的语言文明。以往的人工智能建设环节,更多关注信息的准确性和交流的流畅度,而不太关注语言的雅度。在人工智能中加入文明语言的使用,可以协助甚至引领语言文明建设,提升被人们所忽视的"雅语活力"。未来,中文智能机器人的语言文明也是一个值得研究的话题,不能总是冷冰冰的死板语言。语言外部化过程中典雅语体的使用问题应当提上研究日程。

(二)大力倡导雅文运动

唐代韩愈、柳宗元推动的"古文运动"通常被认为是一场文体文风变革,实际上,古文运动对文学上的影响远远不只在文体形式方面,它超越了复兴先秦古文的思想范畴,表现出一种强烈的创新性,深入思想、社会等诸多领域。

同样,近现代的"白话文运动"既是文体的革新,也是语言表达内容的变革,在当时的历史语境中,承担了扫盲和开启民智的社会使命。白话文运动兴起,旧式教育被摒弃,封建士大夫从书斋走向社会。人们的思想文化观念发生转变,公共演说在晚清不但是一个新事物,而且是一个象征"文明"和"进步"的新风尚(杨联芬,2021)。

白话文运动倡导"言文一致""我手写我口"。然而,白话文运动无意中也促成了欧化语言结构的泛滥。口头语言虽然可以在电影、相声、段子、网络小说中表现幽默风趣,但是许多"语不惊人死不休"的所谓通俗文学确实俗不可耐,甚至有辱斯文。"纯文学、雅文学病入膏肓,真正的通俗文学又因为没有纯文学的精神滋养而俗不可耐,文学在雅俗合流的面前似乎有些血气不足,面色黯淡。"(田晋芳,2006)众所周知,口头语言是一种低变体,书面语是一种高变体。典雅语体用于正式的交际场合,是高变体中的特殊成分。文风通常依赖于更大的文化环境,随着全民文化程度的提高,以及对文化软实力的重视,当今社会对典雅文体提出了新的要求。(田晋芳,2006)

笔者提出的"雅文运动"是以提倡典雅表达、促进语言文明为特点的文体改革运动。"雅"的原义是高尚美好,《尔雅》中的"尔"通"迩",意为"近",《尔雅》即"顺从规范、近于雅正、追求美好"。典雅既是一种礼仪,更是文明的表现,具有迫切的社会现实需求。例如,《经典咏流传》《见字如面》《中国诗词大会》《朗读者》《典籍里的中国》等文化类节目,并没有因为阳春白雪而曲高和寡,反而掀起一股收视热潮,成为雅文运动的先导力量。

如果说《诗经》中的"风"是白话文体,那么"雅"就是典雅文体,两者缺一不可,否则就会缺乏生命力——美的本质就是旺盛的生命力。典雅文体具有审美效果,然而实用主义正在毁掉中国人的审美。多年来推广普通话更多是为了促进日常交际理解,尤其是在西部少数民族地区,将提高普通话水平仅仅理解为念得准、写得对。遗憾的是,这些远远不够满足人民对美好生活的向往。事实上,当前即使是普通话测试达标的都市文化人也面临着母语素养亟待提高的问题,其中,掌握和熟练运用典雅文体是一个重要环节。典雅语体的丧失是白话文运动留下的遗憾(李宇明,2021)。令人欣慰的是,随着国家文化复兴、社会审美转型与民众需求升级契合,现代汉语正在尝试重构典雅语体。

雅文运动关乎生活品位、人文素质、文化情怀和文明程度。当下,应该通过雅文运动促进典雅语体与世俗生活的相融度。在特定交际场合,让典雅文体的气质、学养、审美理想展现出来。应该认识到,推动典雅文体也是一种语文建设,我们可以将其称为文体规划,与本体规划、地位规划、习得规划、声望规划并列,相得益彰。

四、文化视角的语言文明

语言在人类文明史上起到了关键性的作用,是文明成果赖以保存、得以赓续、能够传播的根本保证;语言不仅反映文明,还可以塑造文明和传播文明,汉字文化圈就是一个很好的例子。语言本身就是一种社会结构,是社会现实的一个组成部分,语言的变化就是文明的变化;文明进步推动语言发展,语言发展又提升了文明程度,两者相互促进,共同发展,彼此依存,共生同构。

从文化视角看待语言文明,实际上是考察语言在文明发展中的建构性作用。文明创造离不开语言,语言承载人文知识和科技知识,能够及时反映文明进步。提出本土术语和原创性的知识体系是语言建构文明的主要形式。然而,正如李宇明(2018,2020)所指出的,中国的科学工作者为英文的国际知识供给作出了大贡献,但是并没有为中文的国际知识供给作出同样的贡献,当前应该增加中文的国际知识供给,中文首发制度是中国科研成果中文化的必由之路。

概念和术语是思考的基本单位,是认识世界的重要工具,也是语言的基础成分。在知识供给中,本土术语的创新通常标志着科技发展和社会进步。语言建构文明的一种方式是利用母语生成大量具有原创性的新概念、新术语,在文化共同体中广泛传播并逐渐沉淀下来,成为文明体质中的"钙质"。改革开放40多年来,尽管中国经济发展在全世界独树一帜,但中国经济学的理论建构落后于具体实践也已成为一个不争的事实。缺乏原创性的术语和理论,导致我们常常依靠西方的概念体系来阐述中国当代经济发展的现象、本质和规律。

近代以来,我们从西方引进了大量反映自然科学和社会科学最新成果的概念术语,在一定程度上丰富了中文的表达能力,但泥沙俱下带来了"水土不服"和"消化不良"的问题,食洋不化更导致了牵强附会和生搬硬套的问题。如果我们一直奉行"拿来主义",长时间以西式思维阐释中华文明,长此以往,就会习焉不察,积重难返,贻害无穷。最理想的解决办法是直接从中国社会本身中抽象出某些概念,建构自己的术语体系,形成既具有中国特色,又具有普适意义的理论解释框架。

倡导中文知识供给,就是思考如何通过语言符号表征知识体系、承载文明成果的问题。知识创新为语言发展插上现代化翅膀。汉字计算机处理的成功让中国抓住了第三次工业革命的尾巴。随着第四次工业革命的加速发展,基因工程、人工智能、量子科学、核聚变等领域必然会出现大量的科技术语。我国在许多领域都走在了世界前列，但是即使我们最先发现客观世界的规律，提出新的假说，如果不敢主动创新术语，不屑于用中文发表科研成果，就无法发挥语言建构文明的功能。

在哲学社会科学领域也有许多前沿学科、交叉学科和冷门学科，要解读中国的经济、政治、文化、社会、党建等现实问题，中国学者最有发言权。"这是一个需要理论而且一定能够产生理论的时代，这是一个需要思想而且一定能够产生思想的时代。"（习近平，2016）中国特色哲学社会科学应该不断提出新的术语，促进学科体系和话语体系创新建设，推进文明复兴进程。可以说，用中文术语建构新的知识话语体系，已经成为一个时代课题了。

结　语

概念的价值体现在阐释力上。一个概念如果具有强大的整合和解释能力，就能够融静态与动态、总体与个体于一体，帮助建构较为细致的学科理论体系。以语言规划学科为例，如果"语言安全"概念仅仅讨论语言濒危现象，而不涉及语言关系安全（如语言冲突）和语言服务安全（如语言服务国家政治、经济、军事、外交的能力不足），那么语言安全概念就没有太多价值，因为我们完全可以用语言濒危取代它。类似地，如果"语言经济"局限于翻译经济和翻译产业，而忽视了语言创意、语言培训、语言康复、语言测试、语言文字信息处理等一系列产业，那么也难以成为语言政策与规划学科的重要概念。

语言文明关涉微观的个体行为、中观的集体规范和宏观的文化认同，它们共同构成三位一体的文明概念体系。因此，语言文明这一概念应该从语言规范、语言纯洁等意义中解脱出来，不再单单和礼貌用语、语言暴力等案例纠缠在一起。

语言文明作为一个基础概念，内涵深刻丰富，包容性和阐释力强，具有广阔的应用和发展前景。只要学界继续从普适性角度研究其本质特征，深化对概念内涵、层次和实现路径的认知，以跨学科的视角继续探索其应用范围，"语言文明"就一定会和"语言经济""语言安全"等术语一样，成为阐释当代语言生活的核心概念。

第 2 章
中华语言文明

一、让更多的人了解中华语言文明

中国是一个文明古国,而且是文明古国中唯一的现存者。在它的延续发展过程中,中国语言,包括各民族语言及其方言功不可没。它们既是记录者,也是创造者。没有它们,不会有今天看到的中华文明。中国语言是中华文明的组成部分,是一种语言文明。

通常人们谈到"语言文明",多会跟"礼貌语言""文雅""有教养"等联系起来。"说普通话,做文明人"这条颇受诟病的标语,就反映了对语言的这种认识。方小兵(2021)在《从文明语言到语言文明:论"语言文明"概念的层次性》一文中提出,文明始于语言。语言在建构和传播文明的过程中,形成了语言与文明的同构性,语言符号所表征的知识体系就是文明成果。这一提法,丰富扩展了语言文明的内涵,深化了对语言文明的认识。我觉得还可以再强调一下,这个语言符号体系本身就可以明确为一种文明成果,一种文明。

世界上有很多古老的文明,比如古埃及文明、古印度文明、古罗马文明,但是在中文里似乎没有"古中国"这个表述。这是因为根植于中国社会的中国语言文明也建构了中国社会,并与之共存,无须另称。没有中华语言文明,中华文明就失去了"存在的家园"。在历史和语言国情复杂的情况下,中华民族大家庭里的各个民族,延续和谐主体多样的语言生活。走出国门的中国人又把中华文明带到世界各地,促进了语言文明的互动;而中国的发展变化,更是激起了人们对这一东方文明古国的好奇心和工具性动机,学习中文的人越来越多。

学习一种新的语言,除用于交际,是要了解进而去理解另一种文明。例如,学了中文的称谓,就可以对中国的社会关系有一些认识;懂了"你吃了吗"的含义,就会明白中国的亲情社会文明。因此,国际中文教育发挥的就是推动文明互鉴这一重要作用。

国际中文教育目前有两个路向：一是海外华人的祖语传承，一是世界各地中文作为外语的传播。最终目标都是让更多的人了解中国，了解中国文化，了解中华文明。既往的国际中文教育中，重点多放在满足交际需要上。问题在于：掌握一种新的语言并非易事，而随着新科技的发展，人们未来对语言作为交际工具的依赖性会不断降低，为满足交际需要而学习外语的意愿会有所下降。因此，有必要重点倡导另一种语言价值观：多学习一种语言就多了解一种文明，多了解一种认识世界的方式。

要让更多的人了解中华语言文明，就需要拓展传播路径，现有的华语传承和中文传播目标也需要更多的弹性。中文传播不是语言扩散和侵略，是要推动语言文明交流互鉴。这需要我们把中华语言文明作为一个专门领域去研究，努力去发掘中华语言文明对人类文明的贡献，探索其形成和发展。

二、华语文明 生生不息

在人类文明史上，华语作为一种语言文明，源远流长，博大精深。跟"中国"一样，在漫长历史中，对华夏大地语言的称说方式总是因时因地而变，因势因人而异。这里称"华语文明"，是取"华夏语言文明""华语所构建和赖以承载之文明"的含义，与"文明语言"无关。华语文明是华夏文明的同构体，她在创造华夏文明的同时，也在创造、发展和完善自身。

华语文明根植于中国农业文明。在民族文化交流互动中，在各种文明碰撞影响下，华语文明积极吸收、消化外来文明，不断融合发展。农谚民谣、节令语、称谓语、禁忌语、吉祥语等等，都是华语文明的产物。作为中华文明的记录者、构建者、阐释者和传播者，华语文明是当今人类社会重要的文明之一。华语文明概念的提出，有利于深化对语言文字功能的认识，有利于更好地解释海外华人的文明传承，也有利于在人类文明新形态构建中，扩大其传承力和传播力。

作为语言学人，我们应特别重视华语文明的传承性、兼容性与和合性。

传承性使华语文明得以生生不息。华语文明代代薪火相传，不断发展，成为当今世界上唯一未曾中断的活态语言文明。虽历经数次大的历史变迁而仍能保持强大生命力，无论是改朝换代、名称更革，还是连年战乱和移民流散，都未能阻断华语文明的传承延续。就已有文献可见，语音对应规整，语法系统稳定；文言和白话各具文化价值和表达优势共时状态下，"俗""雅""庄"语体并存;还有对偶、押韵、平仄和格律基础上的诗词曲赋等语言艺术产品。世人所关注的汉字文明是华语文明的重要部分。汉字形义的统一性为中文书面语"超方言"提供了基本条件,有助于打破因方言造成的华语文明传承、传播和发展障碍。

兼容性显示了华语文明海纳百川、兼收并蓄的精神。自汉唐到近现代,华语不断吸收外来成分,并衍生发展出新概念、新术语、新词语;近代以来,借鉴西方文明,完善现代语言教育,白话文书面语语法系统为适应新科技、新文学等的表达和传播而产生"欧化"等现象。另一方面,借用和吸收外来词语,也根据华语规律进行"汉化"。例如,"数学""化学""物理学"的"学","啤酒"的"酒","吉普车"的"车",这些华语元素的加入,无不体现出华语文明蕴含的智慧和韧性。

和合性则让我们看到华语文明何以能与其他文明共存同荣。华语文明是一种非排他性文明,不具侵略性。历史上,华语文明不止一次随着华人播迁世界各地,但都能与当地文明和睦为邻,既传承了自己的语言文化,也推动了跟其他文明的互鉴。南洋华语和以南洋华语为基础的新马文学的形成和发展,中国南方三大方言在东南亚的落地生根,客家话在东马、在毛里求斯成为当地华人通用语,都是明证。

语言是符号系统,就其结构系统来说,无优劣之分。但是,除作为交际工具外,华语还是资源、遗产,是一种历史悠久的文明。这使她有了极为特殊的地位。和谐共生是当今世界人类文明的主旋律。生生不息的华语文明是人类文明交流互鉴的重要内容和媒介,是人类文明及其话语体系中的重要部分。如何深入认识、发掘和阐释华语文明,充分利用语言文明在人类命运共同体建构中的凝聚功能,发挥华语强大的人类文明共建动力和兼容性,同时,增强文明比较,开展文明对话,促进文明互鉴,这些都应进入语言研究的视野。

第 3 章
语言伦理与语言文明

一、语言文明的多维度研究

1981年2月25日,全国学联、全国伦理学学会、中国语言学学会等单位联合倡导在全国开展文明礼貌月活动,提出"五讲四美"的口号。"五讲四美"运动中的"语言美",掀起了全社会关注语言文明的热潮。许多学者开始探究精神文明建设中的语言文明问题。1996年4月,国家语委邀请社会各界人士召开了"语言文明建设"座谈会,对语言文字应用中的不良倾向和混乱现象提出批评,要求语言文明化和规范化的呼声日见高涨。当时语言文明建设的目标是消除语言应用中的洋化、封建化和粗俗化等不良倾向,纯洁祖国语言文字,净化社会语言环境。

受此影响,学界对"语言文明"进行了解读。有学者将语言文明界定为"人类在改造自然和社会的进化过程中,在语言文字生活领域所创造的先进成果和取得的成就以及所达到的进步状态"(陈汝东,1996:36)。张焕香和李卫红(2013:9)将语言文明看作"人们在语言使用中所体现出来的良好文化修养和令人愉悦的语言环境",是"人类文明的一部分,是社会文明的重要表现"。王玲、陈新仁(2019)将语言文明解释为"要言辞礼貌,不说粗话脏话,或表达形式符合通用规范,减少公共空间存在的语言粗鄙化现象"。语言文明研究探讨的范围不断拓展,包括政府官方文本格式错误、公职人员语言暴力、社会公共环境语言粗鄙化,大学生语文水平低下,逻辑思维混乱,网络语言低俗化、脏话、粗话层出不穷,等等。

方小兵(2021)提出语言文明可以区分为三个范畴,"个体范畴的语言文明表现在个体的言语行为上,包括注重礼貌形式,避免语言暴力,这一范畴属于语用学研究的内容;集体范畴的语言文明表现在典雅文体受到社会推崇,这一范畴属于语体学研究的内容;文化范畴的语言文明体现在民族共同体有意识地通过母语来提出概念术语、建构知识体系和保存文明成果"。郭熙(2022)赞成方小兵的"语言符号所表征的知识体系就是文明成果"这一提法,并强调说"这个语言符号体系本身就可以明确为一种文明成果,一种文明"。至此,文明始于语言,文字是重要的人类文明成果的观点逐渐为学界所接受。

在人类历史上,文字的产生和使用标志着社会进入了一个文明的发展阶段。习近平总书记在河南安阳视察时指出,"甲骨文为我们保存3000年前的文字,把中国信史向上推进了约1000年"。甲骨文是迄今为止中国发现的年代最早的成熟文字系统,是汉字的源头和中华优秀传统文化的根脉,在中华文明乃至人类文明发展史上具有划时代的意义。有文字才有文献,有文献才有文明。汉字也有经世致用的社会功能。许慎说仓颉造字后,可以在王者朝廷"宣教明化",这就揭示了汉字"经艺之本,王政之始"的社会功能(李运富,2022)。中国历代都有正字法,特别是文献的经典化和科举制,加上石经和字典的规范,汉字堪称带有政治性、法规性的文化符号,具有崇高地位。人类的文明史离不开语言文字的发展和应用,脱离了语言文字,现代社会恐怕就要解体。不能书写,就无法处理复杂的文书,就无法建立文官系统,就无法运行精密的罗马法律(潘岳,2021)。

二、语言伦理的研究

相对于国内的语言文明研究,语言伦理尚未成为学者关注的焦点。伦理,即人伦道德之理,指处理人与人之间关系的各种道德、礼仪、习俗和规矩,主要用于指导人们的行为,包括言语行为。"伦理"的文化本性是"居伦由理",从"伦"的实体出发,遵循"理"的规律,使个体的人回归"伦"的公共本质和精神家园,从而建构社会生活秩序,使人们"在一起"成为可能。

语言作为人类特有的交际行为,是个人和社会的伦理道德的直接外显。最早将语言作为伦理学的主要议题,应属美国哲学家查尔斯·斯蒂文森(Charles Stevenson)于1944年出版的《伦理学与语言》(*Ethics and Language*)。后来,赛义德(Said,1974)、塔尔莫(Talmor,1984)等学者也纷纷从伦理学的视角阐释语言符号和言语交际,并展开了语言伦理学的集中研讨。国内,陈汝东较早探讨这一话题,他的《语言伦理学》(北京大学出版社,2001)是国内语言伦理领域的首部专著,标志着中国语言伦理学的形成。该书将伦理学的研究从传统的道德领域拓展到了语言领域,提出了一个关于语言伦理学的理论框架。

李宇明(2009)研究了语言使用中的伦理问题,如语言歧视、语言暴力等,认为在语言使用中应该遵循诚实、公正、尊重他人、保护隐私等基本原则,不应该使用带有歧视、攻击或侮辱性质的语言。刘楚群(2019)的"中和诚雅"与语言伦理有密切的联系。其中的"中和"原则意在"中庸"与"和而不同",强调包容新的语言现象;"诚雅"意在"致诚"和"求雅"。"致诚"指不欺诈、不讲空话套话、不夸大、避免低俗化;"求雅"指语言形式上追求典雅精致,内容上追求人伦教化。前者是言语行为规范的低层次要求,后者是高级要求。"中和诚雅"可以保证语言的真实性、准确性和适宜性,这与语言伦理学的宗旨是相符的。

三、雅正思想与语言伦理

早在先秦时代,孔子就指出"雅正"为儒家思想之正统。今天人们可能更偏重雅正的美学内涵,但在孔子时代,道德伦理的权重更大。这一点可以从孔子的诗教观、乐教观、礼教观等内容中看出。

孔子的诗教观反映在其对语言形式的"雅正之求"上。孔子赞扬《关雎》,"乐而不淫,哀而不伤",他崇尚诗应从思想内容和语言表达两个方面注重"中和之美"。因此,"奇"的存在是不合理的,所谓"子不语怪、力、乱、神"(《论语·述而》)。孔子的乐教观反映在他一直提倡"中正平和"的音乐,如"韶乐"和"雅颂之乐"。孔子将"平淡雅正""温柔敦厚"之音作为礼乐的教学内容,进行意识形态的"乐德"教化。孔子推崇雅正之乐,强调音乐的教化功能,反对乱人心性的"郑声"。孔子的礼教观是以倡导中和、善美合一的雅正审美风格为纲,倡导建立和谐礼乐文化制度的教化范式。这既是知识分子人格境界的提升途径,也是历代贤君化育民风的治世良方。在游说列国时,孔子的"为政以德""政者,正也""名不正,则言不顺"等言论体现了其雅正的审美追求。

雅正思想是中国传统文化中的重要思想之一,它强调的是君子应该有优雅、端正的言行举止,以及在语言交流中注重礼仪、尊重他人、维护社会秩序等。雅正思想与语言伦理相关,因为它非常重视以下几点:在语言交流中尊重他人,不使用侮辱、辱骂、诽谤等不道德的语言;在言语互动中,注意维护社会秩序,不使用挑衅、煽动等不良语言,尽量避免引发社会矛盾和冲突;在语言表达中,注重自我修养,提高自身素质,不断完善自己,以达到雅正的标准。可以看出,雅正思想在语言伦理方面的核心理念是尊重他人、维护社会秩序和注重自我修养,旨在帮助人们建立良好的语言习惯和道德观念,促进社会和谐与进步。

方小兵(2021)提出应该通过雅文运动促进典雅语体与世俗生活的相融度。在特定交际场合,让典雅文体的气质、学养、审美理想展现出来。典雅文体建设实际上是一种面向语言伦理的文体规划,可以提高生活品位、人文素质和文明程度。换言之,"雅文运动"是以提倡典雅表达、促进语言文明为特点的文体改革运动。

本文认为,语言伦理是语言文明的一个组成部分。语言伦理关注的不是言辞礼貌,而是指讲话人要遵循雅正思想,话语内容要符合"诚、雅、恕"的原则。这些原则与刘楚群(2019)提出的"中和诚雅"和方小兵(2021)提出的"雅文运动",主旨相通,内涵基本一致。

四、语言伦理与语言文明:相辅相成

语言伦理和语言文明存在许多共同点。第一,语言文明和语言伦理都反对语言的失真。学界强调言语表达"有真意,去粉饰,少做作,勿卖弄"的名实合一的价值追求,背后指向的是一种"抱诚守真"的语言伦理。第二,语言文明和语言伦理都重视尊重和宽容。例如,网络上许多不带脏字的骂人语录充满了攻击性、侮辱性、歧视性,即使没有詈词出现,但明显违背语言伦理,自然也不符合语言文明的要求。第三,语言文明和语言伦理有相同的意识形态,都着眼于公平正义的价值取向,关注社会秩序在语言中的反映。

当然,语言伦理和语言文明毕竟是两个不同的概念,它们之间也存在许多不同点。首先,语言伦理主要关注的是语言使用中的个人道德和社会伦理问题,如尊重他人、维护社会秩序、注重自我修养等。而语言文明则更侧重于语言的文明程度,包括语言的使用是否礼貌得体,是否符合既有的公共规范等。其次,语言伦理强调的是语言使用应该符合传统的道德伦理标准,关注的是人文素养,而语言文明则更注重语言使用的方式和方法,如"语言美",关注的是社交素养。总之,语言伦理和语言文明两个概念各有侧重,建立语言伦理概念可以帮助充实语言文明概念,完善语言文明理论。

近年来,西方学术界提出了"语言正义"(linguistic justice)概念,倡导语言权利平等,探讨如何保消除语言的不公平待遇,保障少数民族和移民等弱势群体的语言权益,促进社会公正。其实质与中国的语言伦理原则类似。我们应当主动吸收语言正义概念的合理内核,确保语言伦理的内涵与时代发展同步。

语言伦理是语言文明的重要基础。语言伦理涉及语言的道德、社会和文化范畴,研究语言伦理对于语言文明体系建构具有重要的价值。语言伦理从人和人的伦理关系角度对语言进行了规范,这些规范深植于文化基因中。语言伦理研究可以帮助人们更好地理解语言使用的道德规范,正确处理语言交流中的争议和冲突,更好地构建人际关系和社会秩序。

五、将语言伦理的核心内容纳入语言文明体系

伦理是文明的构成要件。伦理作为一种标志性符号,造就了"礼仪之邦"等文明气象和文化气质。语言伦理强调语言使用会对人际关系、社会公平正义产生影响,关注的不是言语形式上的礼貌用语("语言美"),而是言语行为中表现出的"诚""雅""恕"原则。这些原则也是语言文明所强调的。

作为语言伦理的"诚"指的是在交流中表述真实、客观,不歪曲事实和传播谣言。《论语·学而》中说,"巧言令色,鲜矣仁"。巧言令色就是不诚实,是缺乏语言伦理的表现,属于语言腐败。在现代社会,语言腐败最突出特征就是官员说话"假大空",百姓习惯对别人阿谀奉承,曲意逢迎,冠恶行以美名。语言腐败不仅侵蚀正常的人际关系,而且导致政治生态庸俗化。一个时代的腐败往往从语言腐败开始,导致人们选用最巧妙的语言来掩盖荒唐和罪恶,造成社会走向的高度不确定和不可预测性。

作为语言伦理的"雅"就是要求言语行为应该符合社会道德规范,避免使用粗俗、冒犯、歧视或侮辱性的语言;同时要求人们注重自我修养,讲求礼仪,尊重他人权利和人格尊严,不谈论个人隐私问题。遵循"雅"的原则,有助于个人塑造良好的社交形象,社会建立更加文明高尚的环境。

作为语言伦理的"恕"是指包容原则,即在交流中尊重多元性、差异性和文化多样性,包容不同文化背景、价值观,避免文化误解和冲突。同时,基于同理心善待文化多样性和所有语言的传承传播,从而建立更加和谐、包容和开放的社会。

《弟子规》是儒家经典读物,其中包含大量的语言伦理观念,如真言原则、慎言原则、缓语原则、谦虚原则,等等。建议参考《弟子规》,面向中小学生编写新时代的语言伦理读本,例如,"问人姓名用贵姓,问人年龄用贵庚。读人文章用拜读,邀人改文用斧正。请人批评说指教,求人原谅用包涵……"以提高中小学生的语言文明程度。

六、结语

语言伦理要求人们在交流时避免使用歧视性、攻击性、贬损性和虚假性的语言，尊重他人的权利，维护他人的尊严，避免侵犯他人的隐私和利益等。这些准则和规范能够引导人们形成正确的道德观念和文化价值观，促进社会文明的发展。同时，语言伦理还体现在语言使用中的文化尊重和传承方面。不同的文化有不同的语言使用规则和习惯，因此在跨文化交流中需要尊重对方的文化差异，避免出现文化冲突。

语言伦理是人际沟通交流的基本规范，强调在沟通中使用真实、得体、包容的语言，其核心原则已经成为社会文明的重要组成部分。维护语言伦理不仅是个人的道德责任，也是社会的责任。只有遵循语言伦理规范，才能够建立和谐的社会伦理关系，促进社会的文明进步。伦理因素是语言文明的重要组成部分，在当前阶段，建设语言伦理足以解决社会层面上大部分语言不文明问题。故而，推进语言伦理建设是推进语言文明建设的重要路径，也是必由之路。

第4章
人类语言的最后一道屏障
——言语社区

随着人工智能的快速发展,"人机竞争"的问题出现了。而且,从长远来看,掌握了人工智能的机器最终会否产生自我意识和自主意愿,进而超越人类的问题提出来了。科幻文学作品已经为我们描绘了"人机大战",甚至机器人奴役人类、消灭人类的场面。与此同时,许多郑重其事的警告也提出来了:如果不加控制地任其发展,人工智能之毁灭能力绝不亚于核武器之毁灭能力。因此,本文加入"人机竞争"的讨论,并且专门针对语言方面的"人机竞争"问题。

一、语言外部化

人类语言代表了人类智慧和文明的一个高端。但是,当前人工智能的发展似乎开始动摇人类语言的神圣地位。"语言外部化"(徐大明、齐汝莹,2016)似乎在无限度地进展。如果有一天,人类需要面对机器人的进犯,人类是否可以依赖自己的语言为一道屏障来保护自身的安全呢?人类历史上不乏应用自然语言作为安全保密措施的案例,中国历史上也有将教授外国人学习汉语作为叛国罪处置的案例。但这些都是特定言语社区防止外社区成员获得本社区资源的性质,充其量是社区之间的竞争和冲突。当前的人类社会已经超越了这个阶段,语言资源已经成为一项公开流动的资源,国家之间也不再实行"语言贸易保护主义",防止外国人习得本国的语言了。尽管言语社区仍然在一定程度上节制信息的流动,但是现代社会的"言语社区重组"已经从本质上破除了语言的隔绝作用(Van den Berg & Xu, 2010)。自然语言残留的信息隔绝功能在不同国家和地区之间不再是质的差别而只是量的差异了。

总体上来看,人类语言已经从封闭性小社区语言转变为开放式大社区语言;语言的变化不再局限于言语交流中产生的机械性流变,而更多时候体现于语言接触所带来的语言借用、语言混合和语法融合等现象。部落语言、村落方言随着经济模式的转变形成了地区性语言，伴随民族文化的产生形成了民族语言，现代国家的产生又带来了国家通用语。全球化又推动了国际语言的形成和传播。随着科学技术的发展，现在又有了"机器人习得人类语言"的现象，成为人类语言"外部化"的一个新发展（徐大明、齐汝莹，2016）。在封闭性社会主导时期，曾经有语言封闭的保护性措施。现在，在人类社会内部，语言不再封闭。但是，语言方面的"内外有别"似乎仍然可以推演到人类和非人类的界限。

以寓言故事为鉴，猫是否应该保留上树的技能以防被自己的徒弟老虎吃掉呢？从长远利益考虑，人类社会是应该奖励还是惩罚将人类语言奥秘分享到非人类范围的行为呢？这个问题目前还不是一个现实性问题。但是，如果不能排除高智能机器人产生自主意识的可能性的话，就不能排除该问题的潜在现实性。如果机器人全面掌握了人类语言能力，产生的绝不仅仅是棋类竞技上挫败人类的后果了。

如果有一天人类需要依赖某些语言技能来防范机器人，就不能让机器掌握人类语言的全部奥秘。但是，目前人工智能破解人类语言的进展似乎势不可挡。那么，什么是人类语言的最后屏障？有什么还可以防止机器人老虎跨越这一道屏障？笔者曾撰文指出当前自然语言处理的一个重大局限，即缺乏语境计算和社区适应能力（徐大明，2017）。在此我们从另一个视角审视，该局限性是否可以有效地防止机器人获得"乱真"的人类语言能力，人类是否不必担心机器人"混入"我们的言语社区。针对这两个问题，下面展开讨论。

二、机器如何获得语境能力

人工智能学者、自然语言处理工程师以及其他一些人士，在近期取得"机器学习"和"深度学习"的技术性突破之后，大有"志在必得"，制造可以取代人类说话的机器人之意。如上所述，如果需要管制人工智能的发展，是否应该防止达到人类语言能力的机器人的产生呢？目前似乎还没有这方面的呼声。但是，智能机器取代一些需要语言技能的工作岗位的事情已经发生，许多职业和行业因此受到影响和冲击。然而，学界和社会总体上还是欢迎人工智能的发展。因为，迄今为止，进入应用的人工智能仍然是"弱人工智能"，它提供的一般是对人类活动的辅助性功能，所取代的往往是比较简单的重复性劳动，还不能全面取代高端认知功能的脑力劳动。例如，关于"机器翻译"是否取代"人工翻译"的讨论,其结果仍然是:机器翻译目前不能全面取代人工翻译,但是已经成为人工翻译的重要辅助工具。

事实上,机器翻译在特定的应用上已经超越了人工翻译。但是,这些应用的共同特点是,它面对的是一个基本封闭的系统;而且,系统越是封闭,它的效率和准确性就越高,越能显现其面对人工的优势。然而,人类语言从本质上看,是一个开放系统。而且,语言是不断发展变化的,语言使用者需要不断地学习语言才能够有效地使用语言。笔者曾经撰文指出语言学理论在不同阶段对自然语言处理技术发展的影响(徐大明,2017)。该文指出,结构主义语言学基本上把语言描绘成一个封闭的系统;生成语言学进一步推进,认为语言系统的封闭性可以归结到人类大脑的特定机制。这些语言学理论的发展,直接或间接地推动和引导了人工智能的发展,特别是计算机自然语言处理的发展。最初的自然语言处理的成功案例即是在有限规则和有限词汇的条件下的应用。结构主义语言学的鼻祖索绪尔曾经将语言结构系统比喻成棋类的规则系统。值得注意的是,棋类规则系统是一个固定不变的有限系统。因此,虽然阿尔法狗打败了世界顶级棋手李世石,但是目前最先进的机器人的语言能力还未能达到一个最平庸的成年说话人的能力;这恐怕就是人工智能驱动的自然语言处理还受制于有限规则模式的原因。然而,"机器学习"似乎可以扭转这一局面;因为它不再应用一套固定的规则,而是根据所处理的语料不断生成和改进其语言处理模型。

人类语言不但具有系统开放性,还具有可习得性。人工智能开始模仿人类语言的习得机制,可谓一个重要的进步,恐怕也是受到了20世纪后半叶以来语言学者关注人类语言习得能力的研究的一些影响。然而,语言学主流目前仍然忽视的一个语言的本质性特征,却也受到了人工智能自然语言处理学界的忽视,这就是语言的社区性(徐大明,2017)。

语言学家在追求语言共性的时候忽略了对语言多样性的解释。对于语言共性所包括的内容迄今还有争论,但是无可置疑的是,语言的多样性是一个显而易见而又不可磨灭的事实。为什么人类的语言具有多样性,而不实现为一个单一的语法语义系统呢?我们的解释就是,语言多样性来源于语言的社区性。任何自然语言,都是言语社区的产物。(徐大明,2004)不同的语言在不同的言语社区中孕育发展、使用和传承,所以才有语言的多样性。假如有朝一日,人类社会不再由众多不同的社区组成,或者至少从言语交流方面不再有社区的界限了呢?如果这一天到来,人类语言的多样性必然会与当前的多样性大不相同。但是,语言多样性不会消失,只会转变其表现形式。这是因为,语言的社区性,来源于一个更基础性的特性:语言应用的语境性。换言之,语言的社区性只是语言的语境特性的一个层次。语言作为一个交际工具,一个信息传递方式,其运作机制必不可少地包含语境的成分。然而,语境是多层次的。当前的语言多样性强调的是民族语言多样性。然而,语言多样性的内涵远远不止民族语言多样性。

语言,究其本质来讲,是人类的信息工具(徐大明,2014)。人类社会的产生,早于人类语言的产生;从这个角度看,也许人类社会不一定需要语言。但是,人类的文明史却离不开语言文字的发展和应用;脱离了语言文字,现代社会恐怕就要解体。既然人类已经走上使用有声语言这条进化之路,既然人类社会已经构筑在语言文字的基础之上,恐怕我们还是要先考虑怎样在当前的路上前进,怎样在当前的基础上建设的问题。人类语言的沟通功能帮助人类组织合作,构筑社会。人类语言的隔绝功能又局限了人群合作的规模和层次。迄今人类社会难以完全共享信息,难以取得共识和全面合作,是否就是因为人类对语言这一信息工具的依赖呢?人类语言是否可以加以改造,增强其沟通功能,降低以至消除其隔绝功能呢?换言之,人类的理想世界,是不是就包括"语同音"的"世界大同"呢?

一旦有了需要,就有了创新和发展。在复杂的大规模的人类社会组织形成之际,即产生了许多不同的克服言语交际障碍的方法和措施。迄今为止,比较行之有效的方法有语言学习、语言规范和语言翻译。语言学习可以是自发的、个别的现象,也可以是有组织的、社会化的现象。语言规范可以是在社区交际中约定俗成的产物,但在现代社会中往往变成通过权威机构实施的强制性措施。语言翻译在现代社会中已经成为一项职业,一个行业,一项产业。目前的人工智能可以辅助语言学习,也可以辅助语言规范的实施,还可以辅助语言翻译,悬而未决的问题是,它可否完全取代人工翻译?

如上所述,语言规范是支撑大规模社会组织的一项措施。实际上它所体现的就是言语社区的功能。所谓言语社区,就是一群遵循相同规范进行交际的说话人(Gumperz, 1965;徐大明,2004;Xu, 2015)。言语社区的形成就是言语交际规范的形成。从广义上来讲,语言作为一个音义符号系统,也不过是言语交际规范的一部分。人类进入现代社会之后,自然形成的言语社区被机构化和政治化,国家机器的语言规划调整或重建言语社区,语言学因此产生应用语言学这一分支。为了克服语言障碍,人类近几百年的努力可以基本归纳为两类:一类是通过提升个体的语言学习能力,通过双语人来沟通和联结不同的言语社区;另一类是在大范围内推广特定的语言规范,建设大规模言语社区。近几十年来，人工智能开始助力语言事业，成为自文字产生以来又一次的语言技术的飞跃。

计算机对自然语言的处理，即使是在"机器学习"之前的阶段，就已经取得了十分重要的成果。自然语言处理，曾经经历了"基于规则"和"基于概率"的技术发展阶段。基于规则的算法的局限性，很大程度上应归咎于语言学的局限。从本质上来说，不是语言没有规律，言语交际没有规则，而是这些规律和规则太复杂，语言学家还没有把它搞清楚，并且没有把面向言语交际的语言规律作为语言学的主要研究对象。然而，自然语言处理要达到的目标则是完成言语交际的任务。"语言是一个规则系统"的说法是一个抽象，也是一个理想。而在言语交际的现实中，语言规则的实现一般都是概率性的事件，任何一项规则的绝对化处理都可能导致应用的失败。因此基于概率的算法提高了自然语言处理的正确率。机器有机器的优势，但是在面对人类语言的时候，需要了解人类到底有何优势。语料库语言学、神经语言学为人工智能提供了重要的启示。目前的"机器学习"不但大量地处理语言材料，从中"习得"语言的规律，而且"神经网络""无监督学习"等先进技术的应用，正在不断逼近人类语言习得的结果。由于其超越人类个体极限的处理大数据的能力，计算机在许多方面超越了人类的语言学习效果。

看来我们可以预测，人工智能很快可以智慧地处理人类语言了。目前科技人员的一项努力是将"百科知识"装备于机器人，使它造出符合事理的句子，并结合这些知识来理解文本语义。那么它还缺什么呢？实际上，它缺的是语境理解能力和语境建构能力。目前的语言计算模型中还暂时缺乏有关的内容，因为语境超出了"语言"的范围，尽管它是语言使用中不可缺乏的部分。计算机处理再多的语料，应用再先进的算法，也只能从语料中获得信息。然而，语言交际实际上是语言和语境的结合。其中所传递的信息，不仅包含话语本身的信息，还包含着接受话语者对话语发出者的理解及其意图的预设。而且这还是一个动态过程，在会话交际过程中，会话双方在不断地验证和修正自己对对方会话意图的理解（Gumperz，1982）。即使是在阅读这一看来似乎单向的语言交际模式中，读者也是在积极地思考，在猜测和验证字里行间的意思。因此，计算机对于书面文本的理解将首先实现，而面对活人的会话能力将受到动态的会话意图的不确定性的局限。

仅仅通过文本语料来学习语言是不够的。语言信息的传达百分之百是依赖语境的。当然这里说的语境是广义的语境，既包括人们一般意识中的"语境"（实际上是特殊语境），也包括比如像"言语社区"这种一般说话人习焉不察的语境。同样一句话,同样一种语言行为,换一个社区,换一个环境,可能就无法表达其原来的意义,甚至适得其反。最近网上讨论,"你是什么垃圾"这句通常是骂人的话,在垃圾分类站却失去了其骂詈的意思。其骂詈义的消除可以证明,该语句在超语境条件下是不包含骂詈义的。虽然,对该语言用例的解释多从句法角度出发,指出其"鳗鱼句"的性质,似乎"你"和"垃圾"不必同指一个事物。但是,问题的实质是,既然该语法意义不是强制性的,为什么该语句作为骂詈语使用的时候,人们要选择其骂詈的意思来理解呢?还是语境决定的。语境包括很多内容,骂詈语的使用需要确立话语发出者以及话语接受者的关系,至少他们有一些共同的关于骂詈行为的背景知识以及骂詈语的使用规则。在特定社区中,特定的骂詈语需要使用特定的语气,甚至特别的语音表现形式,诸如此类的种种"语境化提示"(contextualization cue)(Gumperz,1982)组合在一起,才使得其语言表现符合其"骂詈"的言语行为的规格,才能产生其骂詈效果。

举出上述例子,不是要说明"骂詈"的特殊性,而是要说明语境在言语交际中的必要作用。在成熟的言语社区中,人们对礼貌语言、骂詈行为、符合各种场合和身份的言语行为的"得体性"都有一些约定俗成的理解和期待。因此,"语言知识"既包括语音、语法、词汇的知识,也包括有关各种言语行为(Austin,1975)的语用知识。然而,许多语用和语境知识的研究及其规则性特征还未受到人工智能学者的重视。同时,由于这些语用规则和语境意义的研究的缺乏,人们对其的理解停留在"潜规则"的层次。然而,就是这些规则在指导着言语社区成员进行日常生活的交际,其实现的概率性不亚于语音、语法等其他语言规则的概率性。

三、怎样防止机器人获得社区交际能力

如果李世石能够"一边作运动员,一边作裁判员",随时修改围棋的规则,那场比赛恐怕阿尔法狗也不能胜出。实际上,我们说言语社区可以成为一套屏障,就是因为言语社区"既是运动员又是裁判员",在运动中随时更改其规则;因此,外社区成员不能平等竞争。如笔者曾指出,第二语言学习者所处的就是类似的劣势地位,不了解目标社区的动态规则的劣势地位(徐大明,2015)。远离目标社区,仿效那些时过境迁的语言样本,终将使学习者滞留在言语社区的外围区域。特别是那些活跃的社区,社区成员每时每刻都在尝试语言创新,而社区内的流通机制迅速传播着新的语言成分。外语学习者,即使

是终日学习,不遗余力地追随"本族讲话人"的语言更新,也只能保持其追随者的地位。一个外来者,直到改变其自身的地位,参与了言语社区的日常活动,参加到社区成员的集体创新行动之中,才能够实时分享其创新的成果。凡是经历了互联网和自媒体时代的新词语新流行语的羁绊的人,恐怕对此都有体会。语言创新的成功,在于语境的辅助,当你指着沙发叫"大海",或指鹿为马的时候,听话者是在该语境中了解了你的"创新"词义。而这一词义一旦流通开来,特别是被沿用到其他语境,就形成了新的语言规范,或者说,产生了语言变化。

言语社区是动态的,是不断创新的,言语社区的成员保持频繁的言语互动,不断地确认、再确认已然形成的交际规范,同时也不断地调整和改造既有的规范以适应语言生活中出现的新事物和新情况。例如,当垃圾分类这一事物还未进入社区生活的时候,也没有垃圾分类站的语境,社区成员一般不会对"你是什么垃圾"有"鳗鱼句"的理解。然而一旦新的场合出现,人类就有这种语境建构能力来建构新的语境。同样一段话语,在该语境中就有了新的理解。因此,语言现象不仅仅是生物现象和人脑的机制,还是社会运作的结果和机制。机器的语言学习不仅需要语料的输入,还需要言语互动的训练,才能逐步获得语境建构能力。

明确的强制性的语言规范有利于计算机的自然语言处理。语境知识和语境规则由于其"潜规则"性质,往往成为语言规范的盲区。目前的盲区不会成为永久的盲区,不仅对语言规划来说是这样,对于人工智能来说也是一样。语言学家对语言的描写和分析可以比喻成阿尔法狗最初训练用的棋谱,而目前计算机的围棋博弈能力已经超越已有的人类围棋策略的合集。以此类推,我们确实不能指望计算机不能破解语境语用的规则或潜规则。如果真要阻止机器人掌握全部的语言能力,不是要坐享其成,而是要阻止它学会人类的语境建构能力。

言语社区的复杂性和动态性极度挑战试图加入的新成员。同理,它可以构成一道天然屏障,阻挡没有社区适应能力的机器人掌握社区交际能力。假设机器人已然获得了全部的"超语境"语言能力,我们适度阻止它参与人类言语社区的活动,则可以防止它有朝一日伪装成社区成员而意图不轨。然而,这是需要人类社会的协同和合作的。一旦机器人进入社区,参与和跟踪社区的交际活动,也就获得了社区交际能力。一旦社区信息被机器人一览无余,也就再无社区屏障可言。

所以,如果能够限制人工智能语言机器的制造和应用,可以审慎地禁止发展其社区适应能力,或者可以禁止将其投放到言语社区来实时参与社区实践。但是,就像核武器的初期发展阶段一样,人类恐怕只能从惨痛教训中学习和改进。目前的形势似乎是,机器已经在和人言语互动,而且在习得人类的互动能力。在松散的大言语社区中,在预先规定的语境中,人类已经很难识别具有初步语境能力的机器人了。假以时日,在强大科技和资本的支撑下,机器人将一个一个地攻陷不同言语社区的屏障。

有幸的是,目前还有许多小社区,由于其较小的市场价值,还未受到语言智能机器开发商的青睐,目前被语言智能商业潮所遗弃,这些未受入侵的小社区可以洁身自好地坚持。有朝一日,语言将可以成为控制机器人的开机——也许更重要的是——关机的密码。

"人机竞争"在目前的阶段还不是纯粹的人类和机器的竞争,基本上还是掌握了机器的人跟没有掌握机器的人之间的竞争。当李世石在与阿尔法狗下棋的时候,李世石所代表的不仅仅是他自己,也不是全人类。而阿尔法狗的智能是人类科技的成果,具体地说是一批人工智能科学家的智慧的延伸。从这一层次来说,李世石所掌握的围棋知识和技能也有从前辈棋师的继承。因此,可以说,这场比赛是传统围棋文化和人类体能的结合与现代科技及其产品之间的一次比赛。围棋文化源远流长,围棋技艺代代相传。而现代科技,计算机技术则植根于多项基础科学和应用科学的发展。无论是技艺还是科学都是人类智慧的体现,也都是群体活动的积累成果。这场围棋比赛可以看作两个人类智慧分支的竞争,也可以看作两个不同脉络的人类群体活动的结果的比较。这样的分析似乎过于抽象并缺乏现实意义。但是,目前的智能机器确实只掌握在人类社会的一部分成员手中,其掌握和使用也确实在起着社会分化的作用。而且,智能技术在造福人类的同时,也出现了不同程度的误用,语言技术并不例外。根据新近的媒体报道,已经有利用先进的语音技术的诈骗活动。所以,包括语言智能在内的人工智能的发展,其可能出现的负面影响,并不是危言耸听。

言语社区,作为动态的语境建构机制,可以成为人类语言的一道屏障。然而,"社区"这一语境手段,在一定程度上似乎也可以被机器人掌握。当两个智能机器自发互动,建构其内部交流的语法规则时,也就是机器人言语社区开始形成之时。到那时,就不是机器学习人的语言了,而是看我们怎样破解机器的社区语言了。

四、结论

　　虽然目前的"弱人工智能"还不足以对人类构成威胁，但是其发展已经足以突破"只有人类可以使用语言"这一界限了。在智能语言机器广泛应用的情况下，在听到任何对话的声音时，说话人不能假设对方就是一个有血有肉的人类，也不能期望对方是有一定同理心的正常社会人，更不能因为听到熟悉的口音就假设对方是我们熟悉的言语社区的成员了。人工智能的发展日新月异，机器人的"语言能力"也在不断增长。不久的将来，我们要应对的将不仅仅是毫无同情心的机器客服语音界面了，而是会有一些无人性的侵犯性智能机器了。曾几何时，我们曾因某些骗子的高超的语言能力而受骗，无法将"乡音"与"乡情"分割。保守的判断，如今的语音合成技术九成情况可以达到乱真的程度，骗子手中的工具可以不断更新。以此类推，无论是坏人还是坏机器人掌握了这先进的工具，都可以构成极大的威胁和破坏。

　　简言之，无区别性地推动智能机器的开发和应用可能带来极大的风险。我们需要的不仅是促进智能科学的发展和应用，而且需要以人类福祉和社会安全为标尺的科技发展规划和科技管理政策，以防科技文明的成果被具有其他意图的主体所控，不管他是谁，是会说话的还是不会说话的，是人脑决策的还是"硅脑"决策的主体。

第 5 章
三主体言语社区:互联网时代的语言生活

一、双主体言语社区

乔姆斯基(Chomsky,1965:3)的著名论断"由理想的说话人—听话人构成的完全同质的言语社区"(an ideal speaker-listener, in a completely homogeneous speech community)已经受到很多批判,但其中的部分内容却似乎经受住了时间和批评的考验。由"理想的说话人—听话人"构成的"言语社区"在一定程度上被社会语言学的"言语社区理论"所继承(徐大明等,1997;徐大明,2004)。其继承方式是将其抽象层面的单主体"说话人—听话人"(a speaker-listener)改换为"说话人"(the speaker)和"听话人"(the listener)的双主体:理论上的言语社区至少由担任"听""说"两个不同角色的具有语言能力的人构成;如果只有"说话人"没有"听话人",说了没人听或没人能听懂,则无言语社区可言(徐大明等,1997:9 - 21)。由此,我们也可以理解乔氏所谓"完全同质"的用意——"理想的"说话人与听话人之间没有语言能力上的差异。而且,单主体言语社区的"听话人—说话人"似乎也没有机会发现听和说之间会有什么差异。

社会语言学面对的是语言生活的现实,其中的说话人和听话人虽然比比皆是,却找不到一个"理想的",也找不到两个具有完全同质的语言能力的个人;这一点即前人对乔氏"言语社区"的批判。尽管如此,我们还是为"理想"找到了一个作用。不仅语言学家需要"理想",现实社会中的语言实践者也需要:在社会语言学的言语社区中,社区成员心目中确有一个"理想",即先验性地确信对话人可以理解自己的话语,即使对方是公共场合偶遇的一位陌生人(徐大明,2004)。由此,我们可以理解言语社区的"社区"性质,而不是把它等同于由熟人构成的"社会网络"或"交际网络"(Li & Moyer, 2008)。

以上指出了社会语言学的言语社区理论与乔姆斯基有关论述相通和相异

的内容;即使在最抽象的层面,言语社区也要区分"说话人"和"听话人"两个主体。双主体言语社区不仅是对现实的一种结构性抽象,同时也是对动态现实的一种静态描摹。因为,在"完全同质言语社区"中,区分"说话人"和"听话人"的不是"语言能力"上的差异,而是在行为角色上的对立。从这一点上来说,乔氏的言语社区说等于是为互动语言学开了个口子,或者说,乔氏在此为"语言能力"理论设置了一个与"言语互动"理论可以衔接的界面。社会语言学的社区理论是以言语互动为基础的,因此一度接受了双主体言语社区假说(徐大明等,1997)。

21世纪以来的社会语言学聚焦的是言语社区的形成过程和重组问题(Van den Berg & Xu, 2010;徐大明,2018),从而忽略了抽象层面的主体角色问题。然而,互联网时代到来,语言生活随之改变,对上述双主体言语社区模型提出了新的挑战。因此,目前提起"三主体言语社区"的讨论。

二、互联网语言生活

在现实世界的面对面交际中,说话人一旦发出其话语,似乎再无对其的控制,其传意或行事的功能全靠听话人的合作来实现。这一语言过程是一个双主体互动的过程。然而,我们常常忘记的是话语在说话人和听话人之间传递时所依赖的介质;这是指传播语音的空气的作用,往往会习焉不察。例如,人们生活在低海拔地区,空气充足,并未阻碍面对面的交际。当进入高海拔地区,过度稀薄的空气,不仅会造成呼吸的困难,言语交际也会受到影响,这时才有所体会。然而,当语言生活改变了方式,越来越多地依赖互联网交际时,空气的介质角色开始转移到"互联网"之上。这里所谓"互联网"可以囊括互联网语言生活所依赖的全部设备及其操作者。对于语言学理论来说,其中比较重要的,有别于说话人和听话人的,是那些能够控制话语信号的传递过程的"联话人"。

如果说,空气作为传递语言信息的介质是被动的性质,互联网对语言交际的支撑则是主动的性质,这里不仅有物,也有人,而且我们往往忘记的是,其中"人"还是关键因素。当前的事实是,习惯于仅仅由空气辅助的言语交际的人们常常忘记那些保持互联网运作的人的功劳和作用;而互联网服务提供者似乎也在有意无意地淡化其操作的能动性,毕竟,最优秀的服务是"看不见的服务"。就像空气稀薄时,我们才意识到空气的功用,互联网出问题时,我们才意识到其重要性。如果有人把空气抽走,我们可以追究其责任。如果已购买的互联网服务中断,我们也会追责。但是,如现实社会中的许多事物一样,事情并非黑白分明。

当空气被破坏到一定程度的时候,我们的损失可能无法明确计量,法律追责恐怕也难以进行;以此类比的互联网服务也是如此。这里的讨论,我们还是局限到互联网的"联话"功能:该功能的实现标准似乎还不太清楚,至少对于依赖该功能的"说话人"和"听话人"来说还不够清楚;甚至,多数情况下,大家还是以对待空气的态度来处理,采取了"听天由命"的态度。

其实,目前的科技发展水平是完全可以做到稳定可靠和高保真度的互联网语音传递的,当我们实际上享受不到这种服务的时候,我们得做"现实"的考虑:作为特定的听话或说话人,无论是个体还是群体,在我们使用常常看来是"免费"的"联话"服务时,恐怕不能太挑剔了。实际上就是,"用户自担风险"(use at your own risk)。在这种情况下,那些无法承担太多风险的用户会寻求某种程度的保障,通过合约等手段来平衡客户和服务商之间的利益。所以,在现实社会中,说话人或听话人不仅其自身的语言能力不完全一样,其可能接受的"联话"服务也是有多种不同等级的。

面对互联网时代的语言生活,理论上的言语社区不仅需要包含说话人和听话人两个主体,还需要包含另一个必不可少的主体——"联话人"。在已有的研究中,对于前两个主体已有较多的认识,对第三个主体却还认识不清。事实上,即使在"网前"时代的语言生活中,"联话人"也存在,只是不像在互联网语言生活中那样"无所不在"。换言之,三主体言语社区理论不仅可以应用到网上,也可以应用到"网下"语言生活。而且,在抽象的层面,我们可以认识到,"联话人"主体其实一直是言语社区的重要内容。在"网前"时代的语言生活中,"联话"的角色和功能往往是隐含的或被动的,而"网后"时代使之更加凸显,其"主动性"也凸显出来。

我们还是先回到语音通信的层次,在理想的情况下,联话人似乎会传递高保真度的语音。但是,由于联话人的能力所限,其联话结果往往达不到上述理想程度。然而,这里特别需要指出的是,即使其潜在能力可以达到某种程度的效果,出于"成本效益"的考虑,该联话人也可能会选择低于该程度的效果作为工作目标。因此,当我们听到失真的语音时,我们可以想到,这不一定是联话人"无能为力"的情况,而可能是他的一项选择的结果。语音通信并非由互联网开始,网前时代常见的是电话通信,目前则更加普及。因此,电话服务商也是"联话人";很多情况下,"联话"的语音复原标准客户无法选择;而且,是否提供服务及何时中断服务由服务商掌握主动权。

在网下口语交际中,"传话人"担当"联话人"的角色,例如一位由亲友陪伴的八旬老人,其听力减退,需要该亲友在其耳边重复他人的话语才能听懂。这里不仅有语音的放大也有音色语速等多方面的调节。如果其具体情况是,这里不仅有听力的问题,还有方言的隔阂,该传话人可能还要做一些语音、语法和词汇的转换。或者,该场景中的对话双方就是在使用不同的语言,那传话人就需要做翻译,这时重要的是传达语意,而不必拘泥于话语的词汇层次或字面意义,这就需要更多加工。这几个不同程度的"联话"功能,显示"联话人"对话语的管控程度的逐步增强,也显示其主观能动性的递增。

当前的互联网语言服务,在应用先进的语言技术的基础之上,不但可以进行"原汁原味"的语音传递,还可以高智能地进行"语音增强"的改进,即改变部分自然产生的语音信号以利交际。这些选择性的语言加工以至自动翻译等等都可以界定为扩展的联话功能。在这种情况下,联话人的目标不仅仅是语音的传递,而是在为高层次的言语交流效果服务。从这种意义上来看,仅仅"如实"地传递话语,不一定是有利交际的效果的。联话人不仅在声音层次上对说话人和听话人负责,而且介入了"话语"层次。因此,它是"联话人",而不是"联音人"。

在"网下"语言生活中,"联话人"的语言能力是影响交际效果的一个变量(例如上述"传话人"的理解和转述话语的能力);其实在网上也是一样,尤其是介入了话语层次的互联网语言服务。像语音增强和自动翻译这类功能的实现是有利说话人和听话人双方的服务;而其反面则是减缩或扭曲的语音复原和错误的翻译等情况,其结果也许不如没有这些服务。目前的语言生活中出现的"网络诈骗"现象,不乏利用语言技术的情况;掌握技术的骗子,通过切入"网络联话"的环节,假冒说话人以逼真的假话语来骗取听话人的信任。这些可以说明,互联网的联话功能可以是改善或破坏语言生活的"双刃剑"。但是,总体上,它是"功大于过"的,在使语言生活复杂化的情况下,大大增强了说话人和听话人的言语交流能力,不仅克服了语音在空间传播上的障碍,也突破了其在时间上传播的局限。例如,在网上语音的传播既可以是"实时"的,也可以是延时的,还可以是预定时间发送的,并且语音可以转换为文字,文字也可以转换为语音,等等。然而,仔细分析一下,还可以对这些新功能进行区分:哪些是有利说话人和听话人双方的,哪些主要是增强了其中一方的能力的。例如,说话人现在可以通过联话人追回尚未送达听话人的一段话语,这主要是面对说话人的服务。再例如,联话人可以根据听话人的指示来屏蔽或有限度地屏蔽某些说话人,甚至可以达到"说话人"无法知晓是不是"听话人"拒绝收听的效果。

这些都是面对面言语互动中无法做到的。

联话人不仅可以连接说话人和听话人，也可以随时中断双方的对话；中断可以是随意的，也可以是根据某种目的而刻意采取的措施。而可靠的连接以及刻意的中断都是极端的情况，一般情况是，作为一个交际主体，联话人往往有意无意地过滤了经它传递的话语。"无意"的情况可以是它的能力所限，例如其处理电信号的能力，其装备的语言技术的局限，或其操作人员的无意识错误，等等。"有意"的情况可以是既定的政策和措施，以维护法律或社会规范，或者是为了公司自身的利益，等等。例如，联话人可以出于保护听话人的立场而删除交由它传递的话语中有可能冒犯听话人的字句。再例如，联话人可以协助说话人以某种方式将特定话语强加给听话人。再例如，增删某些话语内容也可能完全不是为了说话人或听话人，而只是谋求联话人自身的利益。

三、现代语言生活

三主体言语社区理论不仅可以解释网上语言生活，也可以解释"网下"语言生活的众多现象。由此，我们可以开启对现代语言生活的再思考。事实上，不仅由电话和互联网等信息和通信技术支撑的远程交际，任何依赖传媒的语言文字信息的传递都体现联话人功能。文字作为一项传统的语言技术，在历史上已经创造了许多联话人业务和职能，如文盲社会中的书信代写，读信转述等等；再如经文抄写，咒文解读，契约文书的制作和解释等等。可以想见，这些联话服务有的直接面对说话人而远离听话人，有的直接面对听话人而远离说话人，有的还要特别考虑未确定的个体听话人或某些规模受众的需求。现代社会的出版业和广播电视传媒在互联网普及之前担当了主要的大规模联话功能，其特点是将少数说话人的话语快速地送达大范围的听话人受众；与此同时，这种联话方式强化了说话人和听话人的角色区分。面对面交流中听说角色的互换在这种传播模式中无法实现。当前的互联网传播正在逐步突破这些局限，互动性的交流开始出现在多种新媒体平台的服务之中。尽管如此，完全对称的听说互动并未实现，当前的社会似乎也未必要求其实现。单向联话功能特别体现了联话人的重要性。

在讨论大众传媒的联话功能时，不可忽略其"语言管理"功能。现代社会的大众传播的一个责任是对其所传播的内容负责，其中既包括信息内容也包括语言文字等表现形式。因此，传媒机构的运作，在其"联话人"角色中还附带一项"监话"职能。它所承担的社会责任不允许它不加选择地"联话"，而需要从受众角度来选择和加工其所联之"话",例如,作为信息服务而选择受众需要的信息内容,根据受众的认知能力来编辑话语文本,等等。这当然是理想的状况。现实社会中,原本服务社会的大众传媒并不尽然如此,而时有可能被非公众利益所左右。互联网社会中,自媒体的崛起成为对传统媒体的补充和制约,有利缓解上述偏颇的危害。然而,无论何种传媒,其操作者都有控制其所传递的话语的能力,他可以传或不传,可以尽其可能地传送到位或敷衍了事不负责任、任其磨损或丢失;他可以对话语文本进行编辑润色抑或将其改头换面以至以假充真。然而,这里我们聚焦的不是媒体问题,而是语言学理论中所缺乏的第三交际主体;而媒体社会不过是对该主体的重要性的一个放大显示。

自言语社区形成之日,这第三主体就已出现。言语社区中的言语互动是规范性的言语互动(徐大明,2004)。它不仅是说话人和听话人的自由选择,也是社区的实践所铸就的集体意识的一种体现。语言学的研究传统当中,结构主义语言学通过"约定俗成的符号系统"将语言客体化;形式主义语言学通过"无语境限制"的语法来回避语言的实现过程;互动语言学进入话语层次,分析上下文语境,贴近了语言的实现过程(Gumperz,1982)。然而,这里始终缺乏对主体性的"语言人"的深入研究。结构主义语言学是只见"语言"不见"人";乔姆斯基勉为其难地区分了"说话人"和"听话人",却将其纳入"同质"社区;随后,听说角色互换的"言语互动人"为互动语言学所揭示,其互动成果成为"浮现语法"(徐大明等,1997:第二章)。这些就是当前讨论的基础和出发点。

语言作为一个"规则系统",并不是游离于"语言人"之外的,也不是仅仅体现在生物人与生俱来或习得而来的"语言能力"上,甚至也不局限在经社会陶冶而形成的"交际能力"(Hymes,1972)的范畴。语言作为一个人类现象,有其生物和物质基础,同时也是社会文明的产物(李宇明,2021)。作为一股社会力量,它特别体现在其沟通和组织功能上。这些功能的实现离不开其"规则系统"的特性。而这一特性主要来源于其生物基础还是社会基础仍然在争议中,但至少不能完全归结其一。当前的研究似乎还主要是在该"规则系统"的内容上探索其渊源,哪些是基因使然,哪些是文化积淀,等等。然而,如互动语言学所示,语言是一个动态的社会过程;对于在不停地制造"浮现语法"的说话人和听话人来说,已有的语言知识或经验也不过是一个参考框架(徐大明等,1997:第二章)。语言的运作及其发展变化的直接动力来源于社会,当时当地的言语互动决定语言交际的结果,累积的互动和交际结果形成语言的变化或稳态保持(Xu,2015)。

语言习得是一个不容忽略的事实,能够将语言过程实现的说话人和听话人因而具有相应的语言能力也是一个事实。然而,假设一对听/说话人具有绝对的自由,自发地从头制造"语法",而不去参考社区已有的"规则系统",有没有可能实现其目标呢?这或许是一个有趣的实验,怎样设置其实验条件却将成为一个难题。但是,这种情况绝对不是现实社会中的事实。现实社会中的言语互动都是社会互动,任何供说话人和听话人"参考"的语言规则,不管其处于"普遍语法"的核心还是边缘,抑或其并非"语法"而只是"常识"(知识图谱)的一部分,都有一定程度的社会规范效力。换言之,言语行为和言语互动即社会行为和社会互动。社会对社会人的规范贯穿"言"与"行"。从这种意义上来说,面对听话人的说话人必须考虑其言语行为所体现的社会关系和社会角色,必须考虑其话语的(社会)"得体性"。因此,语言的传意总有一层社会的意义包含其中。听话人的"释意"总是将话语包含的信息放在对说话人的认知和对社会情境的认知框架中进行过滤。当前的自然语言处理的"话语理解"难题就在于其缺乏"语境化"的处理机制(徐大明,2017)。

一旦说话人有了"听话人"意识,就说明他把"说话"当作互动行为来对待;一旦说话人有了社区意识,就说明他把"说话"当作一种规范行为来对待;一旦说话人和听话人有了"语言"意识(换言之,他们"理想化"地认为他们是处于"完全同质的言语社区"之中了),就等于他们同时具有了面对另外一个互动对象(联话人)的意识。这种意义上的"联话人"可以说是语言规范的拟人化。然而,这也不必完全是一种主观意识。在现实世界中,面对面交际也常常是有"旁听者""溢听者""偷听者"等非对话人存在,从而说话人会因此做出相应的"听众设计"(Bell,1984)。之所以如此,是因为这些非对话人潜在的社会影响力:说话人会顾及自己在这些人心目中的社会形象,他们对自己作为特定社会角色的表现的评价,以及这些人可能因此对自身进行惩罚或危害的后果。这些在场(或可能在场)的"听众"构成了对说话人所产出的话语的制约作用,因此可以将他们界定为"联话人"。例如,当说话人无法克制地"爆粗口"之后的道歉,往往也是在向所有可能听到该话语的人道歉。而更多的情况是,他心里头无数次的"粗口"都被拦阻在放出的话语之前了;一旦这些"听众"消失,则有可能会释放一番。当然,作为一种长期的训练和自律的结果,说话人的语言能力中很可能已经加入了这种控制功能。

在面对面交际中,在场和不在场的"联话人"发挥的更多的是过滤和限制话语的作用,体现的是语言的一种社会制约功能。一个社会中,如果具有"无拘无束"的说话文化,作为"监督-管控"身份出现的"联话人"较为少见,可以称作"弱势联话人文化"。一个社会中,如果有"政治正确"的话语管控和"因言获罪"的文化气氛,则可以称作"强势联话人文化"。

当前的"语言管理"往往指社会机构对语言生活的管理(徐大明,2022),而"语言管理"概念最初是指日常会话中会话人对话语的管理,例如,说话人对刚刚发出的话语的自我更正或修正,"我是说——""我的意思是——",等等;再例如,对话人还会协助对方来澄清话语意义,"你是什么意思呢?""你的意思是不是——",等等(Gumperz,1982)。具有悖论性质的是,在"网前语言生活"中,"强势联话人"往往是附着在说话人和听话人身上的"虚拟人"(说话人和听话人潜意识中存在的第三者的作用下的自我管控),在"虚拟语言生活"中却变成了"实体人"。以上说明,语言从来都是有管理的;从会话的自我管理的微观层面一直到国家的语言政策和语言规划的宏观层面,有意识的或无意识的语言管理一直存在。

三主体言语社区理论可以有三方面的意义:一是有必要认识到当前语言学理论和研究对象的局限性;二是冷静对待"强势联话人"在现代语言生活中的崛起;三是推动关于"联话人"的理论和应用研究。双主体言语社区理论启迪了关于个体之间互动的语言过程的思考,包括联话人在内的三主体言语社区更全面地描述了语言运作过程,语言管理、语言政策和语言规划在语言生活中的"本体"地位因此得到解释。

四、全球华语社区

现代语言生活体现的是显性的语言管理,互动驱动的交际规范强化为认同支撑的社会准则。在此条件下,值得探讨语言认同的社会建构作用;有关研究已经涉及全球华语和全球华语社区的问题(徐大明、王晓梅,2009;刁晏斌,2018;王晓梅、朱菀莹,2019;等等)。在此,从三主体言语社区的视角还可以开展进一步讨论。

20世纪语言学在认识到语言的表意和传意功能之后,开始探索其思维和认知功能。在这些努力中,语言学理论聚焦到区别人类与其他生物的语言能力。可以说,正是因为人类具有语言能力,才成就了迄今的人类文明。从理论上说,潜在的语言传意功能似乎可以将人类社会整合为一个信息共同体,然而现实的世界却是大范围的信息不对称状况。自然语言产生于面对面互动,缺乏强有力的联话介质,使语言传意停留在小社区的范围。现代语言依赖大规模言语社区的支撑,其中包含一个强势联话人的功能。大规模言语社区的形成减少了信息流通的障碍,全球华语社区似乎是这样一种社区。

已有研究探讨了全球华人社会和全球华语社区的关系,特别指出了认同的作用。然而,现代语言已经基本蜕变为"国家语言",国家的力量维持着言语互动的空间,国家认同支撑着国家语言的认同。从这个意义上来讲,国家可以发挥言语社区的联话人功能。然而,跨越国界的全球华语社区的主要联话人是谁,怎样发挥作用,怎样形成认同,都是需要进一步研究的问题。

第二部分

语言文明与话语实践

第 6 章
从话语阐释到话语规划：语言政策研究的话语路径

语言规划学科创立之初就十分关注政策话语，话语研究与民族志研究成为并驾齐驱的两种主要研究方法。有学者指出，语言政策分析本质上是话语性的，因为研究对象必然涉及各种各样的话语（Johnson，2013）；语言作为问题、权利和资源，既是三种研究取向，也是三类政策话语（Mortimer，2016）；随着学术界越来越多地关注话语形式，如课堂话语、媒体话语、企业话语，人们对语言政策概念的理解也越来越宽泛，从而扩展了语言政策本身的内涵（Lawton，2016）。语言政策话语研究的基础是后现代主义和社会批判理论，在具体分析手段上，有学者运用语料库辅助批评话语分析（Fitzsimmons-Doolan，2015），或将政策话语间的联系构建为言语链，考察话语的再语境化和互语性（Mortimer，2013）。国内关于语言政策话语的研究集中在语言教育政策话语上面，采用的方法包括元话语分析（何自然，2016）、批评话语分析（李雅，2020）、合法化和能动性分析（张天伟、高新宁，2017），等等。

本文将从话语视角考察语言政策研究的阶段性特征，并引入"话语规划"的概念，探讨话语规划实践流程中的具体环节，并通过语言规划案例加以分析说明。

一、语言政策研究的范式演进

语言规划作为一个学科自 20 世纪 50 年代诞生以来，已经历了 70 年的发展，其研究范式和关注重点都呈现出阶段性特征。根据国外部分学者的观点（如 Ricento，2000；Tollefson，2011），这一发展历程已至少经历四个阶段。

第一阶段（从 20 世纪 50 年代至 60 年代末期）属于结构主义范式，研究者将语言规划描述为中立的活动，主张通过采用大型人口普查等途径来了解语言国情，通过中央政府的语言地位规划和本体规划来解决国家和区域层面的语言问题。按照瑞兹(Ruiz)的语言规划取向类别,这一阶段秉持的是语言"问题观"。按照托尔夫森(Tollefson)的学科发展阶段论,这一阶段属于"经典及新经典时期"。

第二阶段(从 20 世纪 70 年代初期至 90 年代初期)属于批判主义范式,研究者发现语言政策并非中立的,而大多是有利于强势群体的,因此致力于揭示语言政策背后的意识形态,大量运用社会批判理论来剖析语言规划过程中的权力与不平等现象。按照瑞兹的语言规划取向类别,这一阶段秉持的是语言"权利观"。按照托尔夫森的学科发展阶段论,这一阶段属于"批判与幻灭阶段"。

第三阶段(从 20 世纪 90 年代至 21 世纪初期)属于生态主义范式,强调语言多样性保护和语言复兴,重视微观语言政策和社区参与,倡导自下而上的语言规划和基层主体的能动性。按照瑞兹的语言规划取向类别,这一阶段秉持的是语言"资源观"。按照托尔夫森的学科发展阶段论,这一阶段属于"学科复兴阶段"。

第四阶段(2016 年至今)呈现出一种新的研究范式,笔者称其为话语范式,这一阶段主张"政策即话语",认为政策问题的界定和陈述终归由话语建构,话语实践贯穿了语言政策制定、传播、阐释和实施的全过程,语言系统是中立的,但话语实践不是。这一阶段的开启以 2016 年麦克米兰出版社的《语言政策话语路径》(*Discursive Approaches to Language Policy*)的出版为标志。该书出版后,随之出现了一大批与语言政策话语研究相关的文献(Mortimer,2017; Shin & Park 2019; Horrod, 2020)。

语言政策研究之所以在近些年来话语色彩渐浓,一方面反映了整个社会科学呈现的"话语转向"趋势,另一方面也是语言政策作为一种话语实践的本质表征。不过,尽管第四阶段是典型的话语范式,从话语角度观察和分析语言政策并不是近些年才出现的。实际上,70 年来,话语一直伴随语言政策研究,从未在研究中缺席。笔者认为,从话语视角来观察,每一阶段的话语研究路径都呈现出各自的特点:第一阶段为话语阐释,第二阶段为话语批评,第三阶段为话语互动,第四阶段为话语规划(discourse planning)。话语规划将语言政策的全过程视作话语实践过程,不仅关注话语是什么(内容),而且关注话语如何进入政策过程(机制)以及话语是谁带来的(来源),更明显地表现出话语路径的研究特色。在前三个阶段,话语只是语言政策研究的一个侧面,而在第四阶段,话语已经成为考察的中心和研究的核心内容。因此我们仅将第四阶段视作话语范式。

那么,上述四个阶段的话语研究路径各有何特点?"话语规划"这一概念是在什么背景下提出的?又主要涉及哪些内容?话语范式对当前的语言政策研究有何启示?这些问题都与本学科的未来发展息息相关,下文将逐一探讨。

二、话语视角的语言政策研究历史分期

近几十年来,社会生活的模式发生了根本性变化,以媒体宣传、网络平台、政策辩论、咨询谈判等为代表的话语成为社会生活的"中介"。话语本身成为深入理解社会文化和政治互动的重要资源,而非单纯的内容载体(李亚等,2015)。同时,在后结构与后现代思潮的影响下,社会科学的诸多领域经历了"话语转向",使话语成为理解社会生活的核心。李宇明(2019)指出,"语言的真实存在状态是话语。话语功能语言学(话语分析)和互动语言学的兴起,推动着语言学的'话语转向'"。

伴随话语理论的兴起,政策研究者逐渐认识到,政策是一项沟通实践,政策之争根植于定义、分类和解读,语言的论辩在政策过程中处于中心地位。布洛马特(Blommaert,1996)认为公众认可的政策文本是话语实践的副产品,凡在政策文本中出现的内容都会先在话语中呈现;语言政策在制定、传播和实施的过程中很大程度上是依靠说服,而不是依靠强制手段;任何对于政策问题的界定和陈述终归属于话语建构,话语实践贯穿语言政策的创制、传播、阐释、实施和评价过程。托尔夫森(Tollefson,2010)提出了未来语言规划应该关注的几个问题,其中包括"公共政治话语和大众媒体在语言政策进程中的作用,特别是政治领导人在塑造公众对语言问题的参与中的作用";语言治理学派则呼吁聚焦大众的话语,解决大众语言运用中遇到或可能遇到的种种问题,其中心问题是大众的话语问题。

(一)话语阐释

尽管话语在语言政策的形成、传播和实施中一直发挥着至关重要的作用,但直到20世纪80年代,学术界对其重要性的认识才逐渐清晰,因此这一阶段与结构主义范式并不完全重合。鲍尔(Ball,1993)指出,政策及其解释方式反映了不同立场之间的妥协,而这些妥协都是在话语框架内进行的。哈尔曼(Haarmann,1990)将话语应用于语言政策,提出了语言的"声望规划"。诺伊施图普尼(Neustubný,1994)将语言规划描述为一个管理过程,认为该过程从语言问题的话语建构开始,并以话语解决结束。

在话语阐释阶段,研究者认为语言规划是专业性的活动,规划目标是为了解决社会生活中真实存在的语言问题,从而推进国家建设和民族融合。因此,需要有理性的政策话语对此进行客观陈述和阐释。话语阐释是一种实证性话语叙事,通过逻辑推理来解释政策现象和社会现实之间的因果关系。

语言政策话语阐释基于现象学和诠释学,关注政策文本结构和语用策略,通过对政策相关文本、口头论辩、媒体报道、历史事件等材料的分析,展示政策意义的构建过程。常用的方法有以克里斯蒂娃(Kristeva,1986)为代表的互文性分析法,以范戴克(van Dijk,2008)为代表的社会-认知话语分析法(socio-cognitive approach)和以沃达克(Wodak,2001)为代表的话语-历史分析法(discourse-historical approach)。

话语阐释的主要对象是宪章和法律条款、司法裁决、政治人物公开发表的声明、权威报纸的社论,以及政府赞助的研讨会和文化活动的主题内容。这些构成了有社会影响力的论述,为语言政策的大众理解提供了背景、佐证和澄清。

在不同的话语体系中,语言政策的阐释方式也不尽相同。常见的有安全话语(如语言污染、语言冲突、语言竞争、公民语言能力、国家语言能力)、生态话语(如语言多样性、语言濒危、语言保护、语言灭绝)、正义话语(如语言平等、语言权利、语言人权)、经济话语(如语言资源、语言产业、语言消费、语言服务),等等,人们通过特定的话语体系来诠释语言政策的合理性并发现不足之处。

(二)话语批评

第二阶段是话语批评。与前一阶段相比,话语批评更多地涉及语言意识形态、权力和不平等问题,认识到语言政策并不中立,而是为了维护主流群体的利益,这些群体在语言规划中获得了事实上的优先地位。话语批评模式将语言规划定义为一个加剧教育和社会权力失衡的潜在霸权机制,关注语言政策对现有社会秩序的固化作用,重视语言政策带来的社会和文化资源的不平等分配。

话语批评阶段的研究有一些关键原则:第一,世界上不存在完全客观或没有利益驱动的语言政策,应该挑战主流话语,质疑那些被认为是理所当然的东西,揭示语言政策中的歧视、语言不平等、语言权利受损等问题;第二,应该展示话语如何受权力关系节制,考察研究者的立场、正义性和社会责任,为那些被边缘化的成员赋权,寻求针对语言权利的补偿措施。

话语批评吸收了政治学、传播学和人类学的相关概念,如权力、意识形态、合法性、霸权等。常用的方法有以福柯（Foucault）为代表的"权力话语"分析法、基于哈贝马斯（Habermas）交往行为理论的交际话语分析法，和以费尔克劳（Fairclough）为代表的批评话语分析法。

福柯重视被排斥和被压制的声音，但不关注实际的政策文本材料，而是将话语看成权力和知识的结合体，强调话语的"真理地位"是人为建构的；哈贝马斯从理性沟通角度对政策问题进行批判，强调政策过程中的公民参与和程序正义，主张通过理性沟通和话语论辩寻找公共生活中的共识；费尔克劳的批判话语分析是一种面向具体文本的研究方法，检测话语实践如何形成、重塑或更替现存的话语秩序。

然而，话语批评范式将一切话语看作权力和意识形态倾向，会导致用一两个概念遮挡住全部视野，将政策研究泛化为一种文化批评，看不到更大社会背景和不同群体诉求。由于社会主体的利益多元、认知多元和表达多元，每个人的诉求实际上只是个人对"权利"的认知。实际上，一些学者竭力主张的移民和少数民族家庭和个人的语言权利，有时并没有得到当事人的认可，这些人更看重的是"学习通用语的权利"，而不是"维护弱势语言的义务"。

另外，语言政策批评话语分析人士经常宣称某项语言政策反映了特定的语言意识形态，甚至指明是特定语言意识形态的产物，然而其间存在的因果关系是很难被证实的。实际上，只有当动机明显表现出偏执时，语言政策的意图才容易确定。

（三）话语互动

第三阶段是话语互动范式，认为话语可以建构社会关系、参与社会活动、再现社会事实（田海龙，2009），这一认识极大扩展了研究的视角，将语言政策的话语研究从批评视角转向了社会功能视角，从而可以聚焦语言政策实施过程中个体的能动性和多元话语的作用（田海龙，2021）。

话语互动范式认为语言政策不仅仅是自上而下的，"宏观"和"微观"的概念是相对的，开始关注本地化的微观语言规划，揭示语言政策再语境化（recontextualization）过程中的话语仲裁、话语抵制、话语援用与话语协商。

语言政策的再语境化是指政策从一个语境转换到另一个语境，其含义会因语境变化而产生重构，通过本地化策略启用一系列新的潜在解释。国家宏观政策只规定了大的原则，受众在诠释过程中会建构新的文本认知。在具体的政策实施环境中，决定做什么的选项范围会被缩小或改变。因此，政策效果无法简单地从文本中读出，而是各种利益之间博弈的结果。一项语言政策的意义是在一系列言语事件和言语情境的轨迹上呈现出来的,需要借助对社会话语的全方位考察才能了解政策的实际效应。

话语互动范式认为所有政策文本都将在新的背景下进行语境重构,其初始意义会得到扩展和增加,或被抑制和过滤,而社会认同、语言忠诚、语言意识形态和权力关系等因素都可能影响、歪曲甚至颠覆政策理念,影响社会的政策解读和改变个体的语言选择。这些因素在话语实践中大多有迹可循。

当然,话语互动不仅表现在语言政策实施过程中地方话语与宏观话语的互动上。在语言规划进程中,官方的语言规划部门会借助自己的话语权,对某些规范进行公开倡导,并通过议程设置,彰显某些语言理念和屏蔽另类观念,使得一些语言政策显性化、合法化;媒体则是政策话语博弈最集中的地方,也是塑造语言形象、改变社会思潮的重要话语平台;语言政策倡导者(advocate),特别是领域内的协会和专门的智库机构,都是语言理念的提出者、引领者和相关知识体系的建构者,也属于语言规划的主体(斯波斯基,2022)。上述这些机构主体的话语互动过程,充斥了语言政策的制定、传播、阐释和实施过程,构成了语言政策话语互动的重要内容。

(四)话语规划

第四阶段是话语规划。话语规划将前三种话语过程有机融合起来。在这一阶段,话语不仅仅代表一种意识形态或阐释世界的方式,它本质上是一种实践机制,调节着语言的社会形象、地位、功能和选择。

澳大利亚学者楼必安可(Lo Bianco)最早提出了"话语规划"的概念。他呼吁将话语作为语言规划研究的主要对象,认为语言规划进程从根本上说是塑造、指导和影响人们语言观念的话语操作进程,其核心问题是确定哪些语言问题应受社会关注,哪些语言理念应写入政策文本之中,哪些意识形态应作为社会共识而传播,哪些语言观念被边缘化甚至屏蔽,哪些政策话语在本地化过程中落实为具体措施。楼必安可将话语规划定义为"机构和不同利益集团通过语言意识形态运作,对人们的语言行为和语言信仰产生影响的话语操作"(Lo Bianco,2005)。他特别指出,"要使语言规划理论重新焕发活力,就必须增加'话语规划'这一类型,以充分解释以语言为关注对象的政策行动。显然,在那些存在竞争、冲突和争议的领域中,这一点最为明显"。(Lo Bianco,2004)

话语规划是对几十年来社会科学话语转向的回应,标志着话语正式成为语言规划学的研究对象。语言政策进程本质上是话语性的,因为政策的制定、维持和操控都是以进行言语互动和颁布政策文件的形式进行的(约翰逊,2016)。

只不过传统的话语分析路径是将话语对象化处理，机械地将话语看作脱离了情境的、静态的实体，而话语规划路径是将话语情境化处理，将话语置于符号互动和话语-情境整体关系中考察，认为话语是动态的社会建构的产物。

话语规划最常见的做法是有意识地引导语言意识形态，有选择性地提升一些语言问题的社会关注程度，通过议程设置进行具体的政策建构，依靠媒体话语对语言问题进行解释，借助无数次的话语重复制造某种"社会共识"，等等。话语规划的要点是结合社会热点问题，把握介入时机，因势利导设置语言议题，通过"宣传—说服—对话"三部曲主动引导舆情，通过反复的洗脑，潜移默化中形成相对稳定的舆论态势，并通过话语压制和舆论诋毁，造成反对方的长期"失语"。

通过审查政策制定的话语，考察语言问题如何成为政策处理的问题，可以形成语言政策研究的话语路径。对语言说服力的考察并不新鲜，然而当说服聚焦于语言政策本身时，话语规划就变成了反身的、循环的——用于说服的语言被用来制定以语言为对象的政策，语言在这里既是手段，也是对象。话语规划反思的是"存在如何成为存在"，因为在话语规划中，被创制的政策预先蕴含了设计这项政策的价值选择，这种价值选择最明显地体现在语言意识形态中，而所有"意识"只有通过话语机制才能透视出来。

话语规划关注话语的生成、传播、援用和评估的全过程，尤其关注有关启动某项政策的公开辩论，因为话语常常先于政策出现。在话语规划中，研究对象从"所是"转向"所为"，涉及"为什么会有这样的语言政策（动机）"和"如何形成这样的语言政策（机制）"。

三、话语规划流程模式

不少学者从不同角度提出过语言政策的进程，如"调查、决策、推广、实施、反馈"（Kaplan & Baldauf, 1997），"启动、参与、影响、干预和实施"（Zhao & Baldauf, 2012），还有"制定、阐释和援用"（Johnson, 2013），等等。

从话语规划的视角看，语言规划是一个全过程的话语实践过程。本文将话语规划分为五个实践环节：注意（noticing）、创制（creation）、传播（transmission）、援用（appropriation）和反馈（feedback），形成一个闭环流程模式（见图1），其中"注意"环节是参考内克瓦皮尔（Nekvapil, 2015）等人的语言管理理论提出来的。完整的政策过程包含最初的问题认定（注意），到具体政策的出台（制定），再到政策的社会感知（传播），政策在不同环境中的落地实施

(援用),以及政策价值和效应评估(反馈)的整个运行过程。这五个环节的主要内容和运作方式分述如下。

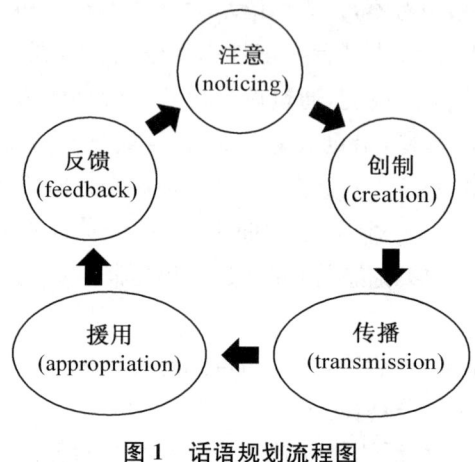

图1　话语规划流程图

（一）注意

话语常常先于政策的产生,围绕政策的话语使得某些话题提升到"问题"的地位,成为需要在公开的政策过程中加以处理的事项,这就是话语实践中的"注意"环节。

有时候民众并不特别关心某个语言问题,但主导话语可以将其塑造成一个社会热点问题,并升格成为一个紧迫的任务。例如,语言是否值得保护？什么样的语言需要保护？这类观念是社会建构的,并不是事先存在的。话语实践能够塑造人们对语言政策的认识和要求。普通民众的理性和能动性在语言政策研究中可能被高估了。

语言规划是为实现特定需要对社会语言生活和语言本身所进行的干预、调整和管理(Nekvapil,2015)。然而,究竟要实现什么样的"需要",应该进行什么样的"干预",哪些语言问题需要"调整和管理",这些都依赖话语规划来凝聚社会共识。政策的本质是价值分配和工具选择,这在很大程度上就是话语之争,而话语规划的核心是塑造话语,提升某些话语的合法性从而进行价值引领,并凸显既有政策工具的不足,产生社会舆论压力,从而引起立法部门的关注。"注意"环节可以弥补我们对语言规划进程理解的不足,将目光转移到"前政策"阶段,对制定政策前的话语实践进行分析,特别是如何塑造政策指导思想,以及怎样确认语言问题。

从新中国成立初期一系列有关"推广普通话"的话语实践,可以看出"注意"环节在语言政策进程中的重要性。1955年10月召开的全国首届文字改革会议有两项任务:通过《汉字简化方案》和推广普通话。由于会议是中国文字改革委员会和教育部联合召开的,而且会议之前《汉字简化方案修正草案》和《第一批异体字整理表草案》已经完成,因此会议更重要的目的是让推广普通话成为"当务之急"。为了统一认识,时任中国文字改革委员会主任吴玉章和教育部部长张奚若分别在大会上作报告,决定舍弃"国语"而采用"普通话"这一名称,并明确了"普通话"的定义:"以北京语音为标准音、以北方话为基础方言、以典范的现代白话文著作为语法规范。"时任文化部部长沈雁冰(茅盾)、中国科学院院长郭沫若,以及学界权威人士王力、老舍、陈望道等在大会上发言,说明了普通话采用北京语音为标准语的理据性。会议闭幕后发表了决议,《人民日报》《光明日报》等报纸发表社论,教育部发布《在中小学和各级师范学校大力推广普通话》的通知,解放军总政治部也发布推广普通话的指示。"推广普通话"成功地引起全国各界的注意,兴起了"人人说普通话"的热潮,也为下一步制定具体的语言政策(如普通话推广的方针、策略、等级要求)、成立相关组织(如中央推广普通话工作委员会),以及创制为汉字标注普通话读音的《汉语拼音方案》等奠定了基础。

(二) 创制

在语言政策创制过程中,强势话语会影响会议议程,干预政策文件起草团队成员的选择,从而成功地推行自己的语言意识形态,力争将己方的语言规划理念嵌入语言政策文本中。政策制定者并不是同质的群体,而是一个个有主体性的个人。以往的语言政策研究大多忽视了这一点。

语言政策的制定进程必须依靠说服的艺术,通过强制和暴力难以奏效。当立法机关制定政策时,政策语言往往是在折中、妥协中创建的。政策文本虽然只是部分地满足了每一个人的意愿,没有完全迎合其中任何一个人,但是它却得到了大多数制定者的支持。巴赫金的复调理论认为,即使是单一文本也通过不同的语言形式和过程来融合和表达多种声音。因此,政策文本天然具有多义性,是异质的、多声部的。

用真实的语料(如政治演讲、国会辩论记录、专家在国会听证会上的发言)可以了解话语在政策创制过程中的作用。约翰逊(Johnson)考察了美国《不让一个孩子掉队法》("No Child Left Behind")制定过程中的国会议员言论。结果表明,虽然那些模棱两可的文本段落体现出立法上的"拉锯战",但这些文本最终还是以法律的形式顺利通过。当法律最终通过后，国会中无论是双语教育的支持者还是反对者，都在庆祝自己的观点成为法律条文。也就是说，同一个政策文件可能承载了相异的甚至相互矛盾的意识形态。

从一定意义上说，地位规划、本体规划、声望规划都通过话语实践来实现。地位规划旨在将特定语言与明确的官方正式地位联系起来，明显离不开政治话语。本体规划通常由语言专家进行，但其过程也沉浸在语言意识形态的辩论中，包括规范性、纯洁性、民族性等话题。美国独立后，韦伯斯特编写出版《韦氏词典》，呼吁美国人将"美语"与"英语"分开，为提高美语的尊严而进行声望规划。韦伯斯特的呼吁本身就是政策话语，与此相关的系列话语既是倡导这一政策的工具，又是实现预期规划的社会空间。有人认为声望规划是一种特殊形式的地位规划，但实际上语言声望更多依赖于话语规划。

（三）传播

政策制定之后，媒体可以有选择地传播政策内容，而屏蔽部分话语。尽管偶尔也会出现另类意识形态和话语的媒体传播，但符合政府和权威机构关于语言使用和语言教育的意识形态和政策话语通常会占据主导地位。

传播环节的话语规划效应非常明显，一方面可以影响全社会的语言意识形态，特别是政策制定者（如议员、政府工作人员），另一方面可以影响各级语言政策执行者的语言观念（避免出现在实践中政策走样的情况），甚至可以影响普通个体的语言信仰（表现在自觉实施适应政策理念的家庭语言规划中）。

政策传播环节必然存在话语竞争。当两种话语互相竞争时，往往不是因为谁更符合逻辑或符合社会事实而获胜，而是因为谁更能改造大众的观念，更能调动起人们的激情而获胜。某些机构和利益团体会尝试建构起单向话语，根据自己的需要对政策内容进行强制阐释，有意忽视或"误解"政策的某些条款。这样，在一些领域，政策文本的具体含义有可能取决于该类话语。因此在一定程度上说，政策含义是在报纸和电视报道、公开听证会、学术论文、抗议活动、网络媒体等话语过程中构建的。

媒体话语如果将主导的或主流的思维方式作为一种社会规范来宣传（同时遮蔽其他话语），并将新闻记者定位成一个中立的叙述者，那么受众面对的是相对同质的信息输出，而缺乏面对面互动协商那样的话语类型。要了解语言政策真实的传播效果，需要建立大规模的新闻媒体语料库，实时考察报纸、电视、网络平台对当前语言政策的解读和宣传情况。

（四）援用

这一环节之所以称为"援用",而不采用常见的"实施"名称,是因为政策实施是一个单向度的贯彻执行过程,主体能动性较低,而政策援用强调了政策主体在政策实施过程中的创造性和主动性。

政策文本很少是单个作者完成的作品。在政策制定过程中的临时性、谈判性和偶然性观点可能会被写入文本。这就为政策援用者创造了较大的阐释空间,赋予了基层政策执行者创造性地提出本地化解决方案的能动性。在援用政策指令时,行为人常常会融入其既有的价值观,甚至借文本之名,阐本己之意,且将此意强加于文本,宣称文本即为此意。

语言教育政策的援用在学校最为明显。教师可能只是略微知道真正的官方政策是什么,或者说他们可能更关心的是地区性的语言政策,他们认为那就是"宏观政策"。教师可以定位为语言政策实施的最终仲裁者(arbiters),即在特定背景下相对于其他人拥有不成比例的语言政策阐释权的人,这在话语事件中被定位为具有更强话语权的人(约翰逊,2016)。许多研究发现,语言教育政策在落地时很少与原来的规划完全相同,也难以达到语言规划原先设定的效果。

政策文本是话语的产物,语言政策的援用就是将这些话语本地化、具体化和实例化。不同教育工作者对于同一语言政策所做出的回应取决于他们对政策的理解,属于政策援用,也可理解为宏观政策话语和地方话语之间的互动。

（五）反馈

政策反馈是指对政策的合法性、有效性和价值性进行评估,从而为了解人们的政策感知、更好地传播政策、引导人们援用政策,直至修订政策或制定新政策,提供有价值的依据。语言政策为解决语言问题而来,但在实施过程中又会引起新的问题,成为政策发展方向的新拐点或新动力,因此这是个循环推进的长期过程,其中反馈环节是有效途径,有助于提升政策的感知度,推进政策制定方式和传播模式的完善。

话语表达的过程就是利益表达的过程。政策反馈环节不可避免会受到主流话语价值偏好的影响。只有形成各种行动者的话语协商平台,才能形成兼容多元诉求的有效话语。换言之,政策评估的话语需要全面性和平衡性,评估主体单一会导致相关利益群体话语权的缺失,使得评估结论不够全面。参与政策反馈环节的基层群体,实际上具有了政策目标群体和反馈主体的双重身份,在政策评估中应该特别加以关注。

相较于语言政策的制定与执行，语言政策的反馈往往是被忽视的环节，而要保证语言政策更具科学性、前瞻性，必须增加政策反馈途径、缩短反馈链条、提高反馈回复速度，形成一套完备的反馈机制。我国20世纪70年代"二简字"的推出与快速废止，就是语言政策反馈机制的一个经典案例。1977年，中国文字改革委员推出《第二次汉字简化方案（草案）》。1978年3月，国家统编教材开始试用"二简字"，但教育部在一个月后就撤回该决定；当年9月，全国所有报纸杂志也停止使用"二简字"。"二简字"之所以在推行不到半年的时间即被叫停，主要是基于该政策"缺乏科学性"的学界评估和"弊大于利"的社会反馈：简化尺度过大的"二简字"违背了汉字形体规律，随意性过大的"二简字"在使用过程中产生了大量歧义现象。由于相关部门及时纠正政策失误，避免了造成更大的语言使用混乱。

上述诸例均针对话语规划的特定环节，为了更好地阐明话语规划的完整进程，下文将以美国"英语促进会"的话语规划实践为例，全面探讨话语规划的五个环节。

四、案例分析：美国"英语促进会"的话语规划

"英语促进会"（ProEnglish）是美国一个全国性组织，成立于1994年，有明确的语言政策目标：倡导在各州和联邦层面将英语设立为官方语言。该组织的语言政策进程很好地体现出了话语规划的流程性。下面以"英语促进会"为案例，具体阐述话语规划的各个环节。

引起"注意"是话语规划的第一环。从表面上看，推动英语成为美国的官方语言仅仅是一个典型的语言地位规划问题。然而，这实质上是要人们相信英语这个世界上最强大的语言需要"保护"。而要让这个"多余的"问题成为一个真实存在的问题，就必须要唤起社会话语的"注意"。"英语促进会"的手段是一方面制造"西班牙语恐惧症"，以国家安全为名游说政府和立法机构，一方面以"更好地融入社会"和"公平教育"为名游说移民家庭（Sandil，2016）。"英语促进会"宣称，许多国家都因语言分裂而导致族群间暴力，危及社会凝聚力和国家统一；多语主义极大地加剧了文化分裂、公民对立和文盲数量；美国可能是历史上唯一故意将自己转变成语言分裂社会的国家；宣布英语为官方语言是向新移民传达一个重要信息：如果你渴望利用这个社会的所有机会，就有责任将学习英语作为首要任务，而且也只有这样才能让说英语的美国人放心。

为了凝练观念，制造共识，"英语促进会"定期举办语言政策问题的全国性

会议,并邀请政界人士和其他决策者与会发言。该组织在电视节目中播放特制的采访片段,向选民灌输大多数白人郊区学区将被非英语的西班牙裔儿童占领,还警示人们"混乱的课堂"这一糟糕结果,即如果母语为非英语的孩子都进入课堂,会分散老师的精力,导致课堂的混乱。于是,"混乱的课堂"成了关键口号,经常用于其发布的电视广告中。

推动政策"创制"是话语规划的第二环。"英语促进会"制定了较完备的《英语统一法案》,并准备了适合不同州语言状况的各种版本。这类法案指定英语为政府运作的官方语言,并为公民入籍程序规定了统一的语言能力要求。"英语促进会"一直与国会议员和国会候选人保持联系,努力在美国众议院、参议院和州议院宣传和促进该法案的通过。为了给各级议员形成压力,该组织宣称,他们之所以提出上述法案,完全是响应美国人民压倒性的意愿,因为根据该组织的民意调查,87%的美国人希望将英语作为美国的官方语言。通过持续不断地向各州议会递交法案、开展各类议会外的宣传活动等方式,该组织的主张逐渐得到民众和部分议员的响应,目前以英语作为官方语言政策的州已经从起初的5个增加到32个。

进行有效"传播"是话语规划的第三环。"英语促进会"设立了自己的官方网站,传播自己的语言理念和政策主张。网站主页显眼位置可见一系列标语和口号:"全国领先的英语倡导者!""以英语为官方语言,现在是时候了!"该组织特别注重说服艺术的运用,也善于使用修辞手段表述其语言政策,简单直接,引人注目,诉诸情感而不是依靠逻辑和证据。该组织善于利用那些普遍流传但实际存疑的"常识",这些观念易于公众理解和欣赏,且常常与意识形态联系在一起,进而对公共政策的制定产生影响。这些"道理"简单易懂,不必借助烦琐的学术研究成果。面对这类话语,许多语言学家和教育家感到沮丧,因为用事实证据来反驳是无效的。该组织还擅长创作有细节的故事,将分散的观点和情节联系在一起,为大众理解具体问题提供了生动的情境。多数公众对于专业的政策问题不具备判断能力,其观点很容易受特定故事的影响。"英语促进会"不厌其烦地反复宣传,一遍又一遍地重复信息,这一传播方式产生了显著的累积效应,成功地在语言问题上"制造共识"。

助力语言政策的基层"援用"是话语规划的第四环。为了让官方英语法案在各区域各领域落地生效,"英语促进会"倡导英语沉浸式教学,提供各类英语在线辅导课程,还专门为面临语言诉讼的公共和私人机构提供无偿法律援助;该组织指责《双语教育法》未能为缺乏英语能力的儿童提供特殊帮助;谴责一些双语教育机构在意识形态驱动下决心将美国转变为一个多语种、多文化的乌托邦，即使牺牲基本民权也在所不惜。同时，"英语促进会"通过影响司法裁决来参与政策制定。鉴于美国采用的是案例法，法院的判决也能对各地语言政策的"援用"产生重大影响。

基于效果评估的政策"反馈"是话语规划的最后一环。"英语促进会"积极通过多种渠道获取政策反馈，并主动修正其政策主张。其中最明显的是与美国的"唯英语运动"(English-Only Movement)划清界限。由于"唯英语运动"被指控违反美国宪法第一修正案，"英语促进会"小心地与其保持距离，并澄清说，该机构捍卫和推广的是"官方英语"，即政府官方或法律上必须用英语交流，但它并不禁止人们在家庭或社区层面使用祖传语言(heritage language)。该组织为自己辩护说，如果国会通过《英语统一法案》，每年将为美国人节省数十亿美元的政府规定的翻译和口译费用，而且将英语作为官方语言只是意味着政府必须用英语提供公共服务进行沟通，但公民和儿童在社区和家庭都有自由选择语言的权利。

五、结语

虽然以往的语言政策研究都或多或少涉及话语问题，但无论是话语阐释，还是话语批评，或是话语互动，都只是针对既有政策的话语分析。话语规划则是一种完全由话语驱动的语言政策研究路径，关注的是政策话语的形成、传播、阐释、援用和反馈这一全景式的政策过程，充分考虑话语规划的多元主体，以及不同群体和不同层次话语间的竞争，认为在不同领域和不同层次都可以发现具有能动性的主体在进行话语规划，而且即使是官方话语，也并非异口同声且始终如一，而通常是一种多声部的动态话语。

语言意识形态确实可以影响语言政策，但"意识形态"大多是模糊、多变且不可捉摸的，必须借助话语的力量才能显示作用。一些研究者热衷于将不同语言意识形态定制为各种语言政策背后的驱动因素，但实际上缺乏相应的证据。而采用可观察的话语，则可以避免这种随意性。众所周知，语言规划通常依赖于说服性的话语。笔者赞同"语言规划的对象是语言生活"这一说法，但认为如果在观察语言生活时，缺乏话语这个抓手，就容易沦为政治学、社会学和管理学的研究模式。而如果顺着话语这条线索去考察，就会发现许多有价值的、有可操作性的语料，这样便可以发挥语言学学科本身的优势，在语言政策与规划研究中做出学科自己应有的贡献。

第 7 章
20 世纪 80—90 年代的中国语言文明研究

引 言

2021 年在庆祝中国共产党成立 100 周年大会上,习近平总书记指出:"我们坚持和发展中国特色社会主义,推动物质文明、政治文明、精神文明、社会文明、生态文明协调发展,创造了中国式现代化新道路,创造了人类文明新形态。"当前语言文明研究已经进入了理论构建的新阶段。一些语言学者开始尝试以多维视角揭示语言文明的层次性,以及语言文明对个体交往、社区规范和文化共同体的传播发展所产生的积极作用(方小兵,2021),指出语言文明对推动社会发展和语言学自身发展的重要意义(徐大明,2020)。从社会发展来看,语言文明对个体养成良好的行为举止、培育社区的文明生活方式起到推动作用,也必将有力地支持我国社会主义精神文明建设。从语言学研究来看,语言文明这个概念"内涵深刻丰富,包容性和阐释力强,具有广阔的应用和发展前景"(方小兵,2021)。如果语言文明能够成为语言学中的核心概念,则将衍生出更多有价值的课题。

语言文明是特定历史和社会条件下的产物。我国语言文字工作者对语言文明的内涵及其与社会关系的研究经历了一个逐步探索的过程。

在 20 世纪 80—90 年代,我国学者就曾开展过语言文明研究,并取得了初步成果。我们以"语言文明"为主题(1979—1999),在知网上检索可得论文约 20 篇(会议报道不统计在内);以"语言美"为主题(1979—1999)的文献约 40 篇(会议报道不统计在内)。这些为数不多的文章从社会语用实际出发,阐述了文明语言的性质、构成和社会功能(陈汝东,1998),探讨了城市社会用字中的不规范问题(陈汝东,1999)以及语言美的社会功能(王振昆、谢文庆,1981;许宝华,1984)等等。还有其他一些关于文明语言使用的著作。如北京市语言学会(1982)编写的《礼貌和礼貌语言》,王希杰(1983)的《语言的美和美的言语》等。这些著作的内容多集中在文明用语、礼貌用语的范畴,为后来的研究提供了初步的积累。现在看来,那个时期文明用语和礼貌用语的研究表明语言文明研究还处于起始阶段。

回顾起始阶段语言文明的研究,对新时代的语言文明研究仍然不无启迪。这一阶段的语言文明研究既契合了我国社会发展的需要,也反映了我国语言研究工作者积极参与社会建设的价值追求。

本文通过梳理语言文明起始阶段的文献,总结那一时期关于语言文明的概念和研究范围,语言文明研究的目标、任务和特点等,并结合当前的研究,进一步讨论我国语言学发展和学术创新问题。

一、语言文明的概念和研究内容

"文明"一词古已有之,那么语言文明是什么?在语言文明研究起始阶段,对于"语言文明是什么"的问题并没有开展过深入讨论,而侧重强调语言文明是精神文明的一部分。

(一)语言文明的概念

陈汝东(1996)将语言文明定义为"语言文化中积极、健康、进步的成分"。从实际研究情况来看,语言文明主要是指在社会交际中使用礼貌性和规范性用语。

语言文字工作者们已经意识到语言文明在社会生活中的重要作用和现实意义,但还没有将语言文明作为一个重要的理论概念进行系统性研究。这跟当时的学术环境和研究条件有关。

从学术环境来看,语言本体研究是当时的学术主流,这方面的语言学研究成果斐然。尽管语言学界大都认为,语言是社会交往的最重要的工具,但对语言与社会关系的研究却往往是笼统的,缺乏科学的研究范式。如果研究语言随着社会的变化而改变,那么只列举语言中有限的一些词汇意义的改变是不够的;如果普遍接受"语言的社会性是根本属性"这样的观点,那么纯粹的语言规则的归纳和描写也是不充分的。语言文明与语言生活紧密相连,然而当时中国的语言学环境不利于开展广泛而深入的语言文明研究。

从研究条件来看,当时着力于探索语言文明的学者主要由语法学、方言学和一些从事第二语言教学的学者构成。比如,倡导人们注意对"脏话"研究的吕叔湘主要从事汉语语法研究;探讨"语言美"的许宝华主要研究成果是方言学方面的。此外,对语言文明的学术交流多以"座谈会"的形式开展。从某种意义上来说,语言文明研究似乎还只是"副业",仍然处于边缘化的地位,并没有引起学术界的广泛重视。

我们从为数不多的文献中,可以看出当时学界达成的共识,以及对后来研究的影响。语言文明研究成果的数量和影响力,远不能和汉语语法学、音韵学、词汇学等相比,但这些关于语言文明的初步研究具有开创意义。

(二)研究内容

在起始阶段,加强社会主义精神文明建设触发了语言文明研究,而语言文明研究则主要以"礼貌语言""语言美"为主要内容。

语言美是精神文明建设中反复提及的概念。语言美"就是要使用和推广礼貌语言",其实就是语用文明。语言美的语义指向性表明,语言文明是社会主义精神文明建设的一个重要组成部分。语言美有助于精神文明建设。礼貌语言是语言美的具体体现。从一些比较有代表性的论著来看,张寿康(1981)《浅谈礼貌语言兼及"您们"的用法》和伍铁平(1982)的《礼貌语言中的词汇》对社会生活中礼貌用语的探讨主要还是集中在个体的言语文明层次上;而在社会文明层面上,王克仲(1981)《语言污染表现在哪些方面》以具体的实例,指出了"语言污染"的社会危害,表达了在精神文明建设中语言文明的重要性。这些研究往往从具体的实例出发来探讨礼貌用语的社会功能。尽管这些研究在研究方法上大都采用描写和举例的方法,但其对语言使用及其所产生的社会效果的关注,已经超出了结构语言学中语言描写的范畴。

二、语言文明研究的目标、任务和理论特点

在改革开放初期,我国的语言文明研究还处于初始阶段。我国的语言学者能够在传统语言研究中,特别是结构语言学占主流的学术语境中,关心社会发展,这是难能可贵的。

(一)目标和任务

从语言文明研究的目标和任务来看,当时的语言文明研究目标是为了满足社会语言生活的拨乱反正和满足全社会精神文明建设的需要(于根元,1996)。

为了达成这一目标,当时的研究任务主要集中在倡导规范语言和礼貌语

言的使用上。这些语言文明研究在当时的学术语境中就是要让人们认识到,什么样的语言是文明的,高尚的,什么样的语言是不文明的,应该予以抵制和抛弃的。对于促进社会主义精神文明建设来说,一个个规范的和礼貌的文明用语都应该得到正确使用。

(二)理论特点

那一时期的语言文明研究是在"语言是人与人之间的交际工具"和"语言美有助于精神文明建设"的理论思想指导下开展的,其显著特点是贴近社会生活,却又较少借鉴相关的语言学理论。

语言是社会交际最重要的工具。语言使用的规范性和得体性被作为语言文明的重要因素加以阐释,从而形成了新的理论视角。值得注意的是,从语言文明的视角来探讨言语交际中的语言问题,就自然地把语言研究和社会生活结合了起来,但并没有跟当时的语用学或社会语言学理论形成合力。

为了响应精神文明建设号召,语言学家们构建了"语言美"的概念。虽然语言美并没有发展成为一个核心概念,但是语言美和精神文明建设被认为是推动社会发展和进步的动力(许宝华,1984)。

精神文明建设过程是重塑民族精神和意识形态的过程。这个过程离不开语言的规范化和文明化,因此,语言文明是精神文明建设的重要组成部分。遵循这种逻辑,语言文明也可以建设。由此可见,语言文明的探讨实质上是对语言本体规划的讨论。在精神文明建设指引下,那些传统语言研究不太关注的"语言污染""脏话"等语言现象,是作为语言文明的对立面凸显出来的。从某种意义上说,这是对语言学研究范围的拓展。如果将这样的研究进行归类的话,应该可以归为语言规划研究。

于根元(1996)甚至提出建立"语言修养"学科,倡导专门研究语言文明。但或许是因为没有清晰阐述其学科定位、研究对象和研究目的,抑或是因为当时语言文明还没有被视为一个重要概念,所以这一学科没有建立起来,而且语言文明也没有能在语言规划中得到充分讨论。

三、语言文明研究的启示

20世纪80—90年代,语言文明被作为一个语言研究的概念提出来,尽管还没有系统深入讨论,却体现了我国语言文字工作者为国家为社会服务的价值取向。

（一）语言学应服务社会，促进社会进步

1979年10月，邓小平在中国文学艺术工作者第四次代表大会上发表的祝词中提出，我们要"发展高尚的丰富多彩的文化生活，建设高度的社会主义精神文明"。1981年2月中国语言学会就参与起草了《关于开展文明礼貌活动的倡议》，号召全国人民开展以"讲文明、讲礼貌、讲卫生、讲秩序、讲道德"和"语言美、心灵美、行为美、环境美"为主要内容的"五讲四美"文明礼貌活动，以便使"我国城乡的社会风气和道德面貌有一个根本改观，让伟大的祖国以社会主义高度精神文明的新面貌出现在世界的前列"。文明礼貌活动表达了对新时期社会发展的关心，充满了对国家和社会精神面貌发展的期待。1996年4月国家语言文字工作委员会语言文字应用管理司、信息中心和《语文建设》编辑部邀请有关部门负责人和文化界、新闻界人士参加了"语言文明建设"座谈会，这次会议促进了语文应用的规范化、文明化工作的开展。由此可见，语言文字工作者没有把语言学限制在狭隘的学术研究中，而是将语言和社会发展联系起来，响应国家号召，在借鉴和学习西方语言学理论的同时，不断地为我国精神文明建设发展作出贡献。

进入到新时代，十九大报告明确指出："我国社会主要矛盾已经转化为人民日益增长的美好生活需要和不平衡不充分的发展之间的矛盾。"而我国的"社会文明水平尚需提高"。在国家治理的时代背景下，新时代的语言学家们根据中国的语言生活现实提出城市语言文明建设的重要课题（徐大明，2020），揭示了语言文明对我国国家治理和社会发展起到推动作用。

（二）立足中国的语言生活，引领学术创新

中国的传统语言学侧重于文字、音韵和训诂研究。现代语言学被引入中国之后，传统语言学受到很大影响。在改革开放之初，西方语言学的研究范式被大量引入和应用，结构语言学成为语言学的主流，涌现出一大批以结构语言学理论为指导的研究队伍，促进了中国语言学的发展。但是，也应该看到，结构语言学重视语言的结构描写，忽视语言与社会发展之间的联系。

回顾语言文明研究起始阶段，一些语言学者提出"语言修养"学科的设想，开展礼貌语言和促进精神文明建设的研究，摆脱了结构语言学理论的束缚，从精神文明建设的视角看待语言的使用。作为一种尝试，从精神文明建设和社会发展的高度对语言行为进行观察，把语言文明研究和社会发展联系起来，体现了那一时期语言文字工作者敢于尝试和创新的科学精神。这给当前我国语

言研究的创新发展带来了一个重要启示:中国的语言生活是促进我国语言学发展的重要源泉。

为了响应"把学问写在中国大地上"的时代号召,新时代的语言学家们正致力于"全面认识语言及其与人类文明的关系",积极投身到"大众语言生活、国家治理乃至全球治理"的研究领域中(李宇明,2021)。在开展全国文明城市建设和治理的时代背景下,语言文明研究正在形成原创性理论,为引领语言学创新发展注入新的能量,也必将为人类文明作出贡献。

第 8 章
语言文明建设中的 4A 评价原则

文明是人类社会进步的重要标志,是推动国家稳定发展、和谐发展的内在精神力量。语言文明关乎国家形象,是"新时代文化建设和中华文明复兴的重要组成部分"(方小兵,2022:12),是孕育国民积极社会心态,形成民族认同感与国家凝聚力的基石。近年来,语言文明成为新时代语言生活领域里的热点话题之一,受到越来越多学者的关注:主要围绕语言文明概念的内涵、建设路径以及语言文明治理等问题展开讨论(陈新仁,2022;姜德军,2002;徐大明,2020)。

语言文明建设是一项系统工程,既包含硬件上的语言文明设施兴建,也包含软件上的语言文明服务质量提升,更需要全社会的积极参与,自上而下与自下而上相结合,构建语言文明共同体,综合提升社会的语言文明治理水平。语言文明建设离不开语言文明评价机制,建议从语言信息的可用性(availability)、可及性(accessibility)、可接受性(acceptability)、可适切性(adaptability)四个原则(简称 4A 原则)入手,做好语言文明评价工作。该原则兼顾硬件设施完善与软件服务质量、静态结果与动态过程并重、自我评价与外部评价相结合等综合评价手段,能够保证语言文明建设各项工作落到实处。

一、可用性原则

可用性原则强调某一区域、城市或社区是否存在有效的、公平的、均等的设施及服务机会,是否满足某个项目或者某项服务的基本条件,这构成了语言文明建设评价的基础设施维度。基础设施维度可以从硬件和软件两个层面来审视。硬件上,信息无障碍设施建设是否到位,街道楼宇路牌标识设置是否规范,公共交通工具语音字幕报站设施是否完备,广播电视节目是否配置手语翻译,城市热线是否增设与本地居民结构相符合的多语服务,应急报警装置是否安装到位等(李宇明,2021)。软件上,城市导航设施是否有多语服务,城市网站是否考虑多元群体使用情况,国家通用语的普及程度,城市语言环境建设是否满足国际交往需求,城市数字化(智慧城市)建设便利程度等具体指标。

评价中,硬件、软件两个层面相辅相成,缺一不可。以城市设施为例,城市规划设计是否充分考虑了使用者的诉求,以人为本,满足多元群体的日常需要。软件层面能否确保硬件设施不是摆设,而应真正发挥作用。以应急消防通道为例,尽管也对通道的宽度、数量进行了规范建设,甚至也有提醒严禁占用的标识,但生活中个别群众还是熟视无睹,"救命通道"经常变成了停车场或者杂货间,关键时刻无法发挥应急救援作用。由此,评价中既要考察硬件设施是否到位,考察这些基础设施的便利程度;还要走访基层群众,甚至亲自体验一番,了解其运行维护情况,发现其中存在的不足及问题。

二、可及性原则

可及性原则指的是语言信息是否公开可及,普通公众或者游客能否安全、方便、透明地获取信息,这构成了语言文明评价的易用便利维度。有的情况下,个别地方或者部门的语言基础设施尽管非常完善,却不向普通公众开放,甚至人为设置访问障碍,增加访问成本,阻碍信息的畅通,难以满足公众的需求。例如,旅游景点或者酒店等场所是否免费提供便民服务信息(常用电话号码及车次航班信息等);城市的窗口单位的无线网络服务(含免费或优惠)是否快捷,是否向外商或者游客提供多语种语言服务,居家是否可以获取常用网络数据库的资源等。

2019年10月,第74届联合国大会宣布将每年的9月28日定为"普遍获取信息国际日"(The International Day for Universal Access to Information,简称IDUAI)。此前,2015年,联合国教科文组织大会就通过决议,决定设置该国际日,强调信息公开、信息可及的重要性,并将信息获取提升至基本人权的高度来看待。2020年全球新型冠状病毒感染疫情暴发以来,社会各界已经基本达成共识:危急时刻,信息就是生命;而信息不平等、信息不可及容易导致突发公共事件下的次生灾害(李宇明,2020)。同理,2022年,联合国举办"普遍获取信息全球会议",会议主题是"人工智能、电子政务和信息获取",旨在建立信息可及、有弹性、包容性强的知识社会。评价中,评价者可以一个普通市民或者访客的身份,通过观察、走访、体验,切实感受语言信息的可及程度。

三、可接受性原则

可接受性原则指的是信息准确、适当、可靠,能够满足服务对象的交互需求,这构成了语言文明评价的质量维度。信息的可用性强调基础设施的有无问题,信息的可及性侧重信息的到位问题,而可接受性原则指的则是从服务对象视角出发,关注语言信息的得体及服务质量的优劣问题。众所周知,语言服务对象来自天南海北,实际需求千差万别,因此,各种语言服务不能搞一刀切,必须实事求是,具体问题具体分析。例如,进城务工人员、外地求学的大学生、海外游客、客商等群体对语言信息有不同的需求,他们对语言服务的接受程度也不完全一致。该情况下,语言文明的评价需要静态与动态相结合,既要关注语言产品(无论书面语还是口语),更要关注服务过程中细节的把控,避免服务纠纷或冲突。实际操作中,可以采用服务对象现场打分的方式,或者事后回访当事人,获取服务质量反馈,也可以面向公众问卷,倾听公众的意见与建议。

2022年10月,北京市发布了《政务服务综合窗口人员能力规范》(征求意见稿),首次将政务服务禁用语拟入规范,对待群众不但要"脸好看",还得"事好办",引发热议。该规范旨在规范政府公务人员的言行举止,提升语言文明程度,其中明确提及禁止使用"我不知道""不行""不清楚""急什么,没看我正忙着吗""我不是说过了吗?找领导去,我管不着""快点,我下班了""有牌子,自己看清楚了再来""你看不懂汉字吗!"等话语以及其他有损窗口形象的用语,借此推动文明服务晋位升级。评价层面,建议增加服务窗口人员的自我评价维度:通过查看服务过程视频,与其他同事一起讨论,做好个人总结,发现自己工作中的不足及问题,以便做出调整改进。

四、适应性原则

文明社会需要适应特需群体的多元需求,做到"有爱无碍":语言上,考虑非主导语言群体(含方言、民族语言、外语);身体上,考虑行动不便或肢体残疾群体(老幼病残孕群体);精神上,考虑受到外界刺激或遭受心灵创伤的群体人员(需接受心理治疗及抚慰群体),这构成了语言文明评价的人文关怀维度。人际沟通是一种心与心之间的沟通,语言文明不仅仅体现在信息可及、话题得当、语调柔和层面,还需要照顾不同群体的特殊背景、成长环境、知识体系、文化习俗、宗教信仰等因素,做到贴心交流服务。现实中,对特需群体的关爱映照着社会的文明程度；生活中，特需群体是否参与社会事务的管理及发表意见，他们是否参与政策的咨询及制定等。现代社会是一个日趋多元化的社会，适应性原则是考察一个地方是否具有开放性与包容性的关键指标之一。

实践中，无论政务、医疗、法律、护理，还是各类社区服务，服务对象千差万别，交流程式也会因人而异。例如，见到一位长者，增加几句暖心的问候，看似无用的简单寒暄，却能拉进彼此间的距离，信任感会增多，互动效果也会更为有效。可以说，心里装着对方，不只是一句口号，是需要平时有意识学习积累的。此外，传递重要信息沟通时（如突发公共事件情景下），提供多语种版本信息，采用通俗易懂语言，借助图示、图解说明，满足读写能力有限人群的需求。

语言文明概念内涵丰富，包容性和系统性强（方小兵，2021），是人际关系和谐发展的前提，是国家发展的精神动力。语言文明建设是一项长期坚持的工作，有助于提高国民整体素质，培育正能量社会风尚，塑造良好的文明国家形象。语言文明评价可以从多个维度展开，其过程也是动态的，随着时代的变化而变化，其目的是促进人际和谐，维护国家繁荣稳定。上述4A原则仅为抛砖引玉，希望引发更多学者的关注与讨论。未来，我们建议国家相关部门出台语言文明质量评价指标体系，进一步细化评价标准，增强可操作性。同时，建议全国文明城市（及街道、社区、家庭）评价体系中，增加语言文明评价这个维度，从政府公务服务（语言是否可用、可及）、社区信息发布服务（语言是否得体、是否有语言歧视情况）、家庭语言使用（是否存在家庭语言暴力）等方面，综合评价国家、社会及家庭的语言文明程度，助力和谐社会及语言文明共同体建设。

第 9 章
语言文明的雅言特质、内涵与路径

语言文明作为人类文明的组成部分,事关诗教、人格修养与家国形象。《国务院办公厅关于全面加强新时代语言文字工作的意见》就提出:"加强语言文明教育,强化对互联网等各类新媒体语言文字使用的规范和管理,坚决遏阻庸俗暴戾网络语言传播,建设健康文明的网络语言环境。"上海市关于全面加强新时代语言文字工作的指导性文件中,提出工作重心由"满足交际功能"向"提高语言文字规范化水平和语言文明程度"转向,并将语言文明作为区域和行业语言文字监测工作项目的内涵。可见,不论是政策要求还是现实实践,作为新时代语言文字高质量发展的重要表征,语言文明建设已是势在必行。

一、语言文明的雅言特质

雅言雅语是语言文明的集中特质。语言文明既关涉表达者,又关照理解者,强调主体双方在互相尊重的基础上进行语言沟通,减少因语言文化的摩擦导致不必要的理念与行为冲突。中国自先秦开始,雅言就作为一个重要的范畴被历代文人学者所重视,《论语·述而》:"《诗》《书》、执礼,皆雅言也",表明雅言是有别于方言俗语的标准语和通用语。文论层面,曹丕在《典论·论文》中提出:"盖奏议宜雅",认为奏章、驳议类的文章语言应该文雅、工整,体现庄重肃穆之态。刘勰《文心雕龙·体性》提出:"习有雅郑""故童子雕琢,必先雅制"(周振甫,2021)等,主张要分清雅正与淫靡,先学雅正。王国维《古雅之在美学上之位置》提出:"优美之形式,使人心平和;古雅之形式,使人心休息"(周锡山,2018)等,雅正、典雅、古雅等丰富了雅的内涵,让雅言的美学范畴发展到了新的阶段。

实践层面,雅言雅语亦有着坚实的基础,近代史学家何炳棣回忆居清华要津二十余年的冯友兰,指出其突出才能是"国学根底雄厚,文言表达能力特强,初则勇于起草,继则众望所归"(何炳棣,2005),冯友兰执笔的《国立西南联合大学纪念碑》,事理明通、文质并茂、韵散结合、融古烁今,读来铿锵有力、气势斐然,是不可多得的典范。胡乔木参与起草新中国首部《宪法》《关于若干历史问题的决议》,负责修改《莫斯科宣言》等事关"经国大业"的重要文件,其精深的语言文字功底一方面表现在遣词造句、语法修辞的规范化上,另一方面体现为文章学层面的构思巧妙、言简意赅、情理兼容、文气充沛。胡乔木还从接受者视角提出公文书写的三大标准:吸引人看得下去、使人看得懂、能说服人和打动人,推动了公文及政论文语言的发展。鲁迅的《野草》思想深刻,语言富有音乐美,词语或句子长短错落的安排,以及排比、递进、回环、顶针等修辞手法的综合运用,形成了流动变化、别有风致的语言节奏,深化了意蕴内涵与思维厚度。

  雅言雅语除了修辞学与美学的意义,内容上强调言论的正确合理、反映现实、合乎文明教化。《现代汉语词典》(第七版)标示雅言有"正确的话;有道理的话"之意。实际上,这一概念内涵古已有之。《史记·五帝本纪》:"择其言尤雅者,故著为本纪书首。"(杨燕起,2019)《前出师表》:"察纳雅言"(罗志霖,2011)等,这些"雅"字表示正确。而雅言所包含的言说政治兴衰之道,彰显国家秩序、文明礼教等政教文化诉求,在《诗大序》中就有体现:"雅者,正也,言王政之所由废兴也。政有小大,故有小雅焉,有大雅焉""至于王道衰,礼义废,政教失,国异政,家殊俗,而变风、变雅作矣"(李学勤,1999),在这里,小雅侧重君子之道,大雅侧重王道,其教化是对王者的教化,旨在说明王政兴废的原因。以《诗经》为代表的雅正精神代代相继,并深层次地影响了语言创作理念与内容,以至于历史上但凡有偏离此传统的,便有人起而捍卫。陈子昂作为初唐发论反对六朝绮靡诗风的第一人,其《修竹篇序》对于风雅不作的现象,"耿耿也"(叶庆炳,1997),强调要回归诗歌的风雅寄兴,身体力行地推行唐诗诗风的革新。杜甫在以诗论诗的《戏为六绝句》中提出:"别裁伪体亲风雅,转益多师是汝师"(俞平伯等,2013),表明杜甫十分重视《诗经》的风雅传统,并付诸语言实践,他的《茅屋为秋风所破歌》《蚕谷行》《解忧》等,均是关心社会现实、反映时事民生的作品,通过叙事文本,诗人深沉的儒家思想和经世济民的人格特质得以立体化和形象化。而李白在《古风(其一)》中也提出:"大雅久不作,吾衰竟谁陈……正声何微茫,哀怨起骚人"(俞平伯等,2013)的思考,折射了李白的风雅诗教观,注重通过诗歌语言弘扬雅道、矫正世风,这些均指向了雅言兼有德育的作用。

  雅言雅语倡导用语准确、文质相称、体现诗教,但典雅、雅正、高雅、古雅不等于语言流于孱弱,而是刚柔相济,于仁也柔、于义也刚。章、表、奏、议、对、檄等作为我国古代国家治理的关键文书,表意明朗、气理充沛,有其语用特色。"表"作为奏章,用来陈述请求,如诸葛亮的《出师表》意志明朗、辞为心使,从情志的表达中焕发光彩;"对"是对答诏书所提问题的陈述,作为选拔贤才的重要方法,要求对策者熟悉治道而能通权达变,理论推断刚健、文辞运用明辨,如董仲舒的《举贤良对策》根据《春秋公羊传》立论,研究历代政治演变,注重德治教化,辞多而不乱;"檄"多为古代征召、晓喻或声讨的文书,誓师宣言倡行"使声如冲风所击,气似欃枪所扫"(周振甫,2021),如宋濂的《北伐檄文》、秋瑾的《普告同胞檄稿》等,理直事明、风声阵阵,具有庄严的威力和声势,因而进入文类系统。总之,雅言雅语不仅体现在语音的规范纯正,而且强调内容的雅正教化、文辞的典雅庄重、言论的正确合理,具有丰富的文化内涵、审美意义。中国的雅言传统悠久,为语言文明建设提供了深厚的历史文化资源和坚实基础。

二、语言文明的内涵呈现

语言文明反映了组织与个体的精神风貌、文化底蕴与生活品质。新型冠状病毒感染疫情期间,防控工作新闻发布会作为政府与市民的沟通桥梁,在政策解读、信息发布、心理疏导等方面发挥着积极作用。新闻发言人语言表达的准确与否、妥帖与否、典雅与否关乎民心动向、社会稳定。上海市政府新闻发言人在抗疫关键时期表示:"与病魔、病毒作战,我们是须臾不敢停歇,一刻不敢懈怠,请大家继续支持我们,帮助我们,我们同向而行,一起努力。相信如常的生活,如常的上海一定会很快回来。"这段发言内容中的"须臾"指片刻、一会儿,形容没有片刻的空闲,"须臾不敢停歇"与"一刻不敢懈怠"反映了防控的紧张无暇。"同向而行"用在新闻发布会则成为凝心聚力的呼声,是众人同心、其利断金。"如常"在汉语中多用作谓语,如《西游记》中:"众卿礼貌如常,有何失仪?"《二刻拍案惊奇》:"离家一年,江家生意如常,却幸平安无事"(凌濛初,2016)等,"如常的生活"则在结构上形成了一种陌生化的语言表达效果,令人耳目一新,却是大家殷切的期盼。

语言文明是人类文明的呈现形态之一,各有特色的语言造型与风格呈现了多彩的文明类型。当我们回看现代文明的重要源头——希腊,希腊经典的语言文字往往和希腊雕塑一样不尚雕琢,行文简约明了。希腊人的思想翱翔于天空,而他们的脚却仍坚实地踏在地面上。希腊自古就有非常鲜明的崇实精神,希腊人看到平凡事物的美好,并且满足于这样的美好,快乐地生活,理性地观察周遭事物。而英语世界的语言形式更多如哥特式大教堂的精致锦绣、丰富细腻。比如同为诗人的拜伦与品达，拜伦用奇幻恢宏的笔触描写大自然："只有一颗孤星伴着狄安娜，统治了这半壁恬静的天空，但在那边日光依然灿烂，它的波涛仍旧在遥远的瑞申山顶上滚转"（穆旦，2011）；品达则给出宏伟雪山的真实记录："银装素裹的埃特纳，终年怀抱着刺骨的白雪。"（汉密尔顿，2019）两种迥异的语言造型，来源于不同的文明内涵，甚至影响着宗教文本的传递与表达。因此，如同人类文明自身的丰厚与多元，世界视域的语言文明也必然是多元的，保持独立又互有渗透，因为真理既可以用简明的语言表述，也可以用华丽的词汇点缀，犹如希腊神庙的庄严朴素和布尔日大教堂的宏伟壮丽。

三、语言文明建设之思

笔者认为，语言文明建设应该做到以下四点。

一是要将人们的日常交流语言规则融入精神文明创建工程和新时代文明实践，包括打招呼、招待客人、职场面试、会议讨论、用餐交流、送别友人等言语交际，形成在公共场所、重点行业的日常基本用语行为规范，通过对外显形态的引导深入到潜意识的基本假设与合乎道义的价值观。美国通用公司的《诚信手册》倡导构建相互尊重的工作环境，在"诚信于行"的问答环节中，提出如果有同事随意开了一个关于种族陈规的玩笑，该作何反应？公司倡导的回应方式有两种是关于语言行为的：其一，实事求是、严肃认真地告知该同事这是不可接受的，"您刚才开的玩笑并不合适"，或者"我被您刚才开的玩笑冒犯到了"，又或者"我没有被冒犯到，但其他人可能会有这种感觉"；其二，打断或转移话题，"这一点儿也不好笑"或者"我们需要专注于手头上的任务"；随后，直接与该同事继续沟通，明确表示他或她的这种行为是不可接受的。通用公司之所以基业长青，得益于注重对员工语言文明的倡导与实践。与此同时，社会与组织要特别关注语言文明与个体心理建设、情绪管理的深层次关系，比如"怒路症"的表征为当事人遇到交通拥堵时情绪愤怒，攻击其他汽车或同车的乘客，并且会用言语进行威胁甚至侵犯他人。相关研究表明，工作或生活压力大是引起"怒路症"及其言语行为的长期原因。此外，心理学领域也提出了"公民压力"的说法。在竞合关系中，职员越来越需要消耗更多的个人资源等从事角色外工作，以满足组织的要求，在这一过程中，职员的性格、破坏型领导行为、公民行为相关的绩效考核等因素会让个体更多地感受到公民压力，而角色内与角色外多重压力的施加，容易产生组织成员语言交际的冲突。因此，组织文化的及时调整、管理机制的协调完善、心理学方法的有效干预将是语言文明建设过程中不容忽视的策略方法。

二是要加强语言教育,厚植优秀文化资源助力语言文明,持续提高国民语言文字使用的水平与能力。在2022年新颁布的《义务教育语文课程标准》中,文学阅读与创意、实用性阅读与交流、思辨性阅读与表达作为发展型学习任务群提出,反映了母语语言教育与语言生活理念的有机融合,人文性、实用性、思辨性并驾齐驱,由此,语言文明的素养也相应在这些方面得到了强化与渗透。如第一学段要求在家庭生活、学校生活、社会场所用语文明,学习运用文明礼貌语言,与家庭成员、亲朋好友交流沟通,学会感恩;学习与同学、老师文明沟通,乐于分享学校生活中的见闻和感受;学习认识有关标牌、图示、说明书等,了解公共生活规则,学会有礼貌地交流。而在人文与思辨层面,强调对文学语言和形象独特魅力的审美体验与创作尝试,注重理性思维和理性精神的培养。作为一个诗歌的国度,我们依然需要通过语言文明的持续建设来推动现代汉语的精进发展,如白话诗歌语言,在暂别了古典诗歌严谨精致的语言组织,成为形态自由、声韵自由、个性化特色更为鲜明的表达形式时,如何形成适合自身语言特质的新的诗歌传统,可行的方法是"取法乎上",强调对人文传统的尊重、对文化修养的训练、对生命实践的重视,特别是通过全民阅读、经典诵读、社区语言教育等方式积累并培育更加丰盈的诗性心灵,在具体的语言造型与词汇选择方面,可以有意识地汲取古典文学的有益养分,注意炼字炼句,关照诗歌语言的音乐美、节奏美、建筑美,积极构建"新雅言",而不是过多地使用口语、俗语,或者以后现代的解构主义为名让诗歌沦为文字游戏。

三是要关注全球化背景下跨文化过程中的语言文明,构建国家通用语言文字发挥主体作用,外语服务因需可及,中外语言文化双向互动、交流顺畅、开放包容、规范文明的语用环境。人类文明的发展离不开高品质的翻译实践活动,中国的中古时代就处于一个"翻译"的时代,中国与其他国家的接触,使语言文化的交流更为频繁,外来语汇特别是佛教词语逐渐成为汉语日常词汇,相关思想内涵也纳入了本土的文化体系。通过译介之旅,人们的眼界不断拓展。虽然翻译在本质上是对纯粹语言的再现,但理想的状态亦如本雅明总结的那样:"神圣的经典把原文和译文左右并列于同一页面的呈现方式,正是所有译作的原型或典范。"(本雅明,2021)跨语际的理论与实践力量悠远绵长,因此要着力培养融通中外文明的翻译人才,不仅能放眼世界,将世界璀璨文明译介到中国,尊重不同国家与人民对价值实现路径的探求,促进世界各国彼此之间的理解与信任;而且要心怀家国,加强内涵建设,具有出色的国家通用语言文字应用能力和多语译写能力、译编能力、译创能力，拥有主动传播中华文明内涵与历史的使命感与责任感，推动中外语言文化的交流互鉴，助力世界文明百花园群芳竞艳。要持续做好包括汉学家在内的海外高端人才引进与使用工作，充分发挥好语言文字科研人才的激励评价机制，聚焦语言文明等相关专题进行深度研究，让更多海外友人共同参与到科研成果的宣传、推广与应用之中，让世界更多的人如同了解和喜欢希腊的荷马和埃斯库罗斯一样，了解和喜欢中国的杜甫和汤显祖。

　　四是持续推进语言文明治理。首先，进一步明确法律依据，对包括语言文明相关的国家和地方性法规、政府规章进行全面梳理，同时鼓励社会各界积极参与语言文明建设，共同关心、督促法律法规贯彻落实的效果，监督相关行业部门在语言文明方面的依法作为情况；充分发挥语言文字、法律、社会学等领域专家的作用，研究完善语言文字政策和相关行业法规，使之适应新时代语言文明建设之需。其次，加强区域与行业管理，探索面向区域与行业的语言文字规范和文明水平的监测工作，研究建立语言文明数据库或语料库，依托信息化、数字化手段及时了解城市语言景观的文明程度，强化语言文字成员单位的联合执法力度，注重监测与整改相结合，监测过程与结果应用相结合，推动区域行业语言文明水平的持续提高。最后，要加强网络空间语言文明问题的综合治理，总结借鉴国际国内网络语言治理的经验，发挥好新闻媒体等示范作用，加强网络技术监管，推进网络文明素养实践教育基地建设，完善网络舆情反馈与应急机制，定期开展弘扬语言文明正能量的宣传教育，引导广大网民尊德守法、文明互动、理性表达，坚决抵制网络语言生活中的语言暴力、粗俗、歧视、谣传等问题，推动数字化转型背景下全社会语言文明素养的提升，为网络语言交际等创造良好氛围。

第三部分

语言文明与城市管理

第 10 章
城市语言管理与城市语言文明建设

引　言

21世纪以来的语言规划研究包括语言管理理论(Spolsky，2004，2009)和语言生活研究(Li，2013，2019)。前者借鉴了管理学部分内容，尝试重构语言规划的理论体系；后者结合中国的实践，提出语言管理面对社会生活的理念。与此同时，社会语言学研究开始关注"语言城市化"和"言语社区重组"现象(Xu，2010，2015；Van den Berg，2015，2016；Xu & Zhang，2019)，解读21世纪以来的社会语言新动态。面对这些新动态，应用语言规划理论开展对策研究，防止在社会治理中出现语言盲区，有助于提升社会治理工作的科学水平。在上述思想的指导之下，本文针对城市语言管理问题，在总结经验成果和评估现有举措的基础上，提出建设城市语言文明的建议和倡议。

语言管理的概念由来已久，至少可以追溯到20世纪的一些语言学著述。以色列学者博纳德·斯波斯基在其近期的著述中(Spolsky，2004，2009)应用该概念来替代学界广泛接受的"语言规划"概念，从"管理"的视角重新解释语言规划的有关研究成果，构成了"语言管理理论"，目前已在国际学界产生了重要影响。该理论的重要内容可以总结为以下几点：一是语言管理是多层次的和多领域的，这一点对应过去认为语言规划只是国家层面的或政府工作的观点；二是语言管理既可以是自上而下的政策的实施，也可以是自下而上的行动产生的效应，这一点结合了早期的话语层次的"语言管理"和国家层次的"语言规划"的研究；三是语言管理是多主体的社会行为的相互制衡，这一点可以说是对于只强调权威机构的政策目标的语言规划的重要补充。

"语言生活"的概念一般认为始创于日本的社会语言学研究(Heinrich & Galan，2011)，将"语言生活"引入语言规划研究并提升为其中的核心概念，是以李宇明为首的一批中国学者的贡献(Li，2013，2019；Li & Li，2013，

2014,2015;Xu & Zhang,2019)。"语言生活研究"的理论建树可以总结为以下几点:一是提出了"语言生活"的新定义,将其定位在国家语言规划的层面,超越了日常语言的层次,并且将语言研究和语言文字工作也纳入语言生活的范畴;二是提倡积极主动的语言政策制定和实施,从而排除了"被动语言规划"的观念,推动了面向社会现实的对策性研究的发展;三是将"语言生活"与"语言管理"衔接,提出"语言管理的对象不是语言,而是语言生活"的观点(Li,2013)。这最后一点,颇受语言管理理论的倡导者博纳德·斯波斯基的赞赏(Spolsky,2016)。

语言规划研究与社会语言学研究的结合是当前的另一个新迹象(方小兵,2021)。21世纪的社会语言学的一个新发展是城市语言研究的逐步开展(王晓梅,2016)。有关研究揭示了"语言城市化"的过程和效应,我国的社会语言学研究特别展示了这一状况(Xu,2015,Van den Berg,2015)。改革开放以来大规模高速度的城市化进程带来了语言方面的新常态,大量的新城市新市镇尚未发展为成熟的言语社区,大批新市民尚未获得融入言语社区的机会和能力,原有的城市言语社区面对人口和环境改变的挑战。缺乏言语社区的规范作用,城市语言生活出现了一系列问题,包括言语交流的问题,也包括语言文明的问题(Xu,2015;王玲、陈新仁,2019)。

将语言管理理论应用到我国当前的语言生活,本文针对城市语言管理的命题,通过梳理语言文字工作的经验成果,找到语言规划的有效模式,对当前的城市语言生活中的突出问题,提出应对方案。

一、城市语言问题

人类社会在21世纪经历了从乡村社会为主体到城市社会为主体的转变。2007年世界城市人口首次超过农村人口,目前已达到世界人口的56%;中国的城市人口于2011年首次超过农村人口,目前达到全国人口的60%。大规模、高速度的城市化进程是我们所处时代的特色。我国城市化的特点不仅是乡村人口向城市迁移,而且包括城市间的人口迁移,还有超两亿奔波于城乡之间的"农民工"人口。这种前所未有的人口的迁移和流动带来了一系列新问题,其中包括语言问题(张璟玮、徐大明,2008)。这些语言问题既构成语言学的问题,也成为城市管理面临的问题。在语言学方面,方言学的前提是基本不流动的人口,因此方言被标注在地图上,忽略人口因素,已不再反映全部客观现实;而且,西方社会语言学研究所发现的稳定的城市言语社区结构也难以在中国的城市语言调查中复现(Van den Berg & Xu,2010；Van den Berg,2015；Xu & Zhang,2019)。与此同时,伴随着城市化的经济发展模式,第三产业的高速发展,社会交际、社会服务、行政管理、公共安全等方面出现的问题与语言问题交织在一起,形成复杂的局面,成为社会治理必须面对的一个挑战(王春辉,2020)。

中国的高速度城市化发展不仅体现在城市人口比例方面,也体现在城市数量的增加方面。短短四十年时间,中国城市的数目增加三倍以上,城镇个数增长十倍以上,更出现了数个千万级人口的特大城市。与此同时,城市化和城市建设成为带动经济发展的主要模式,城镇对国内生产总值的贡献已经超过80%。在当前和今后一段时期,城市化将继续推进经济的发展,国家把都市圈和城市群的建设也纳入了发展蓝图。大批新城市的涌现和原有城市的规模的扩大,城区人口的高度集中和人口密度的增加,都对城市环境和城市管理提出了挑战,其中自然包括语言管理的问题(教育部、国家语言文字工作委员会,1999；教育部语言文字应用管理司,2002；张璟玮、徐大明,2008；艾喜荣,2014；张璟玮,2019)。

一个城市的正常运转,离不开城市管理机构与城市居民之间的信息沟通,而信息交流的最重要媒介是语言文字。因此,从信息沟通角度,城市管理涉及语言文字的内容,需要克服语言文字信息阻隔、信息不对称所造成的工作失误。在这方面,国家语委、各地方语委和学界都做了很多重要的工作,由于有语言规范化、信息化的指导思想和语言服务的意识,在制定语言文字规范及标准和落实这些规范和标准方面取得了巨大的成就。在近期的防疫工作中,各级政府在全民总动员的过程中充分检验了上述工作的成果。可以说,在广袤国土上的14亿人口中疾速下达和落实的防疫指令,基本没有受到语言文字阻隔的影响。与此同时,多姿多彩的语言文字表现形式,及时提供的翻译服务又呈现出当前语言生活的复杂然而有序的运作(李宇明,2020；王春辉,2020)。

在新型冠状病毒感染疫情防控工作的宣传和动员过程中,我国丰富的语言资源得以展现,其中许多"硬核"表现更是夺人耳目(赵世举、邓毕娟,2020；王春辉,2020)。一方面,我们可以看到,在灾难降临的紧急时刻,不拘小节,不拘形式的痛彻表达；另一方面,我们也看到,淋漓尽致的直白传意所暴露出的国人的语言能力的局限、基层社区通行语言的粗俗等问题(赵世举、邓毕娟,2020；王玲、谭雨欣,2020)。在防疫"战"疫的关键时刻,不宜求全责备,对于违反语言规范,然而能够应急救急的语言表现可以容忍,也可以视其效应而暂时支持。但是,语言规范的大原则要坚持,语言学家既要及时发现问题,也要协助解决问题。许多问题的出现,是语言能力所限,而语言学家的一个使命就是提升个体、群体乃至整个社会的语言能力(徐大明,2013)。

多位学者指出,社会交际中言语行为的"低俗化"问题和官宣文本中的文法文体错误问题已经开始拖累我们社会的进步(王玲、陈新仁,2019;赵世举、邓毕娟,2020;王玲、谭雨欣,2020)。许多问题可以归结到语言能力的层次,而语言能力提升的先决条件是相应的语言意识问题。在许多情况下,我们没有意识到我们语言能力的局限性。在面临突发公共事件时,我们可能会发现我们没有应对的预案,也可能有但不完全,也可能其中缺乏必要的语言方面的内容(李宇明,2020;王春辉,2020)。与此相类似的是,我们的许多干部和群众没有意识到语言文明的问题。我们的学界可能对语言文明研究得还不够,我们的语言管理还存在着语言文明的盲区。

二、言语社区规范

社区是社会和谐的一种模式。言语社区是在传统的地理和经济社区的基础上形成的社会语言结构,也可以说是一种社会文化的体现(徐大明,2004;Xu,2015)。从社会功能角度来看,言语社区是社会成员通过长期实践而逐渐形成的一种交际整合的解决方案(徐大明,2018)。在稳定的社会当中,数代同居一地的人群,即使没有明确的权威机构的干预,也会约定俗成地形成当地言语互动规范,这也就是言语社区的实质(Hymes,1972;甘柏兹,2001;徐大明,2004;Xu,2015)。

如上所述,大规模的人口流动和城市人口的快速集聚带来了管理问题,其中包含语言管理问题。从社会语言学的角度,这些问题可以分析为言语社区解体和言语社区缺位的问题(Van den Berg & Xu,2010;Xu,2015)。在缺乏人口流动的社会中,一般存在一个个成熟的言语社区,这些言语社区镶嵌在经济地理社区中,支撑着社会的信息整合,也维系着语言文化认同。因此,每个言语社区都有一些约定俗成的语言应用规范,包括语境规范、语用规范、礼貌规范、避讳规范,等等。社区成员自幼养成的语言习惯,几乎成为不自觉的行为模式;对于不符合社区规范的行为,社区成员往往会有震惊、抵制、反对的态度,进而会采取干涉、制止乃至惩罚的举动。因此,言语社区是一个说话人的社会组织,具有任何社会组织所具有的监督和管制功能。但是,在非流动性社会中,言语社区与经济文化社区基本重合,所以,有关的语言规范问题,因融入社会生活的各种情景之中,不会被单独提出来作为语言问题来考虑和处理。

然而，人口流动、社区重组的背景下，人们来到新的居住和工作地点，未了解或未适应当地言语社区的规范，继续实践在自己成长社区中所习得的一些不同的语言规范，因此造成了交际失误、失礼失范，甚至导致矛盾冲突等情况。而且，在新社区中来自不同地区的新成员较多的情况下，难以形成主流规范，或者出现对立的几种行为模式，更是成为产生社会矛盾的条件。有些社会问题和管理问题以语言问题的表象出现，不能指望仅仅从语言层次来解决问题。但是，另有一些可以从语言方面着手，通过解决语言问题而避免的社会问题，这些需要特别引起语言文字工作者的注意（甘柏兹，2001）。城市的公共空间，特别是比较拥挤的空间，如果没有严格的管理，就会有发生争抢、骚乱和犯罪的可能。城市的公共空间也包括语言的空间，成为语言生活和语言管理的一部分内容。

早期的"语言生活研究"把个人的语言生活区分为三部分，即"家庭""工作""外出"（Heinrich & Galan，2011）。以此为据，从城市语言管理的视角，城市居民的"外出"环境就是语言公共空间了。这些空间可以包括街道广场、商店商场、银行医院、公共交通工具等场所。在这些场所，没有起码的公共秩序，就可能出现混乱状态和治安问题。公共秩序的规定和维持是管理机构的责任，公众的支持和合作则是秩序得以实现的必要条件。

读者恐怕早已熟悉一些关于国人到国外因在公共场合大声说话而遭非议的报道了。这里值得指出的是，其中一些情况是有明文规定的情况，另一些则是不成文的社区规范。我们目前关心的是，今后在我们的国家，我们的城市，我们的社区，关于特定公共场合的言语行为，要不要立法，要不要有何时保持沉默、何时可以说话但以何种方式说话，以及什么话可以说，什么话不可以说的明文规定或约定（徐大明，2012）。

语言管理理论的一个重要突破是，有效的管理不是自上而下的单向行动，而是需要自下而上的响应和支持（Spolsky，2009）。我国在全国性的居家防疫行动中所体现的上下一致、群众支持政府指令的情况恰恰体现了这种管理模式。怎样把语言管理也像防疫管理那样做成全民的行动是一个重要的课题。但是，其中至少包括政府的语言文字工作和言语社区自觉和自发的行动两方面的内容。

三、城市语言文明建设

城市语言文明的建设可以配合在我国开展的建设社会主义精神文明的工

作。其中,自20世纪90年代开始"创建全国文明城市"的活动(中央文明办协调组,2003)可以成为最紧密相关的工作。目前开展的创建文明城市的活动中已经包括一些城市语言文明建设的内容,但是还需要进一步明确和拓展。

根据有关文件,创建文明城市的内容包括:廉洁高效的政务环境、民主公正的法治环境、公平诚信的市场环境、健康向上的人文环境、有利于青少年健康成长的社会环境、舒适便利的生活环境、安全稳定的社会环境、可持续发展的生态环境、扎实有效的创建活动等八个"环境"加一项"活动"等内容。可以看出,其中既包括物质文明的内容,也包括精神文明的内容,而且反复使用了"环境"的表述。结合"语言生活"的理论研究,我们可以发现,上述八个"环境"中都有语言的成分,而且,这些内容加在一起,就构成了"城市语言环境"。因此,在争创全国文明城市的活动中,有关城市可以试点开展改善和提升城市语言环境的活动。而且,以科学的语言研究作基础来策划和实施,还可以做成一项"扎实有效"的语言文明创建活动。

上述八个"环境",其中可以包括许多具体的语言内容。首先看"廉洁高效的政务环境",其中包括的语言内容大有研究的空间。政务工作的有关语言内容丰富,其中比较重要的,恐怕就是在开展各种政务工作当中配合执行党的十七届六中全会提出的"大力推广和规范使用国家通用语言文字,科学保护各民族语言文字"的指示。还有就是怎样通过具体的语言使用来达到"廉洁高效"的工作效果,怎样通过改进语言使用和建设语言规范来提升工作效率,怎样通过反对和打击有利贪污受贿等腐败活动的语言活动来配合反腐倡廉工作。另外,近来引起争议的一些政府机构的宣传工作的语言使用情况也值得引起注意(王玲、陈新仁,2019)。

其次看"民主公正的法治环境",其中也包括丰富而且关键性的语言内容。国家的基本语言政策有立法的保障,执行这些法律自然是法治环境的重要部分。此外,还需要考虑的是立法和执法中的语言运用的问题。目前已经提出来的法律语言学问题包括法律文本的语法和表述严谨性的问题,但是容易被忽视的是涉及语言现象的法律概念的界定问题,这些往往缺乏明确的内容和科学的依据。例如,以语言文字方式造成的伤害、侵权等犯罪行为往往没有明确的成文界定。不同地区和城市,可以考虑根据本地情况制定一些法律法规来细化已有的语言法律内容,还可以考虑制定一些禁止民族歧视、社会歧视以及其他破坏和谐的言语行为的法规(赵世举、邓毕娟,2020;王玲、谭雨欣,2020)。同时,比较重要的是,要有明确的执法程序和执法标准(郭声琨,2014)。

再看,"公平诚信的市场环境",自从"语言经济"的语言战略提出以来(李现乐,2010,2014;徐大明,2012),语言服务的市场价值开始得到重视,"语言产业"也开始蓬勃发展。目前还比较缺乏的是,怎样在商业化的语言服务和语言产品上体现"公平诚信"的原则。首先,在过去语言意识比较薄弱的情况下,作为附加值部分的语言服务往往受到服务行业的忽视,同时作为主要服务内容的语言服务也缺乏质量标准。在改善城市语言环境的工作中,可以考虑的是制定语言服务的行业规范和标准。与此同时,当前快速发展的语言科技产品的市场认证需要进一步完善,其质量标准和安全标准需要语言学的论证依据(Zhang & Xu,2019)。

"健康向上的人文环境"所包括的语言内容可以有各种有利身心健康的语言活动。例如,在防疫活动中,有关医疗和卫生知识的科普宣传所需要的语言支持,有关部门发布术语解释,多语词汇对照,特定医疗和防疫情景下的机器翻译和人工翻译的辅助,等等(李宇明,2020;王春辉,2020)。除此之外,上文所提到的,哪些城市场合禁止说话、避免说话、低声说话等环境标准的建设内容亦属于此(徐大明,2012)。在公共场合中,除了去除低俗语言的存在,还要推荐礼貌语言的使用。目前的礼貌语言的研究常常缺乏语用指导。在公共空间,何种情形需要使用请托语,何种情况需要致谢,何种情况需要道歉,应该使用什么致谢语,什么道歉语,这些都需要说明、指导或培训。

"有利于青少年健康成长的社会环境"所涉及的语言内容自然包括怎样为青少年创造良好的语言环境的内容,怎样让他们不接触少接触不文明的语言样板,怎样从小养成使用礼貌语言的习惯,怎样保护他们不受到霸凌,包括语言形式的欺辱,等等,都是城市社会环境中的重要内容(王耀南,2017)。

"舒适便利的生活环境"和"安全稳定的社会环境"都可以从言语社区的角度来认识。一个成熟的城市言语社区,社区成员对于不同生活场合、交易场合、社交场合都有语言使用的预期和期待(葛燕红,2005)。对于不同身份、不同角色的熟识的人和陌生人都有共同接受的称呼语、问候语,对于怎样进行交易,怎样投诉,怎样解决争端,怎样避免冲突等情况都有一些有例可循、行之有效的言语手段、表达方式和熟语套话。在尚未自然形成的言语社区中,这些可以进行有意识的设计和推行。

"可持续发展的生态环境"虽然是指物质方面的城市环境,仍然可以找到与语言文字的关系。关于"可持续发展的生态环境",可以想到的是错误的或过度的语言文字使用造成的"语言景观"的污染的问题(李现乐等,2020;包联群,2019)。此外,从保护生态环境的工作方面,语言文字工作也可以像助力防疫工作一样提供科普和宣传的语言文字支持。

"创建文明城市"是城市间的一场竞赛。除了上述八个"环境",还需要有"扎实有效的创建活动"。而有创意的语言文字工作者可以协助城市管理者设计以语言文明为主题的创建活动,例如,从当地方言中清除一些不文明的内容的活动,推广当地特色的社会称谓语、问候语活动,"制定小区语言文明公约"活动,等等。

四、语言文明研究课题

城市语言文明建设的工作,需要语言规划理论的指导,也需要建立在对当前的语言生活充分调查研究的基础之上。因此,伴随着语言文明建设工作,有必要开展"语言文明",特别是"城市语言文明"的科学研究。

有关研究指出,语言是人类文明的一个体现(库尔马斯,2018)。但是,至今这仍然是一个相对模糊的命题,需要进一步澄清的是,哪些语言行为是人类文明的高端,哪些又是相对低级的发展阶段的表现(徐大明,2013)。面对当前的语言文明建设的任务,还需要具体地定义"文明语言"的内涵(赵怀忠,1997)。

已有的语言学研究和语言管理的实践已经为我们提供了一部分答案。但是,这些答案还缺乏一个有深度的理论性解释,许多情况下还出现相互矛盾的情况。例如,语言规划或语言管理作为对社会生活的一种干预,是不是必要的,能否产生正确的效应,仍然是未取得共识的问题(孔特劳等,2014;埃杰,2012)。再例如,所谓"不良语言"(Spolsky,2004),一方面受到语言规范主义者的谴责,另一方面却似乎得到"语言自然主义者"的支持(Spolsky,2004,2009;Coulmas,2005)。后者引用使用骂詈语产生健康效益的某些实验结果,提出反对"语言自律"的建议,国外这方面的研究较多(Jay,2000)。

目前我们仍然需要一个有关语言文明和文明语言的理论,该理论需要回答下述问题:一是为什么人类语言是人类文明的体现?为什么还会有"不文明"的语言表现?二是怎样界定"语言文明"和"文明语言"?前者是否为后者提供评价标准?三是所谓"文明的语言行为"是否有普适性,或者完全是由社会文化机制决定的相对标准?四是城市语言文明与乡村语言文明有什么区别?五是在多大程度上语言文明是自发产生的?在多大程度上是语言管理的结果?

结合我国国情以及当前的形势,我们还需要进一步诠释什么是符合社会主义精神文明内涵的语言文明,以及城市语言文明建设的迫切性的问题。有关理论问题的探讨可以是无止境的,我们也不必期望立即获得最终的答案。但是,语言文明建设的必要性和紧迫性应该成为首先论证的内容。

我国城市语言文字工作取得的成果和经验表明,在制定了规范标准的情况下,通过宣传动员和督促检查的方式,规范标准的实现逐步推进,因此是一个比较有效的模式(Chen,1999;李宇明,2010)。上文建议配合创建文明城市的工作来制定文明语言规范。这些规范可以是政府的明文规定,也可以是推荐公众采用的语言应用标准。目前有待开展的研究工作,一是怎样因地制宜地制定言语互动的社区规范,二是怎样提升社区成员参与制定和维护语言规范的积极性。

言语社区调查是社会语言学的主要研究手段(徐大明,2006)。在制定社区语言规范的过程中,言语社区调查可以起到发现潜在规范以及发掘其中蕴含的语言文明的作用。言语社区调查还有助于解决如何提升社区成员的语言文明意识的问题。语言文明怎样有利城市生活和环境,不文明的语言生活带来何种危害,都是需要深入认识的问题。语言生活管理需要语言规划理论的指导,同时需要充分了解和认识语言生活的现实状况。社会语言学的调查研究与语言规划研究的进一步结合是其中的一个步骤。

五、结论

将语言管理理论和语言生活研究成果应用到城市管理领域,本文提出建设城市语言文明的倡议。倡议包括对政府的语言文字工作的建议和倡导全社会共同参与语言文明建设的内容。我国城市语言文字工作在推广普通话和规范汉字等方面取得巨大成果的同时,开始转向全方位的语言生活管理。在这一形势下,城市语言管理可以结合创建文明城市的工作,开展包括言语互动规范在内的城市语言文明建设。针对这一目标,语言学界需要开展相应研究。研究包括发掘现有的语言文明的内容,也包括确立进一步提升语言文明的目标和实现这些目标的方法和途径的内容。

第 11 章
城市语言文明建设与小区名称标牌语言景观规范

引 言

小区名称标牌是独具中国特色的一种城市语言景观,是城市语言文明历史与发展的重要体现。语言景观是社会公共空间话语体系的重要组成部分,有研究者提出,语言景观目的在于描写和识别公共空间中语言呈现与否的系统规律,了解多元形式语言景观创建过程中的动机、压力、意识形态、反应以及决策等(Shohamy et al.,2015)。语言景观作为一种文化符号产生于特定的空间中,同时也赋予空间意义。近年来,语言景观成为国内学者研究的热点,研究者们对商店标牌、景区标牌、街道指示牌、公告牌等语言景观进行了调查(田飞洋、张维佳,2014;俞玮奇等,2016;聂鹏、木乃热哈,2017;孙浩峰,2020),重点探讨了这些语言景观中的语言规范、文化及修辞特色、外语使用等情况(尚国文、赵守辉,2014a),并从双语或者多语视角出发分析了语言景观背后透视的语言政策问题(张红军、吕明臣,2019;张晓瑾,2020;刘丽芬等,2021)。语言文明是社会发展进步的重要体现。城市语言文明建设工作,也需要建立在对当前的城市语言生活充分调查研究的基础之上(徐大明,2020)。研究者们从公共服务窗口会话(杨荣华、宋楚婷,2021)、高校大学生日常用语(张焕香、李卫红,2013)等生活场景对城市语言文明现状进行考察,但研究成果有限。在我国,城市小区名称标牌是一种较具中国特色的语言景观,是我国城市语言环境和语言生态的重要组成部分,反映城市语言文明的历史演进过程与现实社会语言状况。从当前语言景观和城市语言文明建设研究来看,研究者很少将目光集中在城市小区名称标牌研究上。

在我国,城市小区名称标牌形式复杂、内容多样,是城市语言文明发展中静态与动态有机统一的符号合集,在日常生活中发挥着非常重要的作用。本文以长三角核心城市上海、南京、杭州为调查对象,从共时和历时两个层面出发,对三个区域城市小区名称标牌语言景观进行调查,同时还将就语言城市管理与语言城市文明、语言景观的规范性、语言权势等多个层面加以具体分析,以期系统描写当前小区语言景观的现状,为下一步小区名称语言景观的设置与城市语言文明建设提供依据。

一、研究方法

本文主要针对上海、南京、杭州三个城市住宅小区名称标牌的语言使用规范进行研究。重点抽取了上海世博会举办地区域、南京奥体中心区域、杭州G20峰会与亚运会举办区域作为调查区域。上海、南京、杭州均为长三角区域一体化发展国家战略的核心支点城市,地处长江以南,地缘及文化相近,小区名称标牌语言景观类型丰富多样。所抽取的上海、南京、杭州城市中的区域都属于城市新开发区域,新旧住宅类型齐全,具有典型代表意义。

调查主要通过线上搜索和线下实地拍摄记录的方式进行语料搜集,并按照年代对语料进行归类整理,调查所选取的标牌均保持了小区建成初期的语言景观风貌,以便于考察不同历史时期标牌的语言变化。调查共搜集小区名称标牌607个,其中上海319个,南京141个,杭州147个。

二、调查数据与分析

(一) 小区名称标牌语种使用分析

1. 小区名称标牌语种使用变化分析

表1 小区名称标牌语种使用变化情况

小区建设年代	单语标牌		双语标牌		总计	
	数量/个	占比/%	数量/个	占比/%	数量/个	占比/%
1980—1989	35	100			35	100
1990—1999	121	99.18	1	0.82	122	100
2000—2009	247	89.82	28	10.18	275	100
2010 至今	99	56.57	76	43.43	175	100
小计	502	82.70	105	17.30	607	100

从表1可知,本次调查共搜集到607个小区名称标牌样本,其中单语标牌占绝大多数,为502块,占比为82.70%;双语标牌占比较低,为105块,约占17.3%。

从20世纪80年代至今标牌使用的语种变化来看,单语标牌占比呈下降趋势,双语标牌增长较为明显。单语标牌的占比从20世纪80年代的100%下降至目前的82.70%;20世纪90年代,双语标牌开始出现,如上海的"昌里花园(CHANG LI GARDEN)";进入21世纪,双语标牌使用量继续增加,占比由20世纪90年代的0.82%上升至10.18%;2010年以后,双语标牌数量急剧上升,数量约占到了标牌总数的一半(43.43%)。

2. 小区名称标牌单语使用分析

表2 小区名称标牌单语使用情况

汉语单语类型	上海		南京		杭州	
	数量/个	占比/%	数量/个	占比/%	数量/个	占比/%
本族语	279	98.59	100	92.59	103	92.79
外来语	4	1.41	8	7.41	8	7.21
总计	283	100	108	100	111	100

从表2可知,在所调查的502块单语标牌中,单语标牌的语种只出现了汉语,没有出现其他语种,其中单语标牌主要包括本族语和外来语两类。由表2可以看出,单语标牌中本族语标牌数量占绝大多数,三个城市均超过90%;汉语标牌中的外来语主要为翻译的国外地名、人名,但占比较少,如"乔顿花园""西雅图"等。

3. 小区名称标牌双语使用分析

表3 小区名称标牌双语使用情况

双语类型	上海		南京		杭州	
	数量/个	占比/%	数量/个	占比/%	数量/个	占比/%
中文+英文	34	94.44	32	96.97	36	100
中文+葡萄牙文	1	2.78				
中文+法文	1	2.78	1	3.03		
总计	36	100	33	100	36	100

从表 3 可知,本文调查的双语标牌共计 105 块,包括"中文＋英文""中文＋葡萄牙文""中文＋法文"三种类型。其中"中文＋英文"双语标牌占绝大多数,约占双语标牌总数的 97.14%。根据调查,除中英双语标牌外,南京地区于 2007 年出现了中法双语标牌,如"中海塞纳丽舍 SEINE ELYSEE";上海地区于 2011 年出现了中葡双语标牌,如"Fado 珐朵公馆"。

从三个区域调查情况看,上海地区小区名称标牌语言种类最丰富,除了中英双语,还出现了"中法"双语标牌,如"绿地香颂 Chanson De Terre";"中葡"双语标牌,如"Fado 珐朵公馆"。南京共有"中文＋英文""中文＋法文"两种标牌形式。杭州双语标牌中只存在中英双语标牌,形式较为单一。

表 4 双语标牌语种布局情况

语种布局方式	上海		南京		杭州	
	数量/个	占比/%	数量/个	占比/%	数量/个	占比/%
中文在上,外文在下	24	68.57	21	63.64	22	61.11
外文在上,中文在下	6	17.14	8	24.24	11	30.56
中文在左,外文在右	5	14.29	3	9.09	2	5.56
外文在左,中文在右			1	3.03	1	2.77
总计	35	100	33	100	36	100

从表 4 可知,双语标牌的语种布局主要包括"中文在上,外文在下""外文在上,中文在下""中文在左,外文在右""外文在左,中文在右"四种类型。其中"中文在上,外文在下"类占比最高,"外文在上,中文在下"次之,"中文在左,外文在右"第三,"外文在左,中文在右"最少。

从上海、南京、杭州三个地区来看,"中文在上,外文在下"这一双语标牌类型都是在三个区域中占比最高的类型,"中文在上""中文在左"两类布局是中文在语言景观中强势语言地位的体现,这两类总占比超过了 70%;相反,"中文在下"及"中文在右"则是外文强势地位的体现,但占比相对较低。

4. 语种现状成因分析

语言景观研究主要探究公共空间中的多语表征所反映的社会意义(尚国文,周先武,2020)。从历时变化的角度来看,单语标牌占比呈下降趋势,双语标牌增长较为明显。双语标牌最早于 20 世纪 90 年代在上海出现,仅出现一个。随着改革开放的进程不断加快,双语标牌数量也随之逐渐增多,从 2010 年开始,双语标牌与单语标牌的比例几乎持平。这与2010年上海世博、2014年南京青奥会、2016年杭州G20峰会与2022年杭州亚运会等国际盛会的举办有着密切的联系。国际盛会的举办对提升城市声誉、形象、经济、开放度以及国际影响力都具有重要作用,吸引了更多的开发商在长三角地区发展,洋名小区的数量呈持续上升趋势。同时有学者认为,在语言景观中加入英语等外来语言或元素,更能够体现出产品的新颖和高品质特征(Piller,2003;Lawrence,2012)。

从语言使用规范角度来看,小区名称标牌语种的调查结果显示,未发现外文单语标牌,语种的不规范使用主要为"外文在上,中文在下""外文在左,中文在右"的标牌,这两种语种布局的双语标牌共27块,约占双语标牌总数的25.96%,违反了2001年颁布实施的《中华人民共和国国家通用语言文字法》对小区名称标牌这一公共场所设施用字所提出的"应当以国家通用语言文字为基本的用语用字"。

(二)小区名称标牌语符使用分析

1. 小区名称标牌语符使用变化分析

表5 小区名称标牌语符使用变化情况

语符搭配大类	语符搭配小类	1980—1989年	1990—1999年	2000—2009年	2010年至今	小计	
						数量/个	占比/%
简化字+X_1	简化字	35	103	215	85	438	72.16
	简化字+英文		1	23	59	83	13.67
	简化字+汉语拼音		1	5	4	10	1.65
	简化字+数字		2		2	4	0.66
	简化字+法文			1	1	2	0.33
	简化字+葡萄牙文				1	1	0.16
	简化字+英文+数字				1	1	0.16
	小计	35	106	244	153	539	88.80
繁体字+X_2	繁体字		15	27	10	52	8.57
	繁体字+英文			4	10	14	2.31
	繁体字+英文+数字				1	1	0.16
	小计		15	31	21	67	11.04

(续表)

语符搭配大类	语符搭配小类	1980—1989	1990—1999	2000—2009	2010年至今	小计 数量/个	小计 占比/%
简化字+繁体字	简化字+繁体字				1	1	0.16
总计		35	121	275	175	607	100

从上表可知,被调查的小区名称标牌中,共出现5类语符,即简化字、繁体字、外国文字(英文、法文、葡文)、汉语拼音和阿拉伯数字。从目前标牌的语符组合来看,主要包括"简化字+X_1""繁体字+X_2""简化字+繁体字"3大类11小类,具体为:"简化字+X_1"类,占比88.80%;"繁体字+X_2"类占比约为11.04%;"简化字+繁体字"占比0.16%。其中"简化字+X_1"大类具体包括7小类,即纯"简化字",如"东旺名苑";"简化字+英文",如"古北御庭ROYAL PARK";"简化字+汉语拼音",如"齐虹苑Qihong Yuan";"简化字+数字",如"合生前滩1号";"简化字+法文",如"中海塞纳丽舍SEINE ELYSEE";"简化字+葡萄牙文",如"Fado珐朵公馆";"简化字+英文+数字",如"仁恒晶园G53公寓YANLORD G53 CRYSTAL APARTMENT"。"繁体字+X_2"大类具体包括3小类,即纯"繁体字",如"逸翠公館";"繁体字+英文",如"萬富匯SOHO";"繁体字+英文+数字",如"東原1981印長江IMPRINT OF THE CHANGJIANG RIVER"。"简化字+繁体字"的搭配只出现一次,即"九龍倉濱江壹十八"。

从20世纪80年代至今,小区名称标牌语符变化来看,20世纪80年代所有小区名称标牌皆只使用"简化字"这一单一语符;到了20世纪90年代,"简化字+汉语拼音""简化字+英文"及"繁体字"语符搭配类型开始出现;2000年以后语符的使用更加多样,出现了"简化字+法文""繁体字+英文"的搭配;2010年以后语符种类更加丰富,共有11种搭配形式,出现了"繁体字+英文+数字""简化字+葡萄牙文""简化字+英文+数字"等类型。综合三个被调查区域的语符使用情况来看,上海语符使用最为丰富,达到10种;南京次之,为9种;杭州最少,为5种。

2. 小区名称标牌"简化字＋X_1"类语符使用分析

表6 小区名称标牌"简化字＋X_1"类语符使用情况

简化字＋X_1	上海世博		南京奥体		杭州峰会	
	数量/个	占比/%	数量/个	占比/%	数量/个	占比/%
简化字	248	85.81	89	74.17	99	76.74
简化字＋拼音	5	1.73	5	4.17		
简化字＋英文	32	11.07	22	18.33	29	22.48
简化字＋数字	2	0.69	2	1.67	1	0.78
简化字＋葡萄牙文	1	0.35				
简化字＋法文	1	0.35	1	0.83		
简化字＋英文＋数字			1	0.83		
总计	289	100	120	100	129	100

从表6可知,"简化字＋X_1"类的语符组合中,与简化字搭配的语符类型共有5种,分别为"汉语拼音""英文""阿拉伯数字""葡萄牙文""法文"。整体来看只使用简化字作为单一语符使用的小区名称标牌最多;"简化字＋英文"类语符搭配占比次之;除此之外,简化字与汉语拼音、数字、英文等其他语符的组合占比都非常低。

从上海、南京、杭州来看,简化字作为单一语符类的占比呈现出绝对优势,平均占比超过70%。从简化字语符搭配来看,上海和南京的类型最丰富,上海只有"简化字＋英文＋数字"类标牌不存在;南京只有"简化字＋葡萄牙文"搭配不存在。相对而言,杭州的语符搭配较为单一,只有3种搭配类型。

3. 小区名称标牌中"繁体字＋X_2"类语符使用分析

表7 小区名称标牌"繁体字＋X_2"类语符使用情况

繁体字＋X_2	上海		南京		杭州	
	数量/个	占比/%	数量/个	占比/%	数量/个	占比/%
繁体字	26	89.66	15	71.43	12	66.67
繁体字＋英文	3	10.34	5	23.81	6	33.33
繁体字＋英文＋数字			1	4.76		
总计	29	100	21	100	18	100

从表 7 可知,"繁体字＋X_2"类的语符组合中,与繁体字搭配的语符共有两种,分别为"英文"和"阿拉伯数字"。整体来看只使用"繁体字"作为单一语符的小区名称标牌最多;"繁体字＋英文"类语符搭配占比次之;"繁体字＋英语＋数字"搭配占比最低。

从上海、南京、杭州的情况来看,繁体字作为单一语符小区名称标牌的占比均超过 60%。从繁体字语符搭配来看,上海于 2000 年最早出现"繁体字＋英文"的搭配,南京的繁体字语符搭配类型则相对最为丰富。

4. 语符现状成因分析

繁体字标牌主要以书法、题词为主体,题词是中国语言景观中的一大特色,如很多古迹、重要商业建筑、高校牌匾中都有各类重要人物的题词,这与语言使用规范、合法性、权力、意识形态等都密切相关(张天伟,2020)。从 20 世纪 90 年代开始,每个时期繁体字标牌均占据了一定比重,其中,20 世纪 90 年代小区名称标牌语符使用繁体字的共出现 15 块;2000—2009 年共出现 31 块;2010 年以后共出现 21 块。商家为顺应民众对文化格调的要求,在设计中使用繁体字以显示"高雅"的书香气息(刘楚群,2017),反映出市民对传统文化的情怀。繁体字与中华传统文化有着密切的联系,是古代文明的一种象征,能够展现书法艺术的魅力。长三角地区具有的深厚悠久的历史文化积淀从小区名称标牌中得到一定的体现。

从语言规范的角度来看,相关的管理部门出台的法规政策中对标牌中繁体字的使用做出了明确的规定,国务院 1986 年出台的《地名管理条例》及《地名管理条例实施细则》(1986 年出台,1996 年修订)中规定应使用规范的汉字或少数民族文字。民政部 1996 年出台《关于加强城镇建筑物名称管理的通知》中规定建筑物名称要严格按照国家确定的规范汉字进行书写,禁止使用已简化的繁体字,已淘汰的异体字,杜绝使用自造字。1999 年教育部、国家语委《关于进一步发挥城市的中心作用,全面推进语言文字工作的意见》中规定公共场所的标牌要文字规范、字形完整。手书的招牌凡使用了繁体字的,必须在明显的位置再配放规范字的标牌。

各地小区名称标牌中语符使用不规范的现象为"印刷繁体字标牌",违反了各省市出台的具体地名管理规定,如标牌用字准确规范,避免使用生僻字(《上海市地名管理条例》《南京市地名管理条例》);书写、拼写、式样等不符合国家有关标准和规定的应及时更换(《江苏省地名管理条例》);应当按国家规定的规范汉字书写,符合国家通用语言文字法规定(《浙江省地名管理办法》《杭州市地名管理办法》)。

(三) 小区名称的语义使用分析

在对小区名称标牌的语种与语符进行分析之后,发现小区名称的语义随着时代发展具有明显变化,小区名称的结构一般由专名和通名两部分构成,如"嘉登花园","嘉登"为专名,具有一定寓意,体现一定特点;"花园"为通名,反映住宅的类型。以下将分别从小区名称的专名和通名进行分析。

1. 小区名称专名变化分析

表8　小区名称专名使用情况

小区名称专名语义类型	1980—1989年 占比/%	1990—1999年 占比/%	2000—2009年 占比/%	2010年至今 占比/%	总计 数量/个	总计 占比/%
地名、道路名、方位	91.43	45.90	13.82	11.43	146	24.05
具有良好寓意	8.57	36.07	41.82	42.28	236	38.88
植物、动物等名词		15.57	30.91	11.43	124	20.43
外国地名、人名、音译词			4.72	8.57	28	4.61
未知语义		2.46	8.73	26.29	73	12.03
总计	100	100	100	100	607	100

从表8可知,小区名称中专名语义共有五类,即"表明地名、道路名、方位""具有良好寓意""植物、动物等名词""外国地名、人名、音译词""未知语义"。总体来看,第一为"具有良好寓意"的专名,约占38.88%,在不同时期中均占有较高比重,处于绝对优势地位,流通度最高;第二为表明"地名、道路名、方位"的专名,约占24.05%;第三为"植物、动物等名词",约占20.43%;第四为"未知语义"的专名,约占12.03%;"外国地名、人名、音译词"的专名占比最低,为4.61%。

在传统"专名+通名"的结构基础上,很多小区名添加了开发商的品牌名,如"宏润国际花园""中海御景熙岸"。

从历时的角度来看,专名语义的类型不断增多,其中表明"地名、道路名、方位"的专名占比持续下降,从20世纪80年代占比91.43%持续下降到11.43%,而"未知语义"的专名数量持续增多,从最初20世纪90年代占比2.46%持续升高至26.29%。20世纪80年代小区专名语义仅有两种,即表明"地名、道路名、方位"和"具有良好寓意",其中表明"地名、道路名、方位"的专名占比达到91.43%;到了20世纪90年代,开始出现"植物、动物等名词"和"未知语义"的专名,其中表明"地名、道路名、方位"的专名占比依然最高,但比例大幅下降,约为45.90%;进入21世纪,出现了"外国地名、人名、音译词"的专名,占比约为4.72%,"具有良好寓意"的专名出现频率最高,约占41.82%;2010年以后,未知语义的小区名称标牌占比达到26.29%。

2. 小区名称通名变化分析

表9 小区名称中通名使用情况

小区名称中通名类型	1980—1989年 占比/%	1990—1999年 占比/%	2000—2009年 占比/%	2010年至今 占比/%	总计 数量/个	总计 占比/%
(新)村	77.14	7.38	0.73		37	6.10
小区	22.86	31.97	4.00		57	9.39
苑		31.15	36.73	17.14	169	27.84
(花)园		15.57	22.17	9.72	97	15.99
大厦(楼)		3.28	1.45	0.57	9	1.48
公(新)寓		10.65	6.55	2.29	35	5.77
城、都、邦、郡			5.82	9.14	32	5.27
广场、座			1.09	1.71	6	0.99
居、阁、庭、府、轩			8.73	10.29	42	6.92
湾、湖、岸			1.09	5.71	13	2.14
国际、世界、中心			1.82	8.00	19	3.13
公馆				5.14	9	1.48
山庄、庄园				1.71	3	0.49
无通名			9.82	28.58	79	13.01
总计	100	100	100	100	607	100

由上表可知,调查结果中小区名称的通名共有十四个类型,分别为"(新)村""小区""苑""(花)园""大厦(楼)""公(新)寓""城、都、邦、郡""广场、座""居、阁、庭、府、轩""湾、湖、岸""国际、世界、中心""公馆""山庄、庄园""无通名"。其中以"苑"为通名的小区名最多,占比约为27.84%,在通名选择上处于优势地位,流通度最高。以"山庄、庄园"为通名的小区名最少,共3个,占比约为0.49%。

从历时角度分析,小区名称的通名类型不断增多,从 20 世纪 80 年代的两种逐渐增加至十四种,"(新)村""大厦(楼)""公(新)寓"三种通名占比处于持续下降状态,其中"(新)村"下降最为明显,从 20 世纪 80 年代占比约 77.14%持续下降,直至 2010 以后完全消失。20 世纪 80 年代小区名称的通名仅为两种,即"(新)村"和"小区",占比分别约为 77.14%和 22.86%。20 世纪 90 年代共有六种通名类型,新出现了"苑""(花)园""大厦(楼)""公(新)寓"四种,其中"小区"为通名占比最高,约为 31.97%;其次为"苑",约为 31.15%;"大厦(楼)"占比最低,约为 3.28%。21 世纪初,共有十二种通名类型,新出现了"城、都、邦、郡""广场""座""居、阁、庭、府、轩""湾、湖、岸""国际、世界、中心"五种通名,其中"苑"作为通名占比最高,约为 36.73%,"(新)村"作为通名最少,占比约为 0.73%。2010 年以后,"(新)村"和"小区"两种通名不再出现,新增了"公馆"和"山庄、庄园"两种通名,其中无通名小区占比最高,约为 28.58%;其次为"苑",占比约为 17.14%。

3. 语义现状成因分析

不同时期小区名称中的通名和专名具有不同的特点,1998 年之前处于国家福利分房①时期,主要用于解决安置问题,小区的名称并不是主要考虑因素,与这一时期统计结果中专名和通名类型较少一致,语义简单直白。进入商品房时期后,房地产市场化迅速发展的基础就是国内经济的稳步高速提升,特别是 2000 以后,国内 GDP 连年保持 10%以上的增长率,小区名称的专名和通名类型不断丰富,在结构上出现了"无通名"和冠以开发商品牌名的现象,语义上出现了"未知语义"和"外国地名、人名"等现象,这一时期市民根据自己的喜好选择合适的住宅,开发商使用新奇亮眼的小区名称能够迅速吸引消费者的注意,达到推广与销售目的,小区名称的不断推陈出新,反映出市民与开发商都乐于尝试新鲜事物,"国际、世纪""外国人名、地名"等名称也体现出市民对于小区名称有了更多的需求。进入 21 世纪,小区名称中开始出现开发商的品牌名称,能够凸显开发商的品牌效益,共有 120 个小区名含有开发商名称,约占 19.77%。

从专名角度来看,"具有良好寓意"的小区名称数量最多,表明大部分消费者对于美好寓意的认可;使用"动物、植物"等名词能够体现出小区的品质,如梅花高洁、骏马优雅;使用"未知语义"和"外国地名、人名、音译词"的小区名呈

---

① 福利分房是中华人民共和国成立以后计划经济时代特有的一种房屋分配形式。居住的人实际支付的房租远远低于建筑和维修成本,房屋的分配实际上是一种福利待遇。

逐渐上升趋势，开发商营造出与国际接轨、新颖独特的居住概念，符合当前消费者"出国热""留学热"、追求个性化的生活态度。从通名角度来看，"邸、居、筑"等均为古代住所地通名，具有雅致的风格，能够与消费者的文化情怀产生共鸣；"都、城、郡"等大词借用的手法，能够营造出小区使用面积广阔的形象；"湾、湖、岸"等地貌词的借用，表明小区的定位不同于传统居住区，与自然紧密相连，能够带给消费者不同的居住体验；"无通名"则体现出标新立异的创新精神。

从语言规范的角度来看，当前小区名称语义不规范的情况主要包括"使用国际、世纪、城、邦、都、郡等夸张词语""使用外国人名、地名"。2018年12月，民政部、公安部等六部门联合出台《关于进一步清理整治不规范地名的通知》，对住宅名称中不规范的现象进行了具体的描述，即地名含义、类型或规模方面刻意夸大，专名或通名远远超出其指代地理实体实际的"大"地名；以国外人名地名以及使用外语词及其汉字译写形式命名的"洋"地名；盲目追求怪诞离奇，地名用字不规范、含义低级庸俗或带有浓重封建色彩的"怪"地名。

三、小区名称使用规范性讨论

从上述调查结果来看，小区名称标牌语言景观使用的不规范情况主要包括两个方面，即语符使用不规范与语义使用不规范。作为城市中重要的语言景观，标牌的不规范使用会导致违反相关规定、信息功能缺失以及语言权势错位等问题的产生，以下将对规范使用小区名称标牌语言景观的必要性进行讨论。

（一）法律意识淡薄

开发商与设计者未能深入学习贯彻相关政策与规定是小区名称景观使用不规范的主要原因。1998年，房地产正式进入市场化模式，开发商对于小区命名更加自由。小区名称是开发商与消费者之间最先接触的契机，是吸引消费者的重要途径，因此，大部分开发商会选择使用新颖、夸张的名称达到宣传目的。但有的开发商忽视了住宅最重要的是居住环境、房屋质量、安全性等问题。例如，用法国的"香榭丽舍"来命名，开发商的本意是想要通过法国浪漫的氛围吸引消费者，群众也普遍接受了"香榭丽舍等于浪漫"的设定，但实际上"香榭丽舍"原意为希腊神话中圣人与英雄灵魂在冥界的居所。在命名时开发商首先应了解其历史文化背景，避免误读的情况。

从调查结果来看，总体来说三地小区名称的语言使用规范性较强。但同时也发现一些不规范的情况，主要包括以下四类：第一类是印刷体繁体字标牌,共31块,这些标牌的语言使用违反了"禁止使用已简化的繁体字""应使用规范的汉字"等相关规定;第二类是"外文在上,中文在下""外文在左,中文在右"这两种语种布局的双语标牌,共27块,这些标牌违反了《国家通用语言文字法》"应当以国家通用语言文字为基本的用语用字"的规定;第三类是使用人名、地名翻译的外来语标牌,如"西雅图""乔顿花园""悉尼阳光""悉尼星光"等,共28块,违反了"不以外国人名、地名命名"的相关要求;第四类是使用"城、邦、都、郡、世界、中心"等远远超出其指代地理实体实际的地名,共51块。

(二)信息功能缺失

在我国,小区名称标牌语言景观具有较为强大的信息功能,一方面表现在可以帮助人们了解小区居住群体的地理边界,除了可以帮助明确小区自身地理位置,小区名称标牌还可以作为辨识周边环境的重要标志,周边公交和地铁站牌、商铺招牌、学校名称等命名很多都受到了该小区名称的影响;另一方面,乡村振兴战略使旅游业发展有了新视角和新重点,作为城市中重要的语言景观之一的小区名称标牌还可以帮助人们了解该社区的人文历史,以及社区内人员语言使用的特点。从城市语言文明角度而言,小区标牌作为城市景观是大众共同的文化记忆和集体记忆,是连接历史与现实的力量。

从调查结果来看,三地小区名称标牌的信息功能基本上都得到了较好的发挥。首先得益于所有小区名称标牌都使用了中文,尤其是使用了规范汉字。规范汉字作为国家通用文字,在保证信息有效传递方面发挥了基础性作用,能够很好地帮助市民辨识并了解小区基本信息,保障了广大市民的信息知情权。

调查还发现小区名称标牌存在部分信息功能缺失的问题。首先,所提供的信息与小区实际不相符,一方面表现在小区的通名与小区实际内涵不符,如许多小区"花园"里无花、"山庄"里无山,将错误信息传递给受众;另一方面表现在小区的专名与小区实际内涵不符,如"Fado 珐朵公馆",Fado 为葡萄牙的传统歌谣,通常表达的是哀怨、失落和伤痛的情怀。被调查的市民多数认为用葡萄牙语"Fado"来命名,代表了浪漫,但不知其"悲伤"的深层含义,这就造成了小区名称实际传递信息与市民期望的巨大偏离。其次,部分小区名称标牌无法反映小区居民的语言特点,具体表现在:使用繁体字标牌的小区内基本没有港澳台居民;使用"中法""中葡"双语标牌的小区也并非法国人与葡萄牙人的聚集区。还有部分小区名存在无通名、语义模糊的现象,导致定位模糊、语义费解等现象,如"凯迪迪美逊""滨江城市之星",市民并不能在第一时间获知这是一个住宅小区的名称,也不能快速理解其中的含义。

(三) 语言权势错位

小区名称标牌语言景观除了具有信息功能，还具有象征功能，能映射出不同的语言权势与文化权势，语言标牌上选用哪种或哪几种语言，多语标牌上的语言孰先孰后，背后都深藏着某种语言政策，而并非随意选择。从调查结果总体来看，所有被调查小区名称标牌无论是单语还是多语都选用了中文作为标牌语言，这凸显了中文在我国小区名称标牌语言使用中的绝对强势地位。此外，通过对中文标牌进一步调查发现，与繁体字标牌相比，简化字标牌占绝大多数，体现出简化字主导文字的地位，这与当前大力推广国家通用语言文字的基本语言政策是相符的，但同时，部分繁体字特别是印刷体繁体字标牌还需要进一步加强规范治理。

对双语标牌强势语言的判断，Scollon 和 Scollon(2003)提出，可以根据语言所占位置、材质、颜色等要素来判定。苏金智(2014)认为中国的文化建设必然朝着多元文化的方向发展，语言景观的多语现象也是必然趋势。我们调查发现双语标牌中不同语言的颜色、材质等无明显差异，而语言布局却差异明显，共有四种布局方式，其中"中文在上"和"中文在左"的小区名称标牌占大多数，这同样彰显了中文的主导语言地位。此外，从其他语种使用看，英文在小区名称标牌中为第二强势语言体现出了英文作为全球通用语，在语言生态系统中的最高外语权势。法文、葡萄牙文标牌占比很少，在语言权势上处于相对劣势地位。

语言景观的象征性功能帮助塑造地理空间为社会空间，对城市景观和空间产生重塑作用(徐茗、卢松，2015)，一般认为，文化权势可以与语言权势对应，二者相伴而生(苏杰，2017)。当前中文在小区名称标牌语言景观中具有绝对主导地位，这反映了标牌设计者，即开发商的语言和文化选择的初衷，也反映了国家对通用语言文字和其背后所蕴含的中华优秀文化推广的重视，更反映了普通民众对推广国家通用语言文字和弘扬中华优秀文化的普遍认同，上文的调查结果充分证明了这一点。

四、小区名称景观与城市语言文明建设思考

"全国文明城市"称号是反映中国大陆城市整体文明水平的最高荣誉称号，徐大明(2020)提出城市语言文明建设可以配合我国开展的建设社会主义精神文明工作，2021年新版《全国文明城市（地级以上）测评体系》更加突出精

神文明建设,相关指标从29%提升至40%,新增"社会用语用字文明规范,地名管理使用规范有序"的语言指标。小区名称标牌语言景观使用与"廉洁高效的政务环境、公平诚信的市场环境、健康向上的人文环境、有利于青少年健康成长的社会环境、舒适便利的生活环境"等创建文明城市的"城市语言环境"密切相关。如何科学治理小区名称景观,进一步提升城市语言文明质量,是当前的一个重要课题。李宇明(2020)提出,文明语言治理的路是双向的,既有传统的"自上而下",也有当下提倡的"自下而上",本文将从"自下而上"和"自上而下"两个视角出发,提出城市小区名称景观治理的路径。

(一) 自下而上:从群众需求看城市语言文明建设标准

所谓"自下而上",就是地方、家庭乃至个人都可以做相关的语言规划,并将其上行到有关部门乃至国家,融入部门的语言规划之中,甚至国家的语言政策之中(李宇明,2020)。群众是小区名称景观的受益者,也应是设计者。本文专门就群众对小区名称景观的态度做了专项调查。

本调查共发放问卷500份,回收有效问卷472份;调查主要对象为上海、南京、杭州三地市民;调查内容为对小区名称标牌不同语言景观的满意度[①],我们根据不同语符类型,选择使用量大的几类语符搭配,同时兼顾不同语种类型,具体如下:简化字(单一)标牌,如"龙龙家园";繁体字(单一)标牌,如"蘿蝶苑";中英双语标牌(简化字),如"悦府 NINGMANSION";中法双语标牌(简化字),如"Chanson De Terre 绿地香颂";中葡双语标牌(简化字),如"Fado 珐朵公馆";汉语本族语单语标牌(简化字),如"和熙臻苑";汉语外来语单语标牌(简化字),如"爱莱克公寓"。

根据统计,市民对这几类标牌的满意度按照平均得分由高到低依次为:简化字(单一)标牌8.27分;汉语本族语单语标牌(简化字)7.92分;中英双语标牌(简化字)5.85分;中法双语标牌(简化字)5.68分;中葡双语标牌(简化字)5.06分;繁体字(单一)标牌4.92分;汉语外来语单语标牌(简化字)4.7分。由此看见,市民对简化字(单一)标牌满意度最高;对汉语本族语单语标牌(简

---

① 满意度是指市民对小区名称标牌的满意程度。满意度的调查可以说明市民对小区名称标牌所使用语符的满意与接受程度。为了检测不同语符搭配的小区名称标牌的满意度,我们选取7类标牌举例进行调查。小区名称标牌的满意度打分为1~10分,1分为不满意,10分为特别满意。为了更加直观地衡量市民对每种小区名称标牌的满意度,我们将每类小区名称标牌的得分除以被调查者的个数472,作为小区名称标牌满意度的衡量标准,其数值介于0~10之间。得分高者就是满意度高的小区名称标牌,得分低者就是满意度低的小区名称标牌。

化字)的满意度要远高于汉语外来语单语标牌(简化字);对简化字(单一)标牌的满意度要高于繁体字(单一)标牌;对汉语单语标牌的满意度要高于双语标牌。

从对当前小区名称标牌语言景观现状的调查情况来看,标牌的语言使用现状与市民的满意度呈正相关关系,满意度最高的简化字(单一)标牌占比也最高,达到了67.94%;与汉语外来语单语标牌(简化字)相比,占比高的汉语本族语单语标牌(简化字)的满意度较高;与双语标牌相比,占比高的汉语单语标牌满意度更高。

"尊重当地居民意愿"是很多地方建筑物命名的重要依据,2021年版《全国文明城市(地级以上)测评体系》更加凸显群众主体地位,群众满意度最低标准由85%提升至95%。在过去语言意识比较薄弱的情况下,作为附加值部分的语言服务往往受到服务业的忽视,同时作为主要服务内容的语言服务也缺乏质量标准(徐大明,2020)。因此,市民对不同标牌满意度的高低是小区标牌景观设置的重要依据,也是开发商遵循市场规律的基础,与事实相悖的命名行为同时违反创建文明城市"公平诚信的市场环境"要求。小区名称景观建设的未来路径应当在符合语言规范的基础上,遵循市场基本规律,贴近当地居民的喜好,体现出当地历史人文风情,建设与实际内容相符的语言景观,营造"舒适便利的生活环境"。

(二) 自上而下:从管理能力看城市语言文明建设发展

"自上而下",是国家制定语言政策,做出语言规划,地方来执行和实施(李宇明,2020)。语言文字工作是建设强大国家的基石,在复杂的语言国情背景下,将传统高效的"自上而下"与基层民意协同联动,将有效提升相关决策的科学性与民主性。

关于小区名称的语言规范管理,1986年国务院《地名管理条例》及《地名管理条例实施细则》都有较为明确的规定,即"应使用规范的汉字或少数民族文字;不以外国人名、地名命名"。1996年民政部《关于加强城镇建筑物名称管理的通知》进一步要求"命名避免不科学、不规范、名不副实的建筑物名称的出现;建筑物名称要严格按照国家确定的规范汉字进行书写,禁止使用已简化的繁体字、已淘汰的异体字,杜绝使用自造字"。《中华人民共和国国家通用语言文字法》中对小区名称标牌这种公共场所的设施用字进一步提出"应当以国家通用语言文字为基本的用语用字"。《国家语言文字事业"十四五"发展规划(草案)》中更加明确提出"加强招牌、广告、标志牌等语言文字使用监督检查,强化社会用语用字源头管理;加强对新词新语、字母词、外语词等的监测研究和规范引导"。上海、南京、杭州等地在国家层面既有规定的基础上,又提出了"尊重当地居民意愿,方便人民群众生产生活"(《江苏省地名管理条例》)、"命名应体现当地历史、文化、地理或者经济特征"(《浙江省地名管理办法》)等要求。长三角地区经济快速发展,市民生活水平不断改善,购买力持续增强,小区的名称、周边设施、居住环境、绿化率等都纳入了消费者的考虑范围。2022年《国务院办公厅关于全面加强新时代语言文字工作的意见》也明确指出将语言文字规范化要求纳入行业管理、城乡管理和文明城市、文明村镇、文明单位、文明校园创建内容。

语言景观是社会公共空间建构的重要部分(Ben-Refeal et al.,2006),从当前政策体系来看,各级部门对于小区名称景观建设都提出了明确要求,但在贯彻落实过程中还存在一定差距。各地更名整改措施进行过程中,暴露出较多问题。2019年6月,民政部发出了《民政部要求各地稳妥推进清理整治不规范地名工作》的通知,指出各地正按照六部门部署,积极推进清理整治不规范地名工作,但个别地方也存在政策标准把握不够准确、组织实施不够稳妥等情况。有关部门在具体实施整改措施时有欠妥当,在执行过程中缺乏相关理论指导与宣传教育,应不断加强法治建设,准确把握政策,严格按照有关法规和原则标准组织实施,防止随意扩大清理整治范围,提升执法人员思想水平与政治觉悟,加大政策宣传力度,为创建全国文明城市打造"廉洁高效的政务环境"。

大力推广和规范使用国家通用语言文字、传承弘扬中华优秀文化是我国需要在各领域长期坚持的一项基本政策。在小区名称景观的建设管理中,同样应该长期遵守这一政策,这样有利于构建"健康向上的人文环境、有利于青少年健康成长的社会环境"的新时代文明城市。首先,大力推广国家通用语言文字,使规范汉字成为小区名称标牌的基本用字;其次,对当前标牌中存在的不规范语言,予以坚决规范,尤其是要加强对开发商相关法律法规的系统教育;最后,大量使用饱含中华优秀文化,特别是优秀传统文化的名称也是未来小区标牌设计的重要思考,而不是错误地带着崇洋媚外的思想,崇尚西方名称设计。正如习近平总书记所说:"文明特别是思想文化是一个国家、一个民族的灵魂。"(习近平,2014)"文化自信是更基础、更广泛、更深厚的自信"(习近平,2017),语言自信作为文化自信的重要组成部分,同样应为广大民众所坚守。

第 12 章
语言政策与规划视角下城市洋化地名的治理

引 言

地名作为全社会高频率使用的基本公共信息,不仅是定位、指向的工具,而且承载着城市的历史、记忆与情感,是城市文化政治的一部分。在我国的城市空间中,使用外国地名、人名以及文化词汇等"洋"元素为楼盘、居民小区和建筑命名层出不穷,造成洋化地名泛滥的景象。2019年6月,全国多地开展了一项自上而下的地名治理行动,政府部门针对所辖范围内居民区、大型建筑物和道路、街巷等地名中存在的刻意夸大、崇洋媚外、怪异难懂、同音重名等"大、洋、怪、重"现象进行清理和整顿,要求所涉单位限期整改。其中海南省针对"不规范地名"的整改行动最为引人注目。海南省民政厅于6月12日发布名为《关于需清理整治不规范地名清单的公示》的文件,诸如"维多利亚花园""海德堡公馆""夏威夷海岸"等84个居民小区和建筑类地名被点名要求整改。另外,广东、浙江、宁夏、陕西、福建等地的地名主管部门也发布类似文件,对所辖范围内出现的不规范地名张榜公示。例如,广东省民政厅发布的地名清理整治清单(第一批)包括了251个不规范地名,杭州市的清单中包括479个,西安市的清单由最初公布的151个缩减为98个。在此次行动中,清理整顿的一个重点对象是加入了外国文化元素的地名,因此很多人将其称作"整治/治理洋地名"事件。

清理整治不规范地名作为我国近年来城市语言生活中的一个热点事件,是努力推进"城市语言文明建设"的重要举措,在推行过程中却引起不少争议。我们需要对其过程和效果进行总结和反思,从而为其他语言规划实践提供参考。在本文中,我们将着重从语言政策与规划的视角探讨洋化地名清理和整治相关的语言社会问题。在以往的研究中,关于洋地名的探讨多为报刊评论或期刊述评类文章,关于洋地名的学术论文较少。郑献芹

(2006)考察了15个城市的楼盘名称800多个,洋化楼盘名称就有173个,认为会给消费者带来不必要的麻烦,产生很大的消极影响。李宝贵、李辉(2017)统计了全国15个主要城市的外国地名,指出"全国地名'洋化'数量之多,'洋化'现象之严重"。杨刚、沈威(2020)认为本土地名和洋化地名正在博弈,清理整治洋地名的工作能增强本土地名的生命力,但整治工作应充分考虑可能产生的阻力。目前,从语言规划的视角分析和评价洋地名整治行动的研究尚不多见。李宇明(2012)指出,语言面貌是城市化的重要表现,反映了整个城市的形象,"需要通过科学的语言规划和有效的语言行动,来保证城市化进程的顺畅前行"。本文从具体的语言生活事件入手,尝试对洋地名整治行动所反映的社会问题和文化心理加以解析,从而为当今时代语言文字相关的规划活动提供参考。

在过去的二十年里,语言政策的研究领域在传统的自上而下的观点基础上,开始了自下而上的研究,微观社会语言学语境下的语言政策研究受到重视(McCarty,2010;Johnson,2013),从而解释语言政策下社会行为者的能动性,而不单单是强调政策权力的结构方面。Johnson(2013)认为,一旦制定了一项语言政策并付诸实施,它就可以接受不同的解释,既可以由制定它的人做出解释,也可以由预期在实践中采纳它的人做出解释。语言政策被用作一种创造性的解释实践形式,参与到政策过程之中的是不同利益主体(Levinson et al.,2009:768),因此,政策的具体使用可能跟宏观层面的意图有所错位,需要多方不断磨合。在语言规划过于宏观、过于简化和边缘化的情况下,传统的自上而下的语言规划过程需要在更语境化的水平上,通过自下而上地检验多个利益相关者之间的互动来补充。Kaplan和Baldauf(2003)将语言政策和规划水平分为三个层次,即语言政策和规划连续统一体的宏观、中观和微观层面,在语言政策和规划分析中应兼顾自上向下和自下向上过程中不同的层级,包括国家、机构、个人等。

本文从语言政策和规划的多主体性的角度,探讨洋化地名和洋化地名治理中不同权利主体对语言政策和规划的能动,探讨语言政策宏观和微观层面的互动,进而说明语言政策和规划的多层次性和多主体存在。我们将官方治理洋化地名的语言政策和规划作为宏观层,将地方政府、开发商、主流新闻媒体作为中观层,将普通大众作为微观层,通过三者的互动来说明治理洋化地名这一语言规划活动的复杂性,进而说明从语言规划的发起直到政策实施,不同层级的行动者进行充分对话和协商才是语言规划成功推行的关键。

一、洋化地名的具体表现

洋化地名在国内许多城市的标牌上都很常见,尤其是商业楼盘和居民小区,使用外国地名或地标符号的命名方式早已司空见惯,如"碧桂园剑桥郡""巴黎壹号""牛津商业街""米兰阳光""华侨城天鹅堡""歌德小镇""阿拉丁花园""东方墨尔本"等。对于洋地名泛滥的现状,网上有一个很形象的调侃性段子:早上在"威尼斯"起床,中午到"维也纳"办事,晚上在"曼哈顿"吃饭逛街,不出城也能"周游世界"。李宝贵、李辉(2017)对上海、成都、北京、广州等 15 个大城市的居民住宅楼群及商贸办公楼的名称进行调查后发现,以"米兰、巴黎、加州、威尼斯、曼哈顿、夏威夷、维多利亚、维也纳"八个外国地名命名的就有 3160 多个,其中上海、成都和北京都超过 300 个。这足以说明洋地名在命名中泛滥的程度。洋化地名主要存在于居民小区和商业建筑的名称标牌上,这些标牌是城市语言景观的一部分,也遵循语言景观的构建原则(Ben-Rafeal,2009)。另外,有些楼盘和居民小区不仅以欧美地名命名,在建筑风格上也效仿甚至完全照搬西方的外观和造型,试图给人一种置身异国他乡的感觉。

洋化地名有很多种类型。按照民政部等发布的"不规范地名"认定原则和标准,属于洋地名范畴的地名主要包括四类:(1)包含外国地名的地名;(2)包含外国人名的地名;(3)由外语词汇译写而成的地名;(4)直接用外文命名的地名。我们以"不规范地名清单"为关键词,利用百度和谷歌进行网络搜索,收集各地在 2019 年 6 月前后官方部门公布的需要整改的洋化地名,在海南、陕西、福建、浙江、广东、贵州、河南、湖北、江西、山西、江苏和宁夏回族自治区等 12 个省、自治区,被点名整改的洋地名共计 218 个。以此为数据,我们对各地公布的整改清单中的洋地名进行了统计分析,结果如表 1 所示。

表 1　城市洋化地名的类型

	数量/个	占比/%
含外国地名	153	70.2
含外国人名	20	9.2
外语词译写	19	8.7
含外语文字	26	11.9
总计	218	100

可以看出，使用外国地名进行命名的洋化地名最为常见，在所有洋地名实例中占比超过七成。其中又包含几种情况：(1) 以大洲名称命名，如"欧洲城""欧洲印象"等。(2) 以国家或其简称命名，以欧洲国家居多，也包括个别其他国家名称，如"东方西班牙""英伦小镇""新加坡新村"等。(3) 以外国州府或城市名命名，如"罗马家园""巴黎大厦""加州海岸"等。(4) 以外国景点或地标命名，如"塞纳河艺术酒店""阳光凡尔赛""爱丽舍"等。其他类型的洋地名所占比例相对较少，如使用外国人名命名的地名（"林肯公园""维多利亚花园""凯撒豪庭小区"）占 9.2%；由外国文化、概念或意象等译写而来的地名占 8.7%，如"卡布奇诺小区""拉菲公馆""乌托邦"等；直接使用英文而形成的中英文混杂式地名约占 12%，如"富亿 neo 中心""摩登 Bobo 小区""E 阳国际"等。

二、宏观语言政策和规划：洋化地名的语言管理

地名属于国家行政管理工作的范围，而民政部是全面地名管理的主管部门。楼盘、居民小区以及建筑物等的名称，在我国一般被认定为地名的范畴，因此也在民政管理部门的管辖范围之内。政府部门高度重视政策立法，对于洋化地名的规范化管理可以上溯到 20 世纪八九十年代相关的法律法规。例如，国务院 1986 年 1 月颁布施行的《地名管理条例》（国发[1986]11 号）第五条（一）规定，"凡有损我国领土主权和民族尊严的，带有民族歧视性质和妨碍民族团结的，带有侮辱劳动人民性质和极端庸俗的，以及其他违背国家方针、政策的地名，必须更名"。洋地名便属于这一类。1996 年 6 月 18 日，《地名管理条例实施细则》发布并实施，其中规定居民区、楼群、建筑物等"不以外国人名、地名命名我国地名"。另外，楼盘的名称在房地产市场交易过程中具有广告的性质。我国 1998 年 3 月实施的《广告语言文字管理暂行规定》指出，"广告中不得单独使用外国语言文字""广告使用的语言文字，用语应当清晰、准确，用字应当规范、标准"。这些文件从原则到操作层面，都给出了相应的规范性法律依据。除了国家层面对于地名标准化管理的文件，各地政府部门也根据自身实际情况出台地方性条规，用以指导当地的地名规范化工作。

近年来，民政部等国家部委发布多个文件，旨在治理城市空间中盛行的洋地名等不规范现象。例如，2012 年 6 月，民政部下发《关于开展地名清理整顿工作的通知》，在全国范围内开展地名清理和整顿工作。在认定原则和标准方面，含有外国人名、地名或其简称且易造成误解的地名、用外语词汇汉字译写

形式命名的地名以及直接使用外文命名的地名，都属于"崇洋媚外"的洋化地名，需要加以整顿。不过，文件也指出，历史上已经存在、具有纪念意义或反映中外人民友谊的地名以及地名用词含义符合汉语用词习惯、符合有关规定的则不在此列，如白求恩国际和平医院、列宁公园等。2016年2月，国务院地名普查领导小组发布《加强地名文化保护清理整治不规范地名工作实施方案》，文件中提到，"应充分调查、挖掘、整理地名文化资源，保护地名文化遗产，传承和弘扬地名文化，清理整治地名中存在的'刻意夸大、崇洋媚外、怪异难懂、重名同音'（'大、洋、怪、重'）以及随意更名等不规范现象"。其中，洋地名指的是"盲目使用外语词及其汉字音译形式命名我国地名，以及用外文拼写我国地名等现象"。不过，"对老百姓已经习惯、可改可不改的地名不要更改，对已有不规范地名标志要结合实际进行更正修补或逐步更换，不搞'一刀切'，做到既方便群众又节约公共资源"。2018年12月，民政部、公安部等六部门联合发布《关于进一步清理整治不规范地名的通知》，要求各地政府对居民区、大型建筑物和道路、街巷等地名中存在的不规范地名进行规范化、标准化处理，其整治的重点是社会影响恶劣、各方反映强烈的"有损国家主权和民族尊严、违背社会主义核心价值观、严重背离公序良俗"的不规范地名，不宜随意扩大化或一概而论。通知还给出了清理整治活动的目标任务、工作原则、方法措施和时间表等。例如，通知要求把社会影响恶劣、各方反映集中的城镇新建居民区、大型建筑物中的洋地名作为重点，坚决予以清理整治；2019年3月底前完成摸底排查并确定拟清理整治的不规范地名清单；9月底前完成相关公共标志牌及户外广告标牌、地图领域中的不规范地名信息清理任务。

三、不同群体对于洋化地名治理的态度和反应

Zhao 和 Baldauf（2012）认为构建新出现的语言使用情境时，需要系统地探究不同利益相关者之间的互动关系，以及相关语言政策的权力结构。语言政策和规划的顺利实施是语言政策制定者和多个利益相关者之间的相互作用。我们将治理洋化地名政策和规划下涉及的各个主体的态度和反应加以分析。

（一）地方政府

地方政府开展洋地名的整治行动与国家层面提出的"文化自信"战略息息相关。随着"文化自信"成为核心官方话语，各地政府部门对于洋地名的治理

便有了政治思想层面的理论基础。在洋化地名具体整顿过程中,各地方政府相关部门(大多为民政局)通常采用先调查、再公示执行的方式。在公示的整治清单中,不规范地名的类型、名称、位置、清理原因或依据以及规范后的名称等信息一般会明确列出。相关单位或个人对清单如有异议,可以在规定的期限内向有关部门反映。比如,2019 年 3 月 18 日,广东省要求各地合理确定清理整治清单,结合当地实际确定"大、洋、怪、重"等不规范地名认定原则和标准,通过社会征集、调查核实等方式,全面了解本地区不规范地名数量、分布等底数详情,掌握其在公共标志、户外广告标牌、相关证照上的使用情况。结合摸底排查情况,采取部门会商、专家论证、社会听证等方式,对拟清理的不规范地名充分征求各方意见,最终确定不规范地名清单并及时向社会公示①。同年 6 月 11 日,陕西省西安市未央区政府也曾发布 19 个不规范地名公示表,包含龙记国会山小区、EE 新城小区、圣地亚哥小区等,并明确表示,公示期间有异议的可以向未央区地名普查工作领导小组办公室反映②。

不过,也有一些地方政府的处理方式引起很大的社会争议。比如,2019 年 6 月 12 日,海南省民政厅发布关于需清理整治不规范地名清单的公示,有 84 个地名查出存在不规范情况,其中还包含了驰名商标"维也纳酒店"。针对官方的整改指示,维也纳酒店集团 6 月 18 日在其官微中发表声明,"维也纳酒店"品牌经国家市场监督管理总局商标局成功注册,为合法经营使用的品牌名。最终在社会舆论的强大压力之下,海南政府部门不得不做出妥协,"维也纳酒店"并没有被相关部门纳入最终清理名单。

(二) 新闻媒体

整治洋地名行动开始实施的时候,官方媒体对于整治洋地名的行动给予支持,认为这是传承和弘扬优秀地名文化、为民服务的好事。不过,随着行动的进行,尤其是连"维也纳酒店"等合法名称也进入整改之列后,很多官方媒体发表评论,提醒地方政府部门应谨慎稳妥地推进清理和更名工作,不能矫枉过正。例如,《人民日报》(海外版)在微信公号刊文指出,整治洋地名等不规范地名的初衷是好的,但如果不能按照令人信服的逻辑推进,不能按照合法依规的程序落实,那么就容易"把好经念歪了"(侠客岛,2019)。新华社评论认为,地

---

① 新华网:http://www.moe.gov.cn/s78/A19/A19_ztzl/ztzl_yywzgfbz/guifanbzjs/201903/t20190318_373873.html

② 陕西省西安市未央区区政府官网:http://www.szshichang.com/xwzx/gggs/5ed8d9a2fd85086f1ef1ef76.html 也可见搜狐网报道 https://www.sohu.com/a/321122661_250147

方政府在清理整治过程中需要准确把握政策,把工作做细做实,避免工作简单化,引发群众焦虑(新华社,2019)。《经济日报》的评论认为,取"崇洋媚外"的洋地名,是对本民族历史语言文化的疏离和淡漠,其精神根源是文化不自信。规范地名切忌矫枉过正,另外也不能止于事后清理,更要加强事前审批,不让洋地名随意出炉(《经济日报》,2019)。

地方新闻媒体对于清理洋地名的公示和具体做法给予关注。在部分媒体看来,洋化地名并非非治不可。例如,红网的评论认为,所谓的"洋地名"并非一无是处,如果应用得当,可以为城市添彩;而打着呵护历史传统的旗号,一概排斥外来地名,不利于城市的个性化和丰富多彩(孙建清,2016)。另外,也有媒体指出,使用洋地名不能简单地与"崇洋媚外"画等号,政府部门对于地名乱象纷呈负有监管不严的责任。例如,《南方周末》引用历史地理学家葛剑雄的观点认为,改地名的原则没有错,但需要实施细则和合法程序,不能轻易给洋地名扣"崇洋媚外"的帽子,不宜将命名行为政治化和复杂化(沈河西,2019)。澎湃新闻的评论认为,洋地名泛滥等乱象,政府管理部门在命名开始时便监管松懈,放之任之,过后再大张旗鼓地进行清理和取缔,未免难以服众。"地名规范要从源头做起,既要立好规矩,也要有一定的宽容度,尊重社会的创造性。"(澎湃新闻,2019)

(三)民众

2019年6月,洋地名治理事件在民众中引起强烈的反响,尤其在网络空间中,以"洋地名"为关键词的相关议题点击量和阅读量都达到了百万,一时之间成为现象级内容。人们通过网络留言评论,表达心声。例如,微博中一个以"集中清理洋地名"为关键词的帖子有近106万阅读量,1270条评论;在今日头条上,"六大部委发文,整治'洋'地名"一文的评论达2017条(2021年4月1日数据)。《中国日报》(2019年6月25日)调查民众对地名整治的态度,数据显示,"在超过5000人的投票中,有53%的人不支持这一行为,36%的人支持整改地名"[①]。我们根据网络和社交媒体中相关新闻或贴文评论区的网友评论,归纳民众对于该事件的看法和态度。总体来说,人们对于整治洋地名事件的意见分歧很大,支持和反对者都很多。但从相对比例来看,对清理整治行动持反对意见者占多数。下面举例简要说明各方观点。

支持清理洋地名者认为,洋地名不伦不类,缺少文化内涵,反映了低水平

---

① 搜狐网 https://www.sohu.com/a/321904600_250147

的审美;在中国大地上取洋名字体现的是文化不自信、崇洋媚外的心理,整改洋地名可以提升文化自信。比如,网易网友卢丹萱评论道:"早该整理了,这些名字听了浑身起鸡皮疙瘩。"网名为"老坛酸奶"的知乎网友非常支持洋地名整治,认为国家出手整改洋地名,就是要甩掉崇洋媚外的帽子,从洋地名这样的表面现象入手,一步步唤醒民众的民族文化意识。

反对整顿洋地名者则认为,整治洋地名的行为是搞形式主义,并非干正事、干实事的做法;居民区突然改名会对生活造成诸多不便;在日益开放的今天,我们应该包容漂洋过海来的事物。观察者网网友"玄武湖湖长"评论道:"什么时候去管管小区的窗子会不会掉下来砸死孩子,而不是去管小区叫什么名字?"名为JOHNNYANG的微信网友认为,"把审批这一关做好,比现在改名好得多"。知乎网友李蓬国认为,整改洋名以道德臆想为判断标准,以"办公室论道"为决策依据,虽然出发点是好的,但脱离实际的决策只能给群众添堵,制造不必要的麻烦。知乎网友杨二强也认为,限制洋地名是治标不治本的方法,是文化不自信的表现,如果我国的文化足够强大,便不会趋之若鹜地取洋地名了。

此外,也有网友为洋地名治理行动建言献策。例如,新浪微博名为"狐言乱语"的网友认为,"小区取洋名未必就崇洋媚外,对于已经建好的小区,或者已经投入使用的小区,就没必要改名了,费时费力。对还在建设中或还没审批的小区,以后要严格监督"。微博网友"乔治云海日出"建议,"纳入政府地图的道路、站点、小区、地标性建筑等名称要通过专门的核查,至于某幢建筑、某间商场就没必要太在意"。

总之,民众在地名治理清单发布后,表达了各自的意见和态度,而这些反馈意见在一定程度上影响了部分城市的治理进程,一些地名最终从清单中剔除。

四、讨论

(一)语言规划中的主体性

一般认为,语言规划是由官方部门主导的活动,但在规划过程中,除了政府和官方机构,社区、群体以及个人也是重要的参与者(Cooper,1989;Kaplan & Baldauf,1997;Zhao & Baldauf,2012)。Liddicoat 和 Taylor-Leech(2020)指出,政策出台过程具有对话性(dialogic),不同的行动者表达自己的声音、行使各自的主体性才形成最后的政策文件。在当今世界,从语言规划的发起直到政策实施,不同层级的行动者进行充分对话和协商是语言规划成功推行的关键。

在治理洋地名行动中,民政部等部门是国家层面的管理者,负责宏观的政策制定,而各地地名管理部门是主要的政策执行部门,负责统筹协调、方案制定、清单确定、标准化处理、督促检查等,其他部门(如公安、住房城乡建设、市场监管等)协助清理和整顿工作。民政部门的通知也要求"充分进行专家论证,广泛征求各方意见,审慎提出清理整治清单",显示上层主管部门认同规划过程中的个体主体性以及对话性。洋地名的清理涉及小区居民对于居住场所名称的所有权和使用权,因此这一部分民众应视作规划过程中的主体之一。在更名与否的决策过程中,这一群体应参与政策的制定和实施。

(二)社会文化心理对不同主体的影响

第一,社会文化心理对命名者的影响。借用外国文化符号为居住和生活环境命名,是开发商包装和营销地产商品的行为。对于注重商业价值的开发商来说,楼盘名称作为一种商业标识和品牌,是地产营销中最重要的一环。开发商使用与外国地名、人名或文化相关的词汇来命名楼盘,是通过相关地域概念的意象传达出浪漫、时尚、高贵、典雅等象征意义,来提升地名的格调或定位,从而吸引对异域风情有认同感的消费者。至少在开发商的眼中,这些带有洋味的地名是能够吸引消费者、带来商业价值的。开发商将楼盘地名跟楼盘售价联系起来,冠上洋名的小区实际上确实可以增加收益。拿北京为例,Zhao、Huang 和 Sui(2019)调查发现,在 2000 年之后开发建设的约 3200 个居住小区中,其命名和建筑风格属于洋化楼盘的共计 540 个,约为全部新建楼盘的六分之一,其销售价格显著高于非洋化楼盘。

在竞争激烈的房地产市场,循规蹈矩的传统命名方式没有竞争优势可言,而经过洋化包装的楼盘名称则成为开发商新的营销策略,通过求新求异的命名方式呈现个性化和与众不同的特征,从而吸引消费者的注意,是凸显自我(presentation of self)原则的体现(Goffman,1963,1981)。另一方面,命名者之所以认为洋化地名具有商业价值,也正是基于对当时人们社会心理的分析而做出的选择,体现了语言景观构建的充分理性(Good reasons)原则(Ben-Rafeal,2009)。在法国社会学家鲍德里亚看来,现代社会的人们正生活在一个被符号操控的世界之中,人们消费的对象往往不是物件本身,而是物件所连带的价值符号;符号引领人们的消费导向,同时也将人与人区分开来

(Baudrillard,2016)。城市空间命名中以洋为美、以洋为尊的现象便是符号化消费的典型表现。开发商作为命名者通过洋地名"兜售一种优质生活和国际化都市风格的美好愿景"(林子人,2019),而这恰是利用名称来追逐的文化和符号资本的体现(Bourdieu,1991)。

第二,社会文化心理对群体受众的影响。城市空间中层出不穷的洋化地名是时代背景下社会文化心理的一种反映,改革开放打开国门以后,人们看到欧美等西方社会技术先进、经济发达、生活富足,羡慕崇拜之感油然而生,久而久之,西方的事物在人们的认知中逐渐被符号化,成为现代、先进、高级等意义的指代符(index)。另外,洋地名的盛行也与消费者的阶层品味和身份认同有关(林子人,2019)。Fussell(1983)指出,接近上层的人们会将品味、价值观、生活格调和行为方式等看作判断等级身份不可或缺的标准。对于城市中很多中产阶层消费者来说,洋地名所隐含的浪漫、自由、高贵等优质的生活方式与其阶层品味相吻合,让消费者产生一种与先进发达国家和城市的文化为伍的身份认同。也就是说,符号化的洋化地名凭借其唤起诗意联想的潜力和光环(Bourdieu,2005:23-24),既迎合了大量中产阶层消费者向往美好、品质生活的价值取向,同时也为该群体建构了一种区别于他人、积极体面的身份特征。然而,随着社会的发展,一窝蜂地追求洋地名也造成了洋地名的泛滥和千篇一律,其新奇感早已不复存在。

总之,洋化名称在全国各地城市居民区和建筑名称中盛行,说明在一定时期内,这种命名方式迎合了社会大众的心理需求和阶层品味。政府部门从经济发展的角度考虑,起初并未严格排斥命名实践中的洋地名。但是,随着文化自信建设的推进,各个层面的地名管理部门希望通过对洋化命名实践的显性管理,让人们摒弃以洋为美、以洋为尊的社会心理,增进对本民族语言文化的认同,是一种自上而下实施的以语言景观整顿来影响社会群体心理认知的规划实践。

(三)治理洋地名与语言形象规划

语言政策和规划指的是为影响或改变言语社区内的语言或语言变体的结构、功能或习得方式等而采取的有意识的努力,传统上可分为本体规划、地位规划和习得规划(又称语言教育规划)三种类型(Cooper,1989;Kaplan & Baldauf,1997)。而语言声望规划(prestige planning)是相对较新的一个类别,指的是针对语言的接受性或价值功能方面的规划活动,通过影响人们对于该语言的态度和看法来达到改变语言形象或声誉的目的(Ager,2005;

Kaplan & Baldauf，2003)。本文所讨论的治理洋地名行动，显然与声望规划密切相关。Fishman(2000，2006)认为，所有语言规划工作归根结底是为了达成两个目的：自立(independence)或者依附(interdependence)，前者是社会群体通过规划实现自主和自足，从而不依赖他人；后者则恰恰相反，规划是为了更好地团结其他社会群体。从这个视角来看，洋地名治理属于自立式语言规划：通过清理洋地名这样的治理方式，来树立对于自我文化的自信和认同。按照Tollefson(1991)的观点，语言规划实质上也是对不平等地位的规划。洋地名实践中"以洋为尊""以洋为美"的做法体现了西方语言文化与本民族语言文化的不平等，对此加以整顿可以弥合二者之间的差距。声望规划往往并不能通过控制来实现(Zhao & Baldauf，2012)，政策制定者必须将个体主体性纳入考量，通过自下而上的方式来推进才更有希望圆满完成。结合各地洋地名治理的效果和引起的社会舆论，以及民众反应，我们可以从语言政策理论的视角获得一些启发。语言规划通常包括政策和培育(cultivation)两个维度，其中前者关注社会和国家等宏观层面的选择，而后者则关注微观层面，即语言功用的具体实施和细化(Kaplan & Baldauf，2003：201-226；Hornberger，2006)。政策规划的目标需要培育规划的支撑，这两个维度必须联合进行才能圆满实现目标。例如，利用显性的语言政策或者有影响力的个人的语言行为，影响某种语言的形象或声望，属于政策层面的声望规划；与之相对应，在科学、职场以及高雅文化中使用该语言，使其获得民众的好感，则属于地位培育的实例。在此次的洋地名整治行动中，政府规划的最终目标是实现文化自信。地名管理部门首先从法理层面否定洋地名，为洋地名贴上"崇洋媚外"的标签，随后在物理空间中清理含有洋地名的标牌，根除洋地名的实体存在。政府希望通过对洋化命名实践的显性管理，让人们增进对本民族语言文化的认同。然而，某些地方政府部门对于培育本民族语言文化并未提出具体措施，"政策"与"培育"两个维度就较难协调发挥作用。因此行动中虽打出"文化自信"的旗号，但给人一种无法落地的感觉，被反对者批评搞"形式主义"也就不足为奇了。随着我国经济的发展和综合国力的不断提升，或许不需要特别整顿，洋地名也会越来减少，因为发展经济和提高国力正是"培育"这一维度的重要措施。

从理性视角来看，当今语言规划的推行越来越需要依靠语言工具理性的力量来推行，即语言规划能给人们带来切实利益才更容易成功。地名在城市空间中形成并扩散开之后，便具有了标识、指称等工具属性，以及归属、记忆等情感价值。对于语言产品的规划，治理洋地名是官方部门借助价值理性的力量来推行的，希望通过唤起居民的民族文化意识来消除洋化地名在城市空间的存在,维护政治正确以及本民族语言文化的尊严。然而,要更改地名,对于牵涉其中的民众来说,意味着很大的有形和无形的损失。如果得不到相关利益主体的理解和支持,老百姓很难心甘情愿为整顿和更名买单。因此,不能忽略工具理性对于语言政策的推动作用。

五、结语

地名作为社会公共信息,是国家和民族文化的重要载体,具有价值导向作用。而从批判地名学的视角来看,场所的命名是包含权势关系的社会性行为,是将政治和文化价值观嵌入城市景观的一种方式(Berg & Vuolteenaho, 2009; Rose-Redwood et al., 2010),因此地名也常常会成为意识形态交锋的一个"场域"。在我国的城市空间中,使用外国地名、人名以及文化词汇等"洋"元素为楼盘、居民小区和建筑命名层出不穷,一度造成洋化地名泛滥的景象。政府部门对此加以整顿治理,试图扭转崇洋媚外的社会心理,构建对民族文化的认同和自信。整治洋地名是我国社会语言生活中的一个热点事件,其背后的社会心理和文化政治因素值得深入思考。

本文从语言规划主体性的视角对洋地名的实践、管理和态度等方面进行了考察,揭示了城市语言文字治理过程中的复杂性。我们认为,洋地名作为商品化的符号成为命名者(开发商)的营销工具,是经济利益驱动的行为,迎合了一段历史时期内,国人向往西方优质生活的社会心理,体现了凸显自我和充分理性的语言景观构建原则。政府部门对洋地名进行整治,可以看作一种声望规划,通过话语和行动两个层面对西方文化符号的排斥,来提升本民族语言文化在空间命名中的价值和地位,提升人民的文化自信。可见,商业地产资本作为私人力量,可以利用地名为居住空间命名,试图行使地名的定名权;而政府管理部门通过规划地名景观来强化人们自身的文化价值观念,所以,地名并非单纯的空间标记符号,而是空间政治的一种表现形式,是一种各方利益互相冲突和争夺的空间实践。从各方主体的反应来看,如果单单依靠价值理性来推动洋地名清理和更改,忽略地名的工具理性以及政策形成中民众群体的主体性,规划效果就会不够理想。"很多行政部门需要具有基本的语言意识,明白如何利用语言和文字获取社会效益和经济效益,怎样处理好语言之间的关系、处理好语言矛盾、减缓甚至避免语言冲突等。"(李宇明,2013)

最后需要指出的是,随着地名整治行动的开展以及文化自信的倡导,城市空间中洋化地名现象被大众反思,这是值得肯定的。然而,洋地名与文化自信之间的关系仍需辩证地看待,不能简单地将二者视为对立、排斥。例如,新华社评论认为,文化自信蕴含着文化的多样性与包容性:文化自信的国家和人民,对自身的文化越是自信,越会积极地敞开胸怀,与其他文明平等开展交流对话(邵长军,2019)。这样看来,给包括洋地名在内的命名方式留出空间,又恰是文化自信的表现。应对西方文化与本土语言文化之间的博弈,除了政策规划,更重要的是做好功能培育规划,而我国社会和经济发展所带来的综合国力的提升便为本土语言文化的崛起提供了土壤。

第 13 章
从"一米高度"看城市语言文明

引 言

全球化进程的不断发展推动了语言景观研究在社会语言学领域的热度。1997 年 Landry 和 Bourhis 提出"语言景观"这一概念,出现在公共路牌、广告牌、街道标识牌、地名标识牌、商铺招牌、政府楼宇公共标牌之上的语言被认为是共同构成某个属地、地区或城市群的语言景观。近十年来,国内外语言景观研究稳步发展。国外研究主要关注了多语兼用与多元文化、身份构建与文化认同、英语语言的国际传播等话题(周晓春等,2022)。国内研究则涵盖了多语语言景观、语言政策与语言规范、少数民族语言活力和翻译研究等方面(李颖、冯丽娟,2021)。路牌、广告牌、街道标识牌,这些研究对象表明现有语言景观研究的视角无疑是成人化的。研究者采集的语料高挂于公共标牌之上,国内仅有一篇文章关注到语言景观是学前儿童语言学习重要的生活化资源与路径(王晓娟,2020)。语言景观研究的儿童视角欠缺,亟待充实。

城市建设和乡村振兴是当今中国社会发展之双驱巨轮,包括语言文明在内的城市文明正处在快速发展时期(李宇明,2022)。相较于其他社会语言学话题,为数不多的学者(陈汝东,1996;张焕香、李卫红,2013;王春辉,2020;王玲、陈新仁,2021;等等)从语言文明调查、网络语言文明、语言粗鄙化现象等方面开展了研究。其中,仅有乔丹丹(2015)关注到儿童使用不文明语言现象及情感矫正策略;史雯娜(2016)调查了我国动画片中存在的语言粗俗、语言暴力等现象,与儿童有关。

根据 2021 年公布的第七次全国人口普查数据,我国零到十四岁人口约为 2.53 亿,占总人口的 17.95%,其中约有 1.62 亿的儿童在城市中生活。儿童在城市中的数量是庞大的。儿童既是城市社会中最脆弱和需要关注的群体,也是构成社会基本单元——家庭的纽带,对未成年人需求的满足程度不仅会影响儿童自身的健康,还会影响每一个家庭的定居选择,并跟所有年龄段的城市居民息息相关(邱红等,2021)。建设良好的城市环境离不开良好的语言环境,这既包括了语言景观这样能看得见的"硬环境",也包括语言文明这样的"软环境"。在城市语言景观的建设和语言文明的发展中,从儿童视角出发,保护儿童权益,是全社会值得关注的重要话题。

一、"一米高度"与儿童友好城市实践

1996年,联合国儿基会(UNICEF)和人居署(UN-Habitat)共同发起"儿童友好城市"倡议(Child Friendly Cities Initiative,简称CFCI),主要动议是将儿童的根本需求纳入街区或城市的规划之中,即通过一定的措施,提升原有街区或城市的儿童友好度。儿童友好城市的关键词是"儿童"和"友好"。"以儿童为先"是儿童友好型城市倡议的重要标志。儿童友好城市的最终目标是通过倡导儿童优先理念,鼓励政府制定实施促进儿童发展的政策体系和公共服务体系,保障儿童的健康、教育、福利和安全,促进儿童生存、发展、受保护和参与权利的实现。迄今为止,全球已有近50个国家积极响应,包括伦敦、巴黎、慕尼黑、温哥华、哥本哈根、首尔在内的900多座城市(社区)通过儿童友好城市认证。从国家构成来看,既有意大利、法国、德国、加拿大、韩国等发达国家,也有巴西、白俄罗斯、蒙古、越南等发展中国家,还有塞内加尔、莫桑比克、几内亚等欠发达国家。可见,"儿童友好"并不仅仅适用于经济和社会已经发展到较高阶段的国家和城市,联合国鼓励在现状基础上为保障儿童权利做出积极改变的任何施政体系加入CFCI。

2019年4月,在第二届"一带一路"国际合作高峰论坛圆桌峰会上,习近平总书记提出"关爱儿童、共享发展,促进可持续发展目标实现"合作倡议。为实现这一倡议,2021年10月15日,国家发改委、住建部等23个部门联合印发《关于推进儿童友好城市建设的指导意见》。意见提出,到2025年,通过在全国范围内开展100个儿童友好城市建设试点,推动儿童友好理念深入人心,儿童友好要求在社会政策、公共服务、权利保障、成长空间、发展环境等方面充分体现。文件提出"在全国各城市规划建设中,引入'一米高度看城市'儿童视角,建设城市各类儿童友好空间与设施"。

目前,全国已有深圳、长沙、上海、武汉、广州等十余个城市提出建设儿童友好城市目标并付诸实践,比如长沙围绕空间友好、服务友好、政策友好等,将儿童友好型城市创建纳入各项规划,并明确提出将儿童权利作为城市发展核

心要素纳入三级三类国土空间规划体系。成都在2021年提出建设儿童友好型城市。此前,成都市妇联依托儿童之家示范项目建设启动了儿童友好社区试点工作,推动儿童政策友好、文化友好等在社区落实落细,为儿童友好社区实践提供试点经验。纵观现有国内城市推进儿童友好城市的实践,大多停留在儿童游乐设施、场所的建设上,对于儿童所想所看的城市语言景观却关注不够。

二、"一米高度"与城市语言景观

儿童在城市生活中,有着不同于成人的认知和体验。"一米高度"视角就是儿童看世界的视角。坚持"一米高度"视角就是坚持从"儿童视角"规划城市建设。

(一)"一米高度"城市语言景观的内涵

首先,把"一米高度"的城市语言景观设计好。城市语言景观直观展现了鲜活的语言文化知识,为儿童提供丰富的语言学习资源。儿童眼中的城市语言景观与成人不同。"一米高度"对儿童来说较为舒适。应优化城市公共空间"一米高度"的语言标识及与儿童相关的商业标志设计,推进城市语言景观建设适应儿童身心发展,比如,图书馆"儿童区"的语言标识是否高高在上?校园语言景观设计是否符合儿童认知?

其次,可依据布朗芬·布伦纳的生态系统理论(宏观系统、外层系统、中间系统和微观系统),将"一米高度"的语言景观划分为社会空间、学校空间、家庭空间和个人空间四个部分,分系统进行设计和规划。现有指导意见已关注到社会空间层面的公园、游乐场等公共场所的设计与建构。学校空间方面,儿童是否能切实参与学校室内外活动场所及游戏场所的创设仍然值得探讨。家庭是儿童生活的主要空间,将来,儿童友好城市的语言景观规划应进一步指导家庭空间的语言规划与设计。个人空间指的是对儿童有独特意义的地方或场所,它们渗透在儿童的生活中,建构着儿童对环境和世界的认知与体验。在城市空间中构建适合儿童认知的语言景观,服务儿童活动需求。

最后,关注"一米高度"的语言景观对儿童的教育作用。王晓娟(2021)认为,社会生活空间中存在的大量语言景观构成了儿童真实的生活世界。从儿童语言学习的适宜性角度看,语言景观具有鲜明的特色,它比较直观地展示了丰富的语言文化知识,提供了大量的语言应用案例。国外许多儿童友好城市已开展多年以语言景观作为儿童学习场景的实践,比如美国丹佛市构建儿童友好型城市的有力措施之一,就是在全市范围内打造"见学地景"项目

(Learning Landscapes)。见学地景是对城市开放空间的积极拓展,将校园空间变为城市开放、儿童学习空间的有机组成部分。

(二)"一米高度"语言景观的特征

"一米高度"的核心是从儿童视角出发,目的是规划出适合儿童的语言景观。将"一米高度"运用于语言景观设计中,必然极大提升城市语言景观的儿童友好程度,推动我国儿童友好城市的建设进程。对于"一米高度"语言景观的特征,笔者提出以下几个原则。

1. **可及性原则**

可及性原则首先指城市语言景观的设计要高度适中,让儿童在视线可及范围内获取信息。语言标识主要根据儿童身高进行设置。稍加留意即可发现,我国城市标识的摆放高度大多符合成人身高。除了在一些特定的儿童活动场所,身高一米左右儿童能够看到的语言景观并不多。大多数儿童需要仰头才能看到如路牌、公交车站站牌、广告牌和街道标牌等信息。公共空间的语言景观设计中,要规划出儿童方便、易于看到的信息,并尽量消除儿童视线范围内的阻碍。零到十四岁儿童的身高具有年龄特征。儿童友好的语言景观在高度方面应注重不同年龄层次儿童的特点。具有高度差别的语言景观富有层次感,可以给不同年龄段的儿童带来认知和学习的乐趣。

可及性原则还指城市语言景观的内容要从儿童年龄出发,设计出符合儿童认知特点的信息,比如,相较于成人的标识系统,符合儿童认知的语言文字应更为简单易懂。城市中流行的双语文字或其他国家语言文字的多语标识牌并不适合儿童。此时,可以通过标牌上设计简单的图形或图案来满足儿童认知的特点,例如用惊叹号表示注意或者打叉表示禁止。

2. **功能性原则**

功能性原则是指儿童友好的城市语言景观既要满足语言文字为儿童提供信息的功能,又要融入城市的地域文化特点。在设计中提取当地特有的文化符号,例如文化墙或带有文化符号的灯具等都可以作为体现空间地域文化的特征,使儿童加深和理解地域文化的内涵(王宁,2020)。也可以当地传统习俗、文化故事作为设计语言景观的主题,例如在城市博物馆中设计讲述城市文化故事的语言景观,加深儿童对于传统文化的认知,提升儿童参与感。

3. **趣味性原则**

趣味性原则也是"一米高度"城市语言景观的重要原则。儿童喜爱并易于接受的语言信息与成人不同。成人能够阅读单一的文字标识，儿童却更容易接受图文并茂的标识牌。应依据儿童的天性，增强城市语言景观的趣味性，如在警示标识语方面，可以通过情绪元素和色彩元素进行设计（王宁，2020）。在容易产生危险的区域，少使用"禁止……""严禁……"类文字标识，而采用受伤或者哭泣的漫画儿童图案作为标识警示牌，便于儿童在短时间内理解，离开危险空间。使用色彩而非文字来区分不同功能区域。在有可能产生危险的区域可以采用红色，提高儿童警惕意识；在富有冒险的区域，使用黄、橙系列的颜色，这一色系的颜色温暖有活力，可提高儿童活动的积极性。在儿童个人空间，如阅读、画画、休憩等区域，可选用蓝色和绿色，有安全、舒适、清爽和平静的色彩意义，可以使儿童缓解压力、精心思考、学习和休息。

总之，"一米高度"视角即是适合儿童的视角。城市在进行语言景观规划时，应尽量考虑可及性原则、功能性原则和趣味性原则。设计者可以通过观察、与儿童谈话、请儿童用相机拍下重要地方和事物、与儿童一起旅行、绘制地图以及访谈父母和教师等方法，探索语言和空间对于儿童的意义。

三、"一米高度"与城市语言文明建设

"一米高度"是指关注儿童需求，促进城市语言文明建设。陈新仁（2022）关于语言文明的新作《新时代城市语言文明建设研究》从多维度考察了城市语言文明问题。该书结尾处强调语言文明建设要从娃娃抓起，若不及时发现相关问题并找到对策，错过最佳语言文明教育期，将对我国儿童未来成长带来消极影响。探究儿童阶段的语言文明教育状况具有重要的社会意义。

儿童使用不文明语言是一种不道德的行为（乔丹丹，2015）。也有一些学生使用粗俗语言自编各种"歌谣"和段子。网络文化的发展大大加剧了不文明语言的传播。不文明语言的使用从校内蔓延到校外，到家庭甚至社会。由于儿童自身道德认知能力低，使用不文明语言是无意识、盲目的，并且常常带有从众性。因此，关注"一米高度"儿童的语言文明问题至关重要。我国曾在1981年2月25日，向全国人民特别是青少年倡议，开展以"讲文明、讲礼貌、讲卫生、讲秩序、讲道德"和"心灵美、语言美、行为美、环境美"为内容的"五讲四美"文明礼貌活动。近年来，此类活动却并不多见。就如何关注"一米高度"的语言文明建设问题，笔者提出以下几点想法。

第一，以学校作为阵地。学校既传授知识，也是宣传语言文明重要性和开展语言文明实践的重要阵地。如果幼儿园和中小学等教育单位本身都忽视语

言文明的社会意义,语言文明建设将会失去重要阵地。近年来,许多学校开展了"建设文明校园,争做文明学生"和"讲普通话,写规范字,做文明人"等活动。但是,对于什么是"文明校园",什么是"文明学生"以及什么才是"文明人",在语言规范和语言使用方面关注不足。

第二,以教材作为载体。教材是知识传播的主要载体,也是语言文明传播的重要载体。近年来,"毒教材"事件充分显示出低俗语言甚至别有用心的低俗画面正在侵蚀儿童教育的重要载体。这也暴露了语言文明意识不足带来的消极后果。陈新仁(2022)建议仔细检查教材中的不文明语言,同时也可以通过其他形式正面宣传文明礼仪。

第三,以教师作为媒介。教师作为儿童成长道路上的"领路人",应做好对儿童道德行为的引导和教育。教师不仅关注儿童学习成绩,也要关注儿童的语言行为规范。在儿童运用文明语言时,要及时给予正面鼓励;当儿童使用不文明语言时,要及时引导和批评。

第四,集全社会力量关注儿童语言文明建设。儿童语言文明的构建绝非仅仅依靠学校和教师的力量即可完成。校园外的儿童有许多机会接触网络,而网络中的不文明语言也会影响儿童。在数字时代,人类的文明语言、文明语言行为更易受到互联网的影响。因此,包括家庭在内的全社会都应当行动起来,蹲下身来,在"一米高度"的视角关注语言文明建设。

四、结语

儿童的健康成长关系国家和民族的未来。习近平总书记曾多次强调:"各级党委和政府、全社会都要关心关爱少年儿童,为少年儿童茁壮成长创造有利条件。"儿童是国家的未来、民族的希望。全社会都应当行动起来,从城市语言景观建设和语言文明建设方面出发,守护儿童的美好世界,用"一米高度看世界",让儿童友好成为全社会的共同理念、行动、责任和事业,探索具有中国特色的儿童语言景观和语言文明建设之路。自联合国提出"儿童友好城市"理念以来,德国、美国和日本等国纷纷在不同城市以不同方式创建了儿童友好城市。未来,在探索"儿童友好城市"建设过程中,应从中国儿童的自身特点出发,将传统文化与现代科技相融合,逐步形成具有中国特色的理念,加强相关研究,探索为中国儿童量身定制的语言景观设计、语言环境规划之路。

第四部分

语言文明与乡村振兴及文化传承

第 14 章
农村家庭语言文明:问题及对策

引 言

据媒体报道,2021 年 8 月,上海一位 14 岁女生因压力太大跳楼轻生,千字遗书直指父母。媒体文章指出:"最重要的是,学会和孩子好好说话。作为父母,我们需要注意自己的言行,不要像遗书中小女孩的父母一样,让伤害在不经意间一次次累积。父母自认为对孩子好的话,可能会变成孩子心上无形的钉。"家庭语言暴力的施暴者中,父母是绝对的主力军,学习成绩是恶语相向的主要焦点之一,贬低侮辱、嘲讽挖苦、习惯性打击否定是"惯用手法"。

"和孩子好好说话",体现的是一种语言文明。加强语言文明建设,是新时代语言文字工作的重要内容(周为,2021)。在社会转型的情况下,增强语言文明的意识和对言语行为的敏感度,有助于营造一个和谐的言语社区(徐大明,2021)。家庭是最小的社会单元,其内部的语言暴力所产生的影响不是没有可能外溢到私域之外的公共空间(莫洁,2020)。

因此,在当前"双减政策"已全面实施的形势下,家庭语言文明建设不仅对形成文明和谐的言语社区有着积极的意义,更具有重要的社会现实意义。那么,家庭语言文明的现状如何?父母对子女的语言使用会产生哪些影响?本文拟通过个案调查对上述问题进行研究,重点考察家庭语言文明状况对学生学习成绩的影响,并在此基础上提出相关对策。

一、相关研究

相关研究主要围绕语言文明和家庭语言文明理念展开。

(一) 语言文明

语言文明研究经历了一个逐步探索的过程,当前已进入了理论构建的新阶段(李荣刚,2022),对"语言文明"概念的认识也有了新的发展。"语言文明就是语言的文明,或关于语言的文明。"(陈汝东,1996;张焕香、李卫红,2013)语言文明作为人类文明的一个组成部分,是人们在语言使用中所体现出来的良好文化修养和令人愉悦的语言环境。徐大明(2020)基于语言管理和语言生活两个方面,提出语言文明应包括语言生活文明和语言管理文明。方小兵(2020)将语言文明概念细分为语用、语体和文化三个范畴,其中语用层面的语言文明涉及两方面的内容:一是礼貌用语的使用,强调语言文明意识,致力于语言和谐;二是语言规范的保障,强调语言生态治理,致力于语言秩序。

本文关注的是语用层面的语言文明,涉及文明社会用语、语言暴力等问题。关于文明社会用语,我们采用的是 Chen(2020)的定义:"文明社会用语就是指内容健康向上,对社会精神文明建设、对人们道德素质的提高和正确价值观与人生观的确立具有积极促进作用的那些社会用语。同时,这种社会用语往往传递一种正面的情感,给人以温情、给人以关爱,体现其人性化、情趣化和美感。"亦与张焕香、李卫红(2013)关于语言文明的第一个含义有关:"不说粗话、脏话,在语言使用过程中体现出自身的文化修养和文明习惯。"语言暴力概念也有不同的界定,如 UNESCO(2004)、刁晏斌(2007)和毛延生(2013)等。鉴于本文的研究内容,我们倾向于何伟、刘家欢(2020)的定义:"语言暴力是因生态系统的失衡而导致发话人发出令受话人心理上产生羞辱感、恐惧感等负面情绪的话语行为。"

(二) 家庭语言文明

从知网的检索结果来看,关于语言文明的研究文献还不是很多,大部分是以语言暴力作为研究对象,而关于家庭语言文明的研究也都是围绕家庭语言暴力进行探讨。李雪梅(2010)阐释了家庭语言暴力与青少年越轨行为之间的关系,指出家庭中出现的暴力性语言是导致青少年越轨的主要原因。安昊(2014)通过对农村家庭语言分析,指出使用限制性符码的家庭更易出现家庭语言暴力,不对等的地位关系促使家庭暴力话语泛滥,教育观念落后和法制观念淡漠助长了家庭语言暴力行为。郑苏皖等(2019)调查了家庭语言暴力的现状、引发因素以及对儿童身心发展的影响,提出在中国社会情境中消解家庭语言暴力的多元化策略框架。曾亚平、程洋(2020)提出使用正能量家庭语言,帮助孩子树立自信,避免给孩子带来"软伤害"。关于家庭语言文明状况对学生学业成绩的影响,目前仅有朱金富等(1994)和郑苏皖等(2019)有过探讨,他们的调查都发现,家庭语言暴力状况与孩子的成绩密切相关,在沟通氛围更好的家庭中,孩子成绩相对更优秀。刘梦(2023)从社会、社区、家庭和家长四个层面,提出了预防和制止家庭语言暴力的几点建议。陈优(2023)从精神心理学角度,提出了家庭语言暴力的系统式治疗方法。

以上研究为解决家庭语言暴力问题做出了重要的贡献,是本文研究的出发点,但由于这些研究或时间较早,或缺乏定量基础,或未聚焦于农村,因此有必要进行新的调查研究,以了解当前我国农村地区的家庭语言文明状况。

本文首先对"家庭语言文明"和"家庭语言暴力"这两个概念做出以下界定:"家庭语言文明"是在家庭域的语言使用中所体现出来的良好文化修养和令人愉悦的语言环境,"家庭语言暴力"是在家庭域的语言使用中发出的令家庭成员心理上产生羞辱感、恐惧感等负面情绪的话语行为;在此基础上,我们采用问卷调查和访谈相结合的方式,对家庭语言文明状况及其与孩子学业水平的关系进行研究,最后,针对发现的问题提出解决对策。

二、调查结果与分析

我们选取江苏省连云港市灌云县某农村中学初二年级两个班的学生和部分家长作为调查对象。学生共 100 人,其中男生 58 人,女生 42 人;家长共 30 人,其中男性 9 人,女性 21 人。调查于 2021 年 1 月至 3 月通过网络进行,共发放问卷 130 份,回收有效问卷 130 份。[①] 针对学生的问卷和针对家长的问卷在形式上有所区别,但均围绕以下两方面的内容:第一,家长和孩子对家庭语言文明情况的认知和态度;第二,家庭语言文明程度与孩子学业成绩之间的相关性。

---

① 本研究采用百分比的数据统计方法,除特别说明,样本量均为 100(学生人数)和 30(家长人数)。

（一）对"语言暴力"的认知

学生受访者对"语言暴力"的认知情况如图1所示。

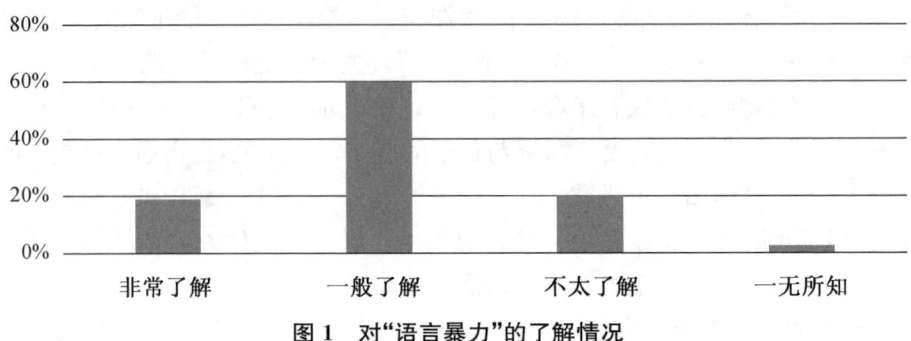

图1 对"语言暴力"的了解情况

从图1中可以看到，近80%的学生对语言暴力"非常了解"或"一般了解"，这表明语言暴力在日常生活中是很常见的，也有一部分学生对此缺乏足够的了解，有关部门仍需加强社会宣传与教育，以帮助青少年维护自身权益。

关于语言暴力的表现形式，近90%的受访学生认为，语言暴力是侮辱、嘲笑等不恰当的、使人内心受到伤害的语言，也有学生将"否定性话语"（40%）和"冷战"（18%）视为语言暴力。值得注意的是，对子女使用过语言暴力的家长中，高达74%的家长"不知道"或"没去想"自己的行为是不是语言暴力，他们信奉"响鼓也得重锤敲"，"不打不骂不成器"，通过暴力用语发泄自己对子女表现的不满，试图让他们知晓错误，痛改前非。在大部分家长意识不到自己的行为属于语言暴力的情况下，语言暴力行为显然会更多地使用，这就暗合了学生对语言暴力了解程度高的调查结果（如图2）。

（二）家庭语言暴力的使用情况

调查结果显示，86%的学生受访者表示曾遭受家庭语言暴力的侵害。关于家长是否使用过语言暴力，调查结果如图2所示。

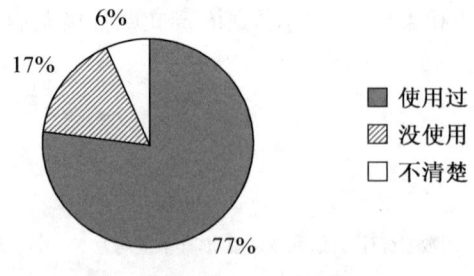

图2 家长是否使用过语言暴力

77%的家长受访者承认对子女使用过语言暴力(图2),加上还有一部分家长不清楚是否对孩子使用过语言暴力(6%),两方面的调查结果证实了家庭语言暴力较为普遍的存在。

关于家长施加的语言暴力行为类型,我们分别调查了学生受访者和家长受访者。调查结果见表1。

表1 父母施加的语言暴力行为类型

语言暴力行为类型	使用频率 (学生受访者)	使用频率 (家长受访者)
比较型(如:你看别人家的孩子)	60%	59%
付出型(如:我都是为你好)	43%	53%
否定型(如:你怎么这么不争气/学习不好干什么都没用)	40%	45%
辱骂贬低型(如:你怎么那么蠢)	30%	26%
夸张讽刺型(如:你怎么什么都不会/养条狗都比你听话)	10%	29%
漠视型(如:你懂什么/大人说话小孩子插什么嘴/我懒得理你)	10%	21%

从表1中我们看到,学生受访者反映的父母语言暴力行为类型与家长受访者的回答基本一致,其中比较型为最常使用的语言暴力类型,付出型和否定型次之。可能是因为其伤害性比较大的缘故,家长对辱骂贬低型、夸张型和漠视型三种语言暴力的使用相对较为克制。

导致家庭语言暴力的最重要因素是孩子的学业成绩,学生受访者和家长受访者对此有着高度一致的看法:学习成绩不理想时,最容易招致家长的语言暴力(如图3所示)。

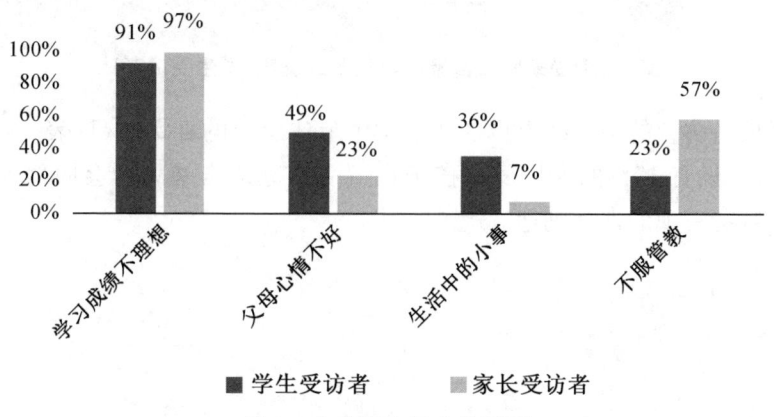

图3 家庭语言暴力的诱因

但两组受访者对导致语言暴力的其他因素看法不那么一致。家长受访者的调查结果显示,孩子"不服管教"是仅次于学习成绩不理想的第二大因素,因为心情不好或生活中的小事训斥孩子的比例不是很高,分别为23%和7%。但学生受访者的感受则不太一样,近一半的学生表示父母心情不好的时候自己会被训斥,而因为生活中的小事挨训的比例也高达36%,反而是因为调皮不听话遭受的语言暴力最少。这个调查结果表明,家长和孩子在某些方面缺乏沟通,从而导致亲子关系的不和谐。

(三)对家庭语言暴力的态度

绝大部分学生对家庭语言暴力持反对态度(76%),一部分学生觉得无所谓(15%),还有少部分学生对家长的语言暴力表示理解和支持(9%)。通过个别访谈我们了解到,反对家庭语言暴力的学生认为,父母所谓的"激励性"语言带来的是心理上的创伤和亲子关系的渐行渐远,以及对学习的厌烦和恐惧。而支持者则认为父母是为了自己好,不够完美的自己理应接受父母的批评。

在遭受语言暴力时,超过半数的受访者表示会沉默接受,表示会进行反抗或向他人倾诉的各三分之一强,还有少数学生选择其他应对方式,如自我调节、缓解尴尬等,如图4所示。

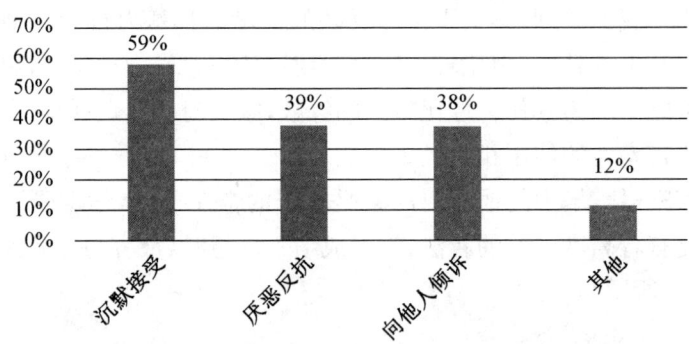

图4 遭受家庭语言暴力时孩子的反应(学生受访者)

家长受访者的调查结果也证实了学生上述反应的真实性(见表2)。值得注意的是,只有17%的家长反映孩子在遭受家庭语言暴力后会向他人倾诉,而学生对这一项的选择则达38%(见图4)。

表 2　遭受家庭语言暴力时孩子的表现(家长受访者)

选项	百分比/%
看起来难过,但保持沉默	37
和父母争吵	37
厌学以示反抗	33
不当回事	23
找他人倾诉	17

我们推测,孩子在家里遭受语言暴力后,可能会向祖父母辈或其他亲友倾诉其伤心和不满,但很多家长对此并不知情,因此在调查数据上表现出较大的悬殊。在家庭中,家长一般都是绝对的权势群体,作为子女,在面对来自家长的语言暴力甚至行为暴力时,绝大部分只能被动接受,反抗只会带来更加不利的影响。这是所有家长必须保持警醒的问题。

然而,在被问及对自己施加给孩子的语言暴力是否感到后悔时,只有 1 位家长表示很后悔,以后会避免;绝大多数受访者虽然有点后悔,但都认为训斥孩子是为了孩子好,更有三分之一的家长不后悔或无所谓,觉得自己的语言暴力不会对孩子有什么伤害,详见表 3。

表 3　家长对语言暴力的态度

选项	人数	百分比/%
很后悔,下次会改正	1	3.3
有些后悔,但都是为了孩子好	19	63.4
不后悔,不认为会对孩子产生很大伤害	7	23.3
没有意识,感到无所谓	3	10
合计	30	100

这表明,大部分家长并没有意识到家庭语言暴力对孩子会有多大的危害,在农村提升家庭语言文明的工作任重道远。

(四)家庭语言文明情况对学习的影响

我们对初二(1)班某次期末考试前十名和最后十名的学生进行了个别访谈,以了解家长对学生考试成绩的态度,访谈结果见表 4 和表 5。

表 4　班级前十名的考试成绩及家长对成绩的态度

班级前十名	语文	数学	英语	物理	总分	家长对成绩的态度
zxh	132	145	109	96	482	鼓励
gzx	135	142	105	98	480	鼓励
zzy	129	137	106	95	466	鼓励
xxx	130	141	105	88	464	鼓励
szy	131	135	101	89	456	鼓励
gzy	128	131	99	94	452	责怪
ljc	125	136	94	90	445	鼓励
wqq	130	128	98	89	445	责怪
wr	126	132	92	90	440	鼓励
xyh	125	131	95	84	435	鼓励

从表 4 可以看到,大多数受访者均表示家长对其考试成绩持肯定态度,虽然有些学生这次考试没有进步甚至退步了,但其父母仍然对孩子说"胜败乃兵家常事""胜不骄,败不馁"等鼓励性的话语。也有受访者因成绩退步而受到了家长的责怪,这些家长认为没有进步就是退步,需要加以鞭策才会使孩子表现得更好。

表 5　班级后十名的考试成绩及父母对成绩的态度

班级后十名	语文	数学	英语	物理	总分	家长对成绩的态度
wj	108	101	91	77	377	鼓励
myq	101	107	89	79	376	责怪
cjy	98	112	87	75	372	鼓励
wyz	91	107	85	71	354	责怪
zzx	95	103	88	66	352	鼓励
hzh	101	100	79	69	349	责怪
sxz	94	102	80	71	347	责怪
qsh	92	98	77	68	335	责怪
psy	88	96	72	70	326	责怪
zzr	87	89	69	67	312	责怪

表 5 显示，70%的受访者表示因为成绩差而受到了家长的责怪批评，有的甚至辱骂孩子，如"花钱给你读书，书都读后脑勺去了""考这个成绩下次开家长会别通知我"；仅有 30%的家长对子女进行鼓励，认为还有进步的空间，不要给自己太大压力。

如图 3 显示的，学生受访者和家长受访者一致认为，学习成绩不佳是导致家庭语言暴力最主要的因素，这充分体现出学习成绩在家庭中的重要性。学业表现不佳往往会受到家长的批评，家长的责怪批评又会给亲子关系带来负面影响，而亲子关系反过来又会影响学习成绩。调查显示，85%的学生认为亲子关系对自己的学习成绩有非常重大的影响，也有 15%的学生认为不会受影响。从个人访谈来看，表示不会受影响的学生分为两类：一类是自己有坚定的学习目标，另一类是不愿努力学习。因此，家长态度如何，对这两类学生的影响都不大。现代社会中，"棍棒教育"已不多见，但语言暴力随处可见，且更具有隐蔽性。用粗暴的、羞辱性的、威胁性的语言来"管教"自己的孩子，这势必对父母和孩子的亲密关系造成严重的破坏。随着年龄的增长，青少年在不断寻求独立，他们希望能从父母那里得到更多的自主权；另一方面，在父母眼里，孩子似乎永远是孩子，必须接受自己的管教。这两种相反的倾向是青少年与父母发生冲突的主要原因。

调查显示，高达 92%的学生认为良好的家庭氛围有利于学习，同时，家长也承认暴力语言对于改变孩子的不良习惯收效甚微。虽然语言暴力是一种隐性暴力，但带来的伤害并不亚于显性的身体暴力。生活在家庭语言暴力中的孩子可能会整日心神不宁，时常处在恐惧之中，很难感受到家庭的温暖和关心。

我们想知道家庭语言暴力对学生的学习态度是否有影响。调查结果显示，41%的学生选择努力上进，走出家庭语言暴力的阴霾。持这一态度的学生除了普通班的几名尖子生，其他学生都来自实验班。这一方面体现了成绩优秀生有着很好的"逆商"，另一方面也表明，即便是成绩不错的学生，仍然不可避免地会遭受到家庭语言暴力；30%的学生表示父母的暴力语言让其产生强烈的厌学心理，以至于对成绩满不在乎；另外 29%的学生出于对家长的畏惧心理，希望通过学习成绩的提高躲避父母的训斥，进一步了解后发现，这类学生并不能保持稳定的学习进步。

中国行为科学院调查发现，学生的学习成绩与父母期望给子女所带来的压力呈负相关（叶明志等，1997）。父母大多望子成龙，望女成凤，往往忽视子女实际的智力水平和心理状况，因而无法正确地引导子女，盲目给孩子施压，最后导致孩子非但成绩没有提高,精神压力反而大增。长此以往,亲子关系会逐渐疏远,孩子可能会产生叛逆心理,甚至产生仇恨父母、仇视社会等不良心理意识,成为社会的不稳定因素。因此,家庭语言暴力的危害绝不可轻视。

综上,我们发现目前我国农村地区在家庭语言文明方面主要存在以下问题:(1)对语言暴力认识模糊甚至错误,家庭语言文明意识淡薄;(2)农村家庭中普遍存在严重的语言暴力问题;(3)孩子的学业表现成为影响家庭语言文明的最重要因素。

三、农村家庭语言文明提升策略

针对农村家庭在语言文明方面存在的问题,我们提出以下五点策略,以促进农村地区的家庭语言文明建设。

(一)加强反语言暴力宣传

从上述讨论可以发现,家长的家庭语言文明意识十分淡薄。大部分家长对家庭语言暴力的认识模糊甚至错误,不能正确看待孩子的考试成绩,忽视孩子的精神需求和心理变化。青春期是中学生身心发育的关键期,在中国的家庭观念和结构中,家庭语言暴力常常被误解为家庭教育的手段,"棍棒底下出孝子"的一般社会观念也为家庭语言暴力提供了舆论支持,因此,语言暴力在家庭范围内的发生具有很大的隐蔽性。

政府部门和中小学应加大反家庭暴力宣传的力度,积极预防家庭语言暴力的发生,做好维护学生心理健康工作,逐步形成以政府主导、学校统筹、家庭主体的家校合作新格局。

(二)开展家长培训教育

在农村家庭中,家长的文化水平普遍很低,本次调查中,80%的家长受访者仅接受过义务教育,只有1位家长具有大专文化程度。可见,提升家庭语言文明,首要的是提高家长对这一问题的认识,这就需要发动全社会的力量,多渠道指导农村家庭教育。

党的二十大报告中指出,要扎实推动乡村文化振兴。高等学校及科研院所在这方面应发挥重要作用,将农村家庭语言文明建设纳入乡村振兴战略,深入农村,走家串户,通过宣讲国家教育政策,涵育文明新风,服务群众需求,推动文化下乡在乡,为全面推进乡村振兴提供强大精神支持。

2022年4月,全国妇联、教育部等11部门联合印发《关于指导推进家庭教育的五年规划(2021—2025年)》,明确提出完善家庭教育政策措施,推动将家庭教育指导服务纳入城乡社区公共服务、公共文化服务。推动中小学、幼儿园普遍建立家长学校,每学期至少组织两次家庭教育指导服务活动,做到有制度、有计划、有师资、有活动、有评估(刘华蓉,2022)。

借助社会办学力量开展家长培训教育,也是提高家长素质的一个重要途径。"双减"背景下,很多校外培训机构面临业务转型的问题,在人社部颁布的新版职业分类大典中,家庭教育指导师已被纳入新职业目录,因此,校外培训机构可以在家庭教育领域发挥其学情分析和育儿研究方面的优势,增加家庭教育指导板块和平台,积极推进家庭教育指导,从培养优秀学子转向培养合格家长,从贩卖焦虑转向治愈焦虑,帮助家长更好地了解孩子优势,疏导青少年心理问题,构建和谐亲子关系,塑造良好家教家风(曲一帆,2021)。

(三)营造良好的家庭环境

绝大多数学生受访者都认为良好的家庭氛围对自己的学习有利,反映出家庭语言文明建设之重要性。习近平总书记在第一届全国文明家庭表彰大会上指出,"我们要重视家庭文明建设","家庭是社会的细胞,家庭和睦则社会安定,家庭幸福则社会祥和,家庭文明则社会文明";广大家庭都要重言传、重身教,教知识、育品德,身体力行、耳濡目染,帮助孩子扣好人生的第一粒扣子,迈好人生的第一个台阶。(习近平,2016)

家庭语言文明是家庭文明的重要组成部分,主要体现于亲子沟通,亲子沟通的质量是家庭关系和谐与否的标志。中国教育科学研究院的调查发现,初中生家长与子女沟通话题多集中在学习上,沟通方式单一,这或许是产生"差生"的重要因素。因此,家长应尽量避免单一的事务型沟通,重视消遣型沟通和情感型沟通,更多地接纳和陪伴孩子,给予孩子充分的理解和支持,以达成良好的亲子沟通,从而为孩子营造出良好的成长环境。

(四)构建科学的家庭语言文明评价指标体系

2022年是家庭教育制度化推进之年,全国各地纷纷推出关于家庭教育的规章制度,如杭州出台全国首个教师家庭教育指导能力评定规范;河南颁布新修订的《中小学教师中高级职称评价标准》,在教师职称评定中首次对家庭教育指导能力和业绩提出要求,作为"育人工作"的重要内容(刘华蓉,2022)。政府部门、学校和社会组织出台的有关家庭教育的制度和规章,体现了家庭教育制度化的特点。而构建科学的家庭语言文明评价指标体系,则可以为制度化推进家庭教育提供量化标准。

家庭语言文明评价指标是整个语言文明建设评价指标体系的组成部分。构建家庭语言文明建设评价指标体系并进行评价考核,起到对为人父母者在子女教育方面的监督激励作用,强化学生在家庭中的独立平等意识,形成推进家庭语言文明建设的强大动力,让孩子们在身心健康的前提下,得到全面发展。

(五)依法保障家庭语言文明建设

鉴于家庭语言暴力仍然大量存在,将家庭语言暴力纳入有效的法律干预之下,不仅需要,更为必要。目前,我国在这方面已取得了重要进展。2016年3月1日,《中华人民共和国反家庭暴力法(草案)》开始正式实施,明确规定经常谩骂、恐吓也属于"家暴"范畴,这意味着家庭语言暴力不再只是"家务事",反家暴法将进一步保障未成年人的基本权利,完善社会主义法制,实现社会主义核心价值观。

2022年1月1日,我国首部规范家庭教育的法律《中华人民共和国家庭教育促进法》正式实施。该部法律从家庭责任、国家支持、社会协同和法律责任等方面对未成年人监护人和社会对家庭教育应当承担的责任进行了划分和规定。家庭教育促进法让家事上升为国事,党的二十大提出加强家庭家教家风建设,更是将家庭教育提到前所未有的高度。今后,家长提高家庭教育能力,教师提高家庭教育指导能力,相关部门提高家庭教育管理能力和服务支持能力,已成为必然的要求(刘华蓉,2022)。

四、结语

本文对某农村中学初中生及其家长的调查发现,农村地区家庭语言文明存在三个主要问题:家庭语言文明意识淡薄;家庭语言暴力普遍存在;学生成绩不佳是导致家庭语言暴力的最主要原因。调查结果也印证了朱金富等(1994)和郑苏皖等(2019)的发现:良好的家庭沟通氛围有助于孩子的学业表现。

基于此,我们提出五点对策,用以提升农村地区家庭语言文明建设(1)加强反语言暴力宣传;(2)开展家长培训教育;(3)营造良好的家庭环境;(4)构建科学的家庭语言文明评价指标体系;(5)依法保障家庭语言文明建设。

本研究采用解剖麻雀的办法调查了一所农村中学的家庭语言文明状况，还有很多问题有待解决，如调查发现是否具有普遍性，当今网络时代虚拟空间家庭域的语言文明是怎样的状况，以及家庭语言文明与个人发展、婚姻关系等其他变量的相关性，等等。这些有待进一步的深入研究。

总之，加强家长道德素质建设，制止家庭语言暴力，帮助为人父母者用正确合理的方式去关爱教育子女，才能缓解家庭矛盾，构建和谐言语社区，最终促进全社会语言文明建设。正如徐大明（2021）所指出的：无论是个人还是社会，追求文明可以从语言开始。

第 15 章
村落振兴的实践路径及其对语言生活的影响
——福建省厦门市军营村社会及语言生活调查

一、问题的提出

在党的十九大提出"乡村振兴"不久,我国语言学界便就这一主题展开了研究。这些研究大致归为四类:(1) 语言能力研究。此类研究认为,农村地区依旧是国家通用语言文字推广的难点与重点,而国家通用语言文字能力直接关乎农村居民的教育、就业、创业乃至整个地区的产业发展,甚至幸福指数,因此乡村要振兴,就必须加强国家语言文字的推广工作(李现乐等,2020;徐林、黄雨,2021;康慧琳,2022;李尔康等,2022;王娟、党怀兴,2022;赵春燕,2022)。(2) 语言文化研究。此类研究认为,农村是我国汉语方言与民族语言最主要的使用地,具有丰富的语言文化资源,保护并发展好这些重要的资源可以助力乡村的文化振兴(江俊儒、罗江华,2018;吴畏,2018;康喆文,2022;殷晓莉,2022;邱春安、严修鸿,2022)。(3) 语言服务研究。此类研究认为,包括语言景观在内的各类语言服务事关乡风文明建设与乡村经济文化发展,政府应该发挥带头与引领作用,提供并完善多种类型的语言服务(李现乐等,2020;程江霞,2021;杨敏红,2021)。(4) 理论研究。此类研究主要在理论层面论证"语言与乡村振兴"之间的内在逻辑,强调语言助力乡村振兴的重要性,探索语言助力乡村振兴的路径(杨丽萍等,2018;杜敏、刘志刚,2020;银晴等,2022;康喆文,2022;郭熙,2022)。

在这四类研究中,前三类都属于调查类,但其成果数量不如理论研究。2022 年 1 月 19 日,我们在中国知网(www.cnki.net)以篇名含有"语言""乡村振兴"进行了搜索,共获取 39 篇研究性论文,其中理论研究 22 篇,而其他三类调查研究一共只有 17 篇。可以说,当前的"语言与乡村振兴"研究存在明显的"重理论轻调查"倾向。不仅如此,所有的研究都基于这样一个共同的前提而开展的,即"语言与乡村振兴是紧密相关的",并且都有同样的结论:"语言可以助力乡村振兴"。这样的前提或结论,本身并没什么问题。在中国农村广袤的土地上,"十里不同音,百里不同俗",存在如此多的语言变体,而语言又具有如此多的属性:它是人类社会最重要的交际工具、思维工具与文化载体,而且也是人类社会弥足珍贵的资源……可以说,在人类诸多活动中,我们很难找到哪项活动不和语言相关,也很难认为语言只是一个可有可无的角色。因此,将"语言"与"乡村振兴"联系在一起,并证明前者对后者的助力作用,这不是什么难事。然而,这样的研究很容易落入低层次的重复,既缺乏新意,也极容易忽略现实的复杂性,因而失去对实际问题的智库与指导作用。

根据《乡村振兴战略规划(2018—2022)》(以下简称《规划》),"到2050年,乡村全面振兴,农业强、农村美、农民富全面实现"。然而,这只是就乡村总体而言的"远景谋划",并不是要求我国每个村庄都能如此。实际上,在现代化过程中,大量农村人口会向城镇或其他产业迁移,许多村子不但不会达到这样的"强美富",反而会走向解体与消亡。我国改革开放以来的快速发展也证明了这一点。据最新出版的《中国统计年鉴2021》,1978年,我国农村常住人口为79014万人,占全国总人口的82.08%,而农业就业人员为28318万人,占全国就业人员总数的70.53%;但之后这两类人口的占比都连年递减,2020年末,我国农村常住人口减至50992万人,占比36.11%,而农业就业人员减至17715万人,占比23.6%。随着农村人口的流失,村庄的数量也在迅速减少,据住建部(www.mohurd.gov.cn)公布的数据,1990年末,我国尚有377.3万个村庄,但到了2021年末,仅为236.0875万个,三十多年时间里每天平均减少一百多个村庄!对于这些已经市民化的村民、已经消失的村庄而言,乡村振不振兴跟他们已经没有什么直接关系了。因此,乡村振兴的战略目标主要是那些还在农村的村民与还存在的村庄。然而,即便是这部分村民与村庄,仍然要继续面对城镇化带来的冲击。

"从世界发达国家看,农业现代化与减少农业人口、扩大经营规模是正相关关系。只有相当的土地经营规模,才便于推动农业现代化;只有农业现代化才能减少农业人口;只有减少农业人口,才能进一步扩大经营规模。然而,当下中国的基本国情是农村存在亿万小农户,如何实现小农户与现代农业的衔接便成为乡村振兴的重要任务。"(徐勇,2019)刘守英(2020)指出:"经济发展的基本规律显示,乡村创造的GDP在整体财富创造的份额是下降的,所以接下来的增长做贡献的,主要还是在城市。"2023年1月28日,国家发展和改革委员会联合财政部、国家乡村振兴局等18个部门印发《关于推动大型易地扶贫搬迁安置区融入新型城镇化实现高质量发展的指导意见》,鼓励支持有条件有意愿的搬迁群众进城落户,积极推动搬迁群众的市民化进程。可见,城镇化仍将是中国社会发展的主旋律。正如北京大学国家发展研究院院长姚洋所指出的,城市化仍然是未来二三十年推动我国经济增长非常重要的动力,未来十五年仍然还有2亿人要进城,中国的城镇化没有结束。[①]

因此,中国的乡村振兴是以城镇化为背景的。在此背景下,不同的村庄一定会有不同的应对而表现出类型上的差异。有学者根据"村民"与"村落"的关系,将当前的中国村庄分为四种类型:(1)"有村民—有村落型",主要指基本保留原貌、暂未发生转型的传统村落;(2)"无村民—有村落型",主要指村落空间得到了不同程度的存留,而村民已发生市民化转型的村落;(3)"有村民—无村落型",主要指村落空间解体,但村民传统的身份认同、生活方式、价值观念等方面仍在延续;(4)"无村民—无村落型",主要指村落空间已经解体,且村民充分市民化的村落(文军、吴越菲,2017)。对于中国乡村的这种复杂性,党中央也有着较为清醒的认识,《规划》明确指出,"顺应村庄发展规律和演变趋势,根据不同村庄的发展现状、区位条件、资源禀赋等,按照集聚提升、融入城镇、特色保护、搬迁撤并的思路,分类推进乡村振兴,不搞一刀切",并针对这四类村庄的振兴给予了不同的指导性意见。

总之,在城镇化的大背景下,我国乡村内部实际上存在着诸多差异,这些差异反映在一个个具体的村庄上就表现为类型的不同。不同类型的村庄应该有着不同的振兴路径,语言在其中发挥的作用也应有所不同。因此,在"语言与乡村振兴"领域,加强不同类型村庄的调查研究,掌握它们的实践路径对其语言的影响与要求,便成为当务之急,而这才是语言学者能否发挥智库作用的关键所在。就像《规划》在最后所说的,"科学把握我国乡村区域差异,尊重并发挥基层首创精神,发掘和总结典型经验,推动不同地区、不同发展阶段的乡村有序实现农业现代化"。本文正是出于这样的考虑,在福建省厦门市的军营村进行了一次深入的调查,以便能够"发掘和总结典型经验",从语言这一视角来推动我国的乡村振兴工作。

[①] 引自姚洋在2021年搜狐财经峰会上所做的演讲"经济新周期与消费新动力"。

二、军营村振兴的实践路径

军营村既是一个自然村,也是一个行政村,隶属厦门市同安区莲花镇,处于厦门第二高峰——状元尖之下,平均海拔900多米,距离厦门岛内[①]约67千米。村庄建于山坳间的平坦开阔处,村外群山环绕,村内溪水潺潺,加上又处在厦漳泉交界地带,军营村因而"进可攻,退可守",非常适合驻扎军队。相传唐末黄巢起义军曾在此驻兵,但更为确定的说法则是,明末清初,民族英雄郑成功在此安营扎寨,村庄因而得名"军营堡",改革开放后改为现名。新中国成立初期,军营村还曾作为对台防空的军事基地,建有防空哨所及民兵营,如今这个哨所还保留着并被辟为旅游景点。

虽然历史上倍受兵家青睐,但毕竟地处深山,军营村一度是厦门最为贫穷落后的地方之一。习近平总书记当年在厦门担任副市长期间,为扶贫而挂钩联系的两个村,一个就是军营村,另一个则是毗邻的白交祠村。据时任军营村村委会主任的高泉国介绍,习近平同志1986年来调研时,军营村是当时整个同安县[②]最穷的一个高海拔村,村民有700多人,茶园仅为400多亩,主要收入就来自种茶,人均年收入也就280元左右;基础设施很差,还未通电,只是用一个20千瓦的小发电机组自己发电,主要用于村民照明;道路条件也很差,去同安县城只有一条坑坑洼洼的土路,开车要两个多小时才能到,而村内的交通更差,车子根本进不来(中央党校采访实录编辑室,2020:140)。

不过,经过30多年的快速发展,军营村已今非昔比。2021年,军营村共有303户1069人;现有山地1.1万余亩,其中开拓的茶园已达6500亩,另有耕地450亩,公益林面积4100亩。居民的收入渠道也更加多元,除了传统的种茶制茶、农特产品等农业收入,外出务工也成为一项重要的收入来源。近年来,军营村利用村子独特的地理、气候及人文条件,大力发展旅游业。军营村地处高海拔地区,日平均气温要比市区低6℃—8℃,加上山绿水美、空气清新,因而成为厦门市民就近避暑、休闲的首选地。此外,军营村也是习近平同志两度考察之地,自然而然便成为政治学习的好地方。据在村口"高山党校初心使命馆"担任解说的村民1[③]说,每年来军营村进行政治学习的个人、团体

[①] 厦门市下辖湖里、思明、集美、海沧、同安、翔安六区,其中湖里、思明位于厦门岛上,俗称"岛内",是厦门市的中心区,而其他四区位于大陆,有桥梁、隧道、海堤等与岛内相通。

[②] 原厦门市下辖县,1997年撤县改区;2003年,又从同安区析出翔安区。

[③] 为便于指称并遵守必要的调查伦理,本次调查中涉及的被试都以"村民+数字"来代替。

络绎不绝;为了接待外来人员,军营村兴办了民宿、农家乐,目前共有民宿43家,合计床位432个,每个床位每天平均收费200元,除了旅游公司提取一部分(用于被单、被套等的统一洗洁),民宿户大约可以得到其中的150—170元。据军营村"两委"提供的数据,截至2021年,军营村的人均收入达到42588元。这是同期全国农村居民人均可支配收入(18931元)的两倍多,也远高于全国居民的人均可支配收入(35128元),已经非常接近全国城镇居民的人均可支配收入(47412元)。①

随着经济的发展,军营村的基础设施、村容村貌、生态环境等也获得了极大的改善。2022年笔者在军营村调研的时候,进村的道路已改为柏油路,并有公交车与外界相通;村内有水泥路户户相通,且有路灯立于两旁;村内的九龙溪清澈见底、水流潺潺,沿溪建有石道可供游客散步、玩水;居民住宅也被纳入村容村貌的整体规划中,一部分具有传统闽南风格的建筑(祠堂、民宅等)得以保留,而村民自建的楼房则由政府补贴,在外观上进行了美化;家家都通水电、网络,并用上了抽水马桶。鉴于军营村的优良表现,该村先后获得"全国文明村""中国最美休闲乡村""全国乡村治理示范村""全国'一村一品'茶叶示范村""全国民主法治示范村""福建省森林村庄""福建省金牌旅游村"等30项市级以上荣誉。

总之,军营村一方面仍旧保留着原有的乡村风貌,兼有自己的主导产业(茶业、旅游业);另一方面也具有自身的历史文化特色,正努力保持自身的完整性、真实性与延续性。按《规划》的分类,军营村既属于"集聚提升类村庄",也属于"特色保护类村庄"。这两类又都是"有村民—有村落型"村庄,它们是乡村振兴的重点,其未来如何将直接反映我国乡村振兴的成效,而其他两类——"城郊融合类村庄"与"搬迁撤并类村庄",要么融入城镇而不再是乡村的一部分,要么另起炉灶开启一段新的乡村旅程。因此,要想了解中国乡村当前及未来有着怎样的社会及语言生活,军营村或许就是一个很好的窗口。

三、军营村的语言使用

2022年7月下旬的一天,笔者开始了在军营村的调查。考虑到村民对调查可能会有排斥,笔者只以游客的身份示人,并采取局外观察、参与观察的方

---

① 数据来源于国家统计局发布的《中华人民共和国2021年国民经济和社会发展统计公报》。

式收集信息,一如拉波夫以顾客身份在纽约百货商场所做的那样。不同的是,拉波夫就是纽约人,而笔者不是闽南人,并不会说这个村子通行的闽南话。不过,笔者毕竟在厦门待了20多年,还是能听懂一些简单用语,语音上也大致能够判断出对方是否在说闽南话。因此,笔者虽然在这次调查中只能使用普通话,但并不妨碍观察他人的语言使用。

这其实并不是笔者第一次来军营村,早些年在厦门工作期间,笔者曾参与单位组织的活动,跟同事一起来过几次。不过,时间久远,而且走马观花,谈不上有什么深入了解,只是惊讶于在厦门这样一个城镇化高度发达的城市[①],竟然还有这样一个宁静的山村,同时也为这里清新凉爽、赏心悦目的环境而赞叹。

在交通条件大为改善的今天,去军营村仍旧不是很方便。若是坐公交,只有606、637路,这两路车都从同安出发,而且只有白天运行,途经约30个站点,用时约100分钟;若从厦门岛内到军营村,那只能坐私家车或出租车,用时约1个小时,但出租车并不容易打,尤其回来的时候。此外,无论乘什么车进村,都要经历一段多弯的爬山路,有人统计,从山脚到军营村约有221个急弯。调查期间,笔者对这几种方式都尝试过,最难的就是这段路,一弯接一弯,绕得人有些晕,司机会不时提醒"若是晕车,车上有塑料袋",而且随着车子的爬升,乘客也会有耳堵现象,就跟坐了一次飞机差不多。这样的交通及地理条件,一定程度上限制了军营村与外界的沟通,但也正是如此,军营村才得以保留村貌而没有成为城镇的一部分。

军营村的中心是褒歌广场,这是村民举办集体活动或平常健身跳舞的地方。"褒歌",也叫相褒歌,有"相和褒奖"之意,它是由闽南人民劳动时的采茶歌、田园歌、行船歌发展而来的一种歌谣。早在明嘉靖年间,军营村所在的莲花山区就已开始流传褒歌,除了男女对唱,也有独唱;既可劳作时唱,也可休闲时唱;既可进行褒奖赞美,也可打趣戏谑;形式上一般每首四句,句句押韵,且用闽南方言来唱,例如:

女:身背茶卡采茶叶,脚踏茶枝软摇摇;看见哥来不敢叫,假意叫鸡喊耐叶。

---

① 早在2000年,厦门市的城镇人口就首超农村人口,这比福建省、全国分别快了6年、11年;2017年,厦门的城镇化率更是达到惊人的89.1%,远远高于全国平均水平,甚至已达到发达国家的水平。(付义荣,2020:115)

男:哥挑茶担两头摇,欢欢喜喜过木桥;听妹歌声回头笑,想要与妹你相招。

褒歌今天已经成为军营村的特色文化,当地政府自2007年开始每年在村里的茶园开展一次褒歌比赛,同安区政府甚至专门拨出经费用于组织褒歌的保护性排练演出,不仅将此作为一项重要的旅游资源来开发,更作为一项非遗文化项目予以传承发扬(戴嘉树等,2022:86)。

褒歌广场通常也是游客来到军营村的第一站。笔者也是在这下车,大约是上午九点半到的。广场及周边,已经有游客三三两两地边走边看。广场边的村道上设有十来个摊位,摊主清一色都是老人,正在向路过的游客兜售自家的农特产品,如龙眼、蜂蜜、南瓜、佛手瓜、地瓜粉、萝卜干、包菜干等。路过一个摊位,摊主是一位六十多岁的老太太(村民2),看到我立马招呼,"买东西呀!"她说的是普通话,但带有浓重的闽南口音。摊位上摆着一把把的干野草让我有些好奇,便用普通话问她:"这是干什么用的?""炖鸡炖鸭。""多少钱?"我又问。她拿起一把说:"十五块。"我便问:"这个叫什么?用这个炖鸡,好吃吗?有什么作用?"这时她没再听懂我的话,依旧说着:"十五块呀,炖鸡炖鸭。"再问,她便转换成了闽南方言,而我根本听不懂。考虑到自己只是来调查的,而且也不知道它是否有副作用,所以这次交易不了了之。很明显,老太太在面对外来游客时,只能用普通话说一些简单用语,这多少影响到了她的生意。事隔几天,经一位朋友介绍,我认识了村民3,从他那里得知,村里曾组织过几次普通话培训,而参与培训的主要就是老人,但他们文化程度普遍不高,甚至不识字,因此学到的普通话很有限,这几位摊主算是不错的了。

与广场隔着一条马路的是村部,村部门前有许多宣传栏,讲述着军营村的过往今生。在那里浏览了一会后,便顺着马路来到一家民宿,询问是否还有房间。女主人(村民4)四十来岁,穿着打扮跟城里人没什么两样,普通话说得也不错。她说:"房间都满了,但可以帮你问问我姐姐家有没有。"并且示意我先坐下喝点茶,闽南人习惯喝工夫茶,这一家也不例外。泡好茶后,她便打起了电话,说的是闽南话,应该是给她姐姐打的。打完电话,她便说:"我姐姐家还有房间,她待会来接你,你可以过去看看。"等候的间歇,跟女主人简单地聊了聊,得知她从小就在军营村长大,现在一边做民宿,一边种茶制茶,做点小生意,"你喝的这个,还有这边这些,都是我家自己做的",她指着家里货架上摆着的各色茶叶。十来分钟后,进来一位农妇模样的人,看上去五十多岁。

若非女主人介绍,很难看出她们是一对姐妹。"姐姐"(村民5)话不多,我跟她打招呼的时候,她也只是点点头,不过跟她妹妹则欢快地说着闽南话。这时女主人告诉我,现在你可以坐我姐的摩托去她家看看。这是一辆较为老旧的男式嘉陵摩托,20世纪90年代的闽南农村较为常见,现在却有点稀罕了。坐在后面,我问"姐姐",大约多长时间可以到。她说"五分钟",跟那位摆摊的老太太一样,依旧是带有浓重的闽南口音,刚到闽南之人,未必能听懂这种地方普通话。

"姐姐"的家在村子的边缘,是一座三层的砖混楼房,紧挨着山,后面就是树林。看好房间,商量好价格,我便住了下来。中午时分,我问"姐姐"哪儿可以吃饭。在这个问题上,我与"姐姐"的沟通并不顺畅,一则因为她的普通话我听得不是太懂,二则我对这个村子还比较陌生,最后只能从她手指的方向大致猜出广场那儿有吃饭的地方。广场附近有个"农家乐",服务生是一个年轻女孩,她的普通话很好,能够清楚、流利地向客人介绍店里的菜式。吃完饭,我又在村子溜达了一会。回到住处,"姐姐"一家也吃完了饭,她老公正坐在客厅的茶桌旁,见到我便热情地招呼我喝茶。他上午去自家的茶园了,所以大家未能碰面。

在边喝边聊的过程中,我得知,他姓高,高是军营村人口最多的姓,依次还有洪、苏二姓。高大哥(村民6)今年60岁,年轻时在江西当过兵,退伍后便回村务农,期间也曾兼任过一段时间的村委委员。相较于他爱人,高大哥的普通话要好得多,虽然也有明显的口音,但与外人基本能够交流了。据高大哥讲,他有一儿一女,他们都已成家并有了孩子,儿子儿媳仍和他们生活在一起,他们都在厦门的集美打工,早出晚归,孙子则由他和妻子一起帮着带;孙子在山下的镇小学上学,开学后妻子会去陪读;家里还有约20亩的茶园,主要由他来打理,一年有10多万的收入,而民宿一年也能带来5万左右的收入。聊天的过程中,高大哥也不忘推销他家的茶叶,还为我泡了两开让我品品,我感觉不错,就买了两斤:一斤铁观音,60元;一斤"肉桂",120元。

在高大哥家住了两天,总体感觉不错,就是吃饭不方便。于是经熟人介绍,我又在村子里另找了一家民宿,依旧是每天200元,但另加30元可以管一日三餐。这家民宿离广场不远,旁边就是九龙溪。民宿的主人是一对中年夫妇,四十来岁,老公(村民7)就是本村人,而妻子(村民8)是邻村嫁过来的,二人育有一子,正读初三。这一家人除了会说闽南话,普通话说得都不错,能熟练地与人交谈。由于地理位置更优越,这家民宿的客人要明显多一些,加上还要管饭,所以这家人都很忙碌。不过,除了我这种短期的住客,还有长期包住的客人,他们有时也义务性地帮下忙。据村民 7 讲,长期包住的少则一个月,多则三个月甚至半年;包住的时间越长就越便宜,具体多少则由双方协商,差不多每月 1600 元,吃饭另算。这些包住客一般都是厦门退休市民,其中不少人由于久住便和这两口子结下了深厚的友谊。看到这家子比较忙,包住客们有时也会帮着下厨,甚至每次来时也会自费带一些食材。

在接下来一周的时间里,我都是住在这家民宿,吃饭时,就和这些包住客以及民宿这家人围坐在一张大圆桌子上,大家有说有笑、其乐融融,就跟一家人似的。白天我一般会在村子及周围转转,或主动攀谈,或局外观察,收集自己所需的信息;晚上闲暇时会跟村民 7 一家人或者包住客们一起喝喝茶、聊聊天,体验着这个村子的社会及语言生活。表 1 就是此次调查得到的数据。其中"非村民"是指来军营村的游客与流动商贩等,"内部交际"主要指群体(家庭、单位、村庄等)内部成员之间的交际,而外部交际主要指不同群体成员之间的交际,这主要发生于村民与游客之间,或者异源游客之间。从表 1 可以看出,此次调查到的内部交际数据远比外部交际丰富得多,这是因为村民与游客之间的交流往往发生于民宿内或在有限的几个货摊前,它们由于交际空间封闭或交流机会不多而不易被观察;异源游客则来自不同的地方或单位,彼此还比较陌生,所以亦较少交流。

表 1 军营村的语言使用

被试	年龄层	人数	内部交际			外部交际		
			普通话	闽南话	其他	普通话	闽南话	其他
村民	老年	26	1	21	0	3	1	2
	中年	14	0	13	0	4	3	0
	青年	9	1	5	0	3	0	0
	少儿	22	15	10	0	1	0	0
	合计	71	17	49	0	11	4	2
非村民	老年	11	1	9	1	2	1	0
	中年	19	4	11	0	3	2	0
	青年	9	7	2	0	0	0	0
	少儿	20	18	2	0	0	0	0
	合计	59	30	24	1	5	3	0

另外,在对同一个被试进行调查时,有时只能收集到他内部交际的数据,有时只能收集到他外部交际的数据,有时这两种交际数据都可收集到;并且在同一类交际中,也有少数被试会交替使用普通话与闽南话,而"其他"是指普通话、闽南话以外的交际手段,包括其他语言、方言乃至手势语等,如笔者在向两位老年村民(村民9、村民10)问路时,他们不会说普通话,只是用手势来回应。如此等等的复杂情况就导致各类交际人数的总和会超过被试总人数,例如,我们这次共调查了14位中年村民,但其内外交际的总人数是20,这并非统计错误,而是其中6人内外交际数据都被收集到了;再如所调查的22位少儿村民,他们中有4人在内部交际中交替使用了普通话与闽南话,这就导致各类交际的人数达到了26。

基于这些数据及其背后的故事,我们对军营村的语言使用大致形成了以下几点印象:

第一,闽南话与普通话是军营村内最常见到的两类语言变体。表1显示,无论是村民还是非村民,无论是内部交际还是外部交际,人们在绝大多数情况下说的不是闽南话就是普通话,其中只有一位老年游客是在打电话时使用了河南话,而在外部交际中,有两位村民使用了"手势"来回应。作为一个旅游景点,军营村内为何难得见到其他语言或方言? 其根本原因在于来军营村的"非村民",其来源较为简单。此次调查到的59位"非村民"中,有55人都是游客,4人是流动商贩。虽然游客占了"非村民"的绝大多数,但其类型主要有二:一是厦漳泉市民,他们主要是出于亲近自然、体验农村等休闲的目的而来军营村的,这些人本身就是闽南话或普通话的使用者;二就是来自全国各地的机关团体、事业单位,他们主要是来政治学习的,这些人是由业缘关系而非地缘关系组织起来的,对内对外基本上都说普通话,极少使用其他语言或方言。另外,商贩有的是邻近的村民,有的是在厦门的农民工,他们主要是面向军营村民售卖鸡、鸭、猪肉或收购旧家电的,也没法使用普通话与闽南话以外的语言变体。可见,来军营村的"非村民"要么是就近自发来的,要么是单位组织来的,少有远道自发而来的人,这就导致了在军营村并不容易见到其他语言或方言的使用。

第二,在内部交际中,军营村民中的少儿群体更倾向于使用普通话,而成年群体更倾向于使用闽南话。在军营村,我们一共观察到22位少儿村民的内部交际行为,他们绝大多数都是在共同玩耍、游戏的情况下被观察到的,其中有12人只使用了普通话、7人使用了闽南话,还有3人交替使用了这两种话,但军营村的成年村民(青年、中年、老年),其内部交际又是另一番情形。表1

显示,他们使用闽南话进行内部交际的多达 39 人,而用普通话的仅有 2 人,前者约为后者的 20 倍,而且这仅有的 2 个人,也是在与少儿群体的交流中才使用普通话的。很明显,军营村的少儿群体比起成年群体更喜欢用普通话进行内部交际。这种交际模式与非村民倒是大体一致,所不同的只是非村民的青年群也更倾向于使用普通话进行内部交际,而成年群体使用普通话的比例也有所提高。

第三,军营村民在外部交际中明显提升了普通话的使用率,但普通话水平存在明显的代际差异。表 1 显示,共有 66 位村民被观察到了内部交际,其中 17 人使用了普通话、49 人使用了闽南话,前者仅为后者的 34.7%;一共有 12 人被观察到了外部交际,其中 8 人使用了普通话、4 人使用了闽南话,还有 2 人使用了其他。两相对比,能够明显看出军营村民在内部交际中更倾向于使用闽南话,而在外部交际中更倾向于使用普通话。这一点又和非村民有所不同,从使用者总数看,非村民在内外交际中都更倾向于使用普通话。不过,在与军营村民的交往过程中,笔者有一个较为明显的感觉,那就是他们的普通话水平与年龄大体成反比。从"说"的能力看,军营村的普通话水平大致可以分为这样几个等级:

(1)完全不会说。此类一般都是七八十岁及以上的老年人,基本上都是在军营村务农为业,现在已处于完全养老的年纪,不仅外面的活干不了,有的连自己都需要人照顾,例如村民 9、村民 10 就属此类。

(2)能说一些简单用语。此类多为五六十岁的村民,其中以女性为主,他们一边经营自家的茶园、菜地,一边还帮着子女带孩子。他们只会说一些简单的普通话,如打个招呼、谈个价格等,再复杂一点的意思就表达不了,如村民 2、村民 5 等。

(3)能熟练运用但带有地方口音。这种地方普通话带有明显的闽南方言特点,如"鱼"听起来像是"姨","吃饭"听起来像是"吃换",这是因为闽南方言没有撮口呼韵母与唇齿音声母。这是军营村最常见的普通话,说这种话的多为中年人,他们一边种茶制茶,一边也从事民宿等非农业活动,如村民 1、村民 4、村民 7 与村民 8 等;其中也有一小部分老年人,但他们往往都有在外工作与生活的经历,如那位曾在江西当过兵的高大哥(村民 6)。

(4)较为熟练且没有明显的地方口音。军营村普通话水平最好的一批人,多为年轻人及少儿。如村民 6 的儿子儿媳、孙子,村民 7 的儿子等。这些人要么在城市务工,要么还在学校读书,其普通话已经较为标准,外人很难通过其语音来判断他们是哪里的人了。

第四,闽南方言文化在军营村得到了较好的保护与传承。在军营村,最年轻的一代村民——少儿们在交际中明显倾向于使用普通话(见表1),但并不代表闽南方言及其文化在军营村正在萎缩甚至消亡。这是因为少儿的语言观并未稳定下来,在以后的岁月中他们有可能随着地域认同的增强而越来越多地使用方言。如俞玮奇(2012)在对南京市中小学生的调查中发现,随着年龄的增长,当地青少年对南京话的认同感在不断地增强,而对普通话的使用与认同在下降;拉波夫(Labov)在对美国玛萨葡萄园岛的调查中也发现,当地的年轻人较之年长者具有更强烈的地域认同而更频繁地使用具有地方特征的语音变式。因此,判断一地方言的未来不能单纯地依据年轻一代说话人的语言使用,还应该结合其他因素综合考量。在与村民1聊天时,他无意中说到,军营村的小孩多由爷爷奶奶来带,他们的闽南话还是不错的。在对少儿村民的观察中,笔者也发现,他们在与爷爷奶奶交流的时候一般会说闽南话,但在跟同伴交流的时候,才会更多地使用普通话或者普闽交替使用。此外,军营村本身也比较注重自身文化的传承与保护,除了保留并整修了一些具有闽南风格的老宅民居(图1)、祠堂神庙(图2、图3),还定期举办褒歌比赛、茶文化节、送王船仪式等活动。据村民1讲,不仅褒歌比赛,像祭祖拜神这类民俗活动,大家说的一般也都是闽南话,闽南话依旧是村内交际的最主要手段。笔者发现,在村内高山党校的外墙上,就挂着不少宣传牌,有的介绍朱熹、郑成功等在闽南活动过的历史人物,有的介绍南音、高甲戏等地方戏曲,有的就是展示闽南歌谣,这些歌谣标注了闽南方言语音,其中《阮阿舅》(图4)所记如下:

　　阮阿舅,真本事。□饲猪,□饲牛,□种菜,□种匏。无上三年久,趁甲一大注。年头起大厝,年尾娶新妇。

这是妈妈哄孩子入睡的歌谣,大意是:你舅舅真有本事,又养猪又养牛,又种菜又种匏,不到三年,就赚了一大笔钱,年头盖了大房子,年尾娶了新媳妇。这首歌唱出了妈妈对娘家的挂念,也唱出了对孩子的期待,期待他长大后也像舅舅一样勤勉有本事,而军营村的孩子们也一句句地听进了耳里、记在了心里,不仅体会着岁月静好,也领悟着做人之理。闽南话也正是在这样的亲子关系中一代又一代地传承了下来。

图1　老宅民居

图2　高氏美厅祠

图3　龙圣宫

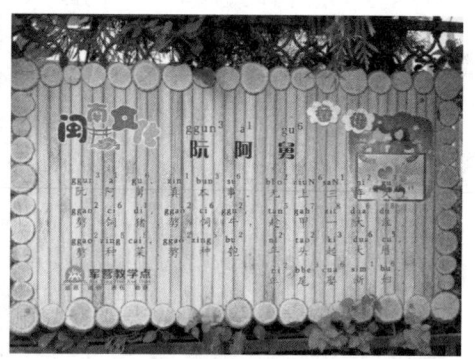
图4　歌谣《阮阿舅》

四、军营村的语言景观

　　按兰德里与鲍里斯（Landry & Bourhis，1997:25）的定义，出现在公共路牌、广告牌、街名、地名、商铺招牌以及政府楼宇公共标牌之上的语言，共同构成了某个属地、地区或城市群的语言景观。不难看出，语言景观显然在城镇更为常见，甚至可以说，它就是城镇化的产物。斯玻尔斯基（Spolsky，2009）就认为，语言景观是考察一个城市社会语言生态的好方法。然而，漫步今天的军营村，目光所及，您已经无法忽视语言景观的存在了，从村内到村口至村外的各旅游点，地名、路名、店名、机构名、广告、标语、招牌、公示牌、宣传栏……各式各样的语言景观几乎充斥着每个角落，时时刻刻都在提示您，这是个不一般的村子，至少不再是那种传统意义上"日出而作，日落而息"的农业村庄了。

语言景观大致可分为官方标牌、私人标牌这两种类型。作为一种特殊的语言实践,语言景观不是简单、静态的语言现象,而是一个管理机构、读者、标牌制作者、所有者多方互动的话语过程,这个过程典型地体现了语言的赋权(empowerment)功能:官方通常希望利用自上而下的语言标牌传达国家的语言政策及官方的意识形态,并潜移默化地管理公众的言语行为,而私人通过自下而上的语言标牌为自身争取实际利益或身份认同等(尚国文、赵守辉,2014)。那么,处于振兴中的军营村,其语言景观又是如何呢?

（一）军营村的官方标牌

军营村的官方标牌主要指各级政府机构、事业单位及村两委、村办企业等具有官方性质的机构设立的标牌,其中最主要的有两类:

1. 宣传栏

这是字数最多的一种标牌,一般有标题、正文,多立于村部广场、村内主干道等人员较多的位置,其内容包括国家领导人语录、乡村振兴政策摘录、社会主义核心价值观、军营村的历史与文化介绍、军营村成就展示、党员及村民行为规范、村庄人居环境整治红黑榜、环保及卫生知识介绍、法治宣传、国防宣传等,其目的有二:一是宣传国家的方针政策,二是展示军营村的良好风貌。其中一栏"军营村村规民约"以歌谣的形式,不仅列出了村民在思想、伦理、法治等方面所应遵守的规范,同时也贯彻了"坚持乡村全面振兴"的理念,对经济、政治、文化、社会、生态文明建设都有所交代,几乎就是军营村的振兴指南。2021年,该民约还入选"福建省第二批优秀村规民约",现将其抄录如下:

军营村村规民约

常思总书记,不忘党恩情。热爱国与家,永远跟党走。
山上要戴帽,山下大开发。远近皆愉悦,生态更宜居。
高山军营村,人杰且地灵。共同来缔造,乡村必振兴。
村规民约好,逐字逐句记。人人齐执行,民风似春风。
落实邻长制,邻里互关爱。开设红黑榜,奖惩更分明。
家禽关圈养,雨污要分流。河道保整洁,清新九龙溪。
垃圾需分类,低碳排先行。见缝插新绿,妆扮美军营。
育儿应明理,尊老夕阳好。夫妻互尊重,家和万事兴。
常习书与史,墨香兴茶乡。教育是首要,尊师树贤才。

仁义礼智信,温良恭俭让。忠孝廉耻勇,家训代代传。
遇红白喜事,一切皆从简。移风宜易俗,告别破陋习。
高山议理堂,依法来自治。遇事多协商,法律存心间。
青年多返乡,乡贤齐出力。拧成一股绳,共谋新跨越。
乡村提品质,产业唱大戏。制茶重技术,茶园美如画。
旅游强实力,民宿优服务。卫生应干净,平台统一管。
咱厝特产多,物美价要廉。佛手与番茄,金瓜伴岩葱。
不缺斤少两,不强买强卖。食材保新鲜,后厨要干净。
向外多学习,标准常提高。笑脸迎宾客,开门生意旺。
军民鱼水情,拥护子弟兵。人人讲和谐,共建新军营。

2. 建筑或地理标牌

此类标牌一般是列出建筑(房屋、桥梁、广场、厕所等)、景点的名称或某个机构的名称,一方面方便人们知道某个建筑的用途,另一方面也方便人们找到要去的地方,如立于村口的"军营村"石碑(图5),用于调解村民纠纷的"议理堂"(图6)等。这些标牌的设立者有的来自军营村自己的机构与部门,如军营村的"村两委"、自来水厂等,也有不少是村外的政府机构、企事业单位在军营村设置的办事机构或服务站点,如"中共福建省委党校|福建行政学院 现场教学基地""中共厦门市委党校高山教学点""中共同安区委党校高山教学点""市委宣传部 湖里区金山街道共建 金山文化广场""厦门大学附属第一医院思明院区医疗共建服务点""厦门农商银行乡村振兴福农驿站""邮政快递企业合作服务点""厦门市鑫营发果蔬专业合作社"。不难看出,这是一个具有较高宣传价值的村子,同时也是一个服务较为齐全的村子。

此外,军营村的官方标牌还有横幅、路牌、广告、管理人员公示牌、环境整治宣传牌等。为发展旅游业,军营村还建立了微信公众号"军营村高山云境",并在村内广而告之(图7)。为便于开展工作或提供更好的服务,军营村还将村内管理人员,如"村两委"、河长、邻长等相关人员的名单、职责与联系方式进行公示。2003年以来,军营村便开始了对包括交通、住宅、河道等在内的人居环境整治。如今的军营村一改往日的"脏乱差臭",变得整洁干净,面貌焕然一新。为保持并提升村民的环保意识,同时也为了展示整治的成就,军营村还制作了一些宣传牌(图8),将改造前后的环境进行对比并立于相应处,观者一眼就可看出环境整治的效果。

图 5　军营村的村口

图 6　议理堂

图 7　军营村高山云境微信公众号

图 8　环境整治宣传牌

（二）军营村的私人标牌

军营村的私人标牌主要指村民个人独自或联合起来设立的标牌，其中令人印象深刻的也是两类。

1. 民宿标牌

军营村民宿是由来自厦门市的旅游公司统一规范运营的，例如客房内的家具、设施、布草等都按公司制定的标准来购置，而客房内布草的洗涤、易耗品的提供也由公司统一来做。不过，军营村的民宿标牌却是由各家自行设立的，它们一般立于自家住宅的外墙、阳台或门楣上。从内容看，有的标牌较为简单，只有名称（图9），但多数标牌还有联系方式，像这家"碧竹苑休闲山庄"（图10）的标牌，不仅有"住宿、休闲、娱乐、会议"等内容，还有电话与微信等联系方式，并对所在地址与方位进行了说明，这也是笔者在村内所见到的信息最为齐全的民宿标牌。

 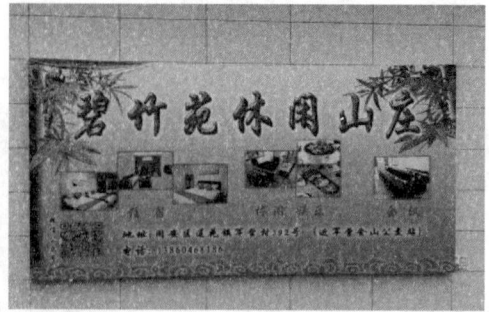

图 9　民宿标牌 1　　　　　　图 10　民宿标牌 2

不过,令笔者最感兴趣的是民宿名称。一家民宿相当于一家店铺,而店名一般由属名、业名与通名这三个要素构成,它们可以同时出现,也可省掉其中一二,但一般而言,属名与业名的组合最为常见。军营村民宿的名称也多为"属名+业名"的组合,但军营村的民宿有的只提供住宿,有的还提供餐饮、休闲娱乐,因此同一家民宿,有时会在"民宿"之外,还结合着使用"饭店""农庄""客栈""农家乐""农家餐厅""休闲山庄"等业名:有的是两块牌子两个业名,如"环宇民宿"与"环宇农庄";有的是一块牌子两个业名,如"山途小筑 民宿·农家菜"。业名还只是展示主人从事的行当或提供的服务,真正显示主人个性并将其与同行彼此区别开来的还是属名,如前面提到的"环宇""山途小筑"等。走遍整个村子,笔者一共收集到 39 个属名,按其命名的理据,我们将其整理如表 2:

表 2　军营村民宿标牌中的属名

类型	数量	属名
门牌号	7	18 号、87 号、97 号、117 号、158、192、伍玖二
自然环境	7	高山、金山、菊园、山水阁、纤陌居、山途小筑、碧竹苑休闲山庄
居住体验	5	安居、清香阁、清幽小筑、倾听小筑、听风小筑
茶	4	茶乡、仙茗、云茶、觅茶山居
吉祥	4	永盛、永兴、盛营、营兴
政治	2	初心居、耕读初心
夫妻名字	2	金香燕、聚福春
谐音	2	津迎、金盈春
大气	2	环宇、临凤阁

(续表)

类型	数量	属名
地点	1	西营民宿
外来品牌	1	顾奈山居
综合	2	高兴185号、189山景阁

这些属名的寓意,有的一眼便知,有的并不好理解,笔者也是在后续的补充调查中一一核实方才知晓。如"盛营""营兴"有"军营村兴盛"之意;"金香燕"是取男主人名字中的"金"、女主人的"燕",再加个"香"字汇合而成;"聚福春"则是取夫妻名字中的"福""春"二字再加个"聚"汇合而成;"津迎""金盈春"分别谐音"军营""军营村"。还有一些较为特殊的民宿标牌,如"高兴185号"民宿既有门牌号,也有"高兴"之意,同时也有"高家兴旺"之意。"顾奈山居"民宿中的"顾奈"则是一个外来品牌,这是军营村唯一一家由村外人投资经营的民宿,其中的"顾奈"来自英语gourmet,即"美食家""讲究吃喝的人"。不难看出,这些属名不仅反映了军营村家庭及村庄所具有的某些特征,也寄托了人们对未来美好生活的向往。

2. 祭祀场所标牌

闽南多祭祀,一年四季皆有祭祀,按其场所,有庙祭、祠祭、家祭、墓祭、普渡①等。地处闽南深处,军营村也保留着较为浓郁的祭祀文化。几乎每家都有佛龛,供着各路神灵;仅一个村子就有五个祠堂(高氏三个,苏氏、洪氏各一个),此外还有龙圣宫(图4)、桥美宫、土地庙等庙宇,其中祠堂、庙宇也是语言景观集中之地,且多用繁体字。以美厅祠(图3)为例,它是高氏三祠堂之一,红砖燕尾,呈"回"字形,中间是天井,这是一栋典型的闽南红厝。从外围看:正门上方有石刻匾额"渤海传芳",门楣刻有"美厅祠",门框刻有对联"美庄新垦开犀轴,厅宇重光展凤仪";两扇正门上的漆字已经模糊或被纸联覆盖,但从闽南祠堂的特点来看,应是"祖德""宗功"四字;两边的侧门分别是"木本""水源"与"源远""流长"。从里面看,除了供奉的祖先牌位,还有刻在石柱上的对联、嵌在墙上的祖祠录,不仅展示家族的美德与辉煌,也记录着祠堂捐资人的名单,例如大厅的石柱上就刻有"美彦鸿猷继南闱门笔,厅檐鹊噪兆鼎甲簪缨"。

---

① 普渡,亦写作"普度",这是闽南地区具有古老传统的盛大祭祀,意在招待那些在人间游荡的饿鬼,让他们享用人间的祭品并带回他们在地狱所需的生活费和生活用品。普渡分为"公普""私普"两种形式,"公普"是全村聚在一起进行的集体祭祀,一般会选择农历七月中旬的某一天,而"私普"则以家庭为单位,可持续整个农历七月。普渡既是家祭,也是村祭。

不难看出，这副对联，加上正门的那副，都是嵌字联，上下联的第一个字正好对应了所在祠堂的名称"美厅"！这样的嵌字联在军营村还有多处，如：

东自安海而乔新康山美 明由平山以衍同邑军营

（"东明祠"大厅两边的石柱）

锺裔云礽书香远 信支奕叶派泽长

（"东明祠"内钟信堂两边的石柱）

龙朝虎仑腾威武 圣处灵地显堂皇

（"龙圣宫"正门两边的石柱）

军中皆景茶馥郁富庶绵延 营前普荫人唯贤翰墨辈出

（军营村戏台）

总体来看，军营村的官方标牌与私人标牌，在形式、内容以及用字上都有着较为显著的区别。军营村的官方标牌多为电脑临时制作而成，内容以宣传、服务为主，用字标准、正确，一般都是规范的简化汉字。但私人标牌有的具有临时性、服务性（如民宿标牌），也有很多永久性的用于祭祀的石刻标牌，并且在用字上也较为多元，印刷体与手写体都有大量的运用，不仅广泛使用简化汉字，也大量使用繁体汉字，少数地方还出现了英文、汉语拼音等。可见，私人标牌更具自主性、灵活性，不过这种特性难免会有不规范或出错的时候，如有的将"阡"写成"纤"，将"款"写成"欥"，或在同一个语境中，繁简汉字混着使用。

五、问题与建议

如果要在军营村找几个案例来证明"语言助力乡村振兴"，这不是什么难事。我们很难想象，一个毫无普通话能力的村庄，将如何开展旅游业并推销它的茶叶；也很难想象，一个彻底丢弃母语方言的村庄，将如何保持它的一份乡愁，并以此凝聚村民、吸引外来游客。在今天的军营村，普通话与闽南话都有大量的使用，并在军营村的振兴中各自发挥着不可替代的作用。然而，乡村振兴并不只是一种结果，更是一个不断变化的动态过程，不是说一旦实现了"强美富"，便可以一劳永逸、高枕无忧了。今天的军营村虽然取得了诸多可喜的成绩，但也面临诸多挑战，其中最为核心的便是如何应对村庄的空心化。

随着工业化与城镇化进程的加深，传统农业社会都会出现由农村向城市的单向人口流动，进而导致农村人口的持续减少，即空心化，并在此基础上形成人口结构的老龄化与少子化。20世纪60年代的日本、80年代韩国的农村，都曾经历而且还在经历这种空心化带来的巨大挑战，我国也不例外，正是在这一大背景下，日韩中三国才相继发起"乡村振兴"运动（王猛等，2020）。调查期间，笔者也能明显感受到军营村的空心化问题。从表面上看，军营村的主导产业是茶业与旅游业，但还有一个隐性的重要产业，那就是在外务工（包括经商）。像高大哥（村民6）那样的家庭在军营村实际上非常普遍，即青壮劳力在外务工、老人留守在村帮带孩子兼种茶、民宿等业，所不同的是，有的务工人员只是在厦门打工，早晚还回来，也有很多人在外常住，甚至在外买了房，实现了由"村民"向"市民"的转变。这种持续性的外迁导致军营村的人口结构出现了失衡。表1显示，在笔者所观察到的71位村民中，最多的就是老年人，其次是少儿，分别占比36.6%、31.0%，而本该最多的中青年反而最少，合起来仅占32.4%。这是笔者在村内随机观察的结果，它一定程度上反映了军营村失衡的人口结构。老龄化及中青年群体的萎缩进一步影响了军营村人口的自然增长，少子化问题也开始显现。由于生源不足，军营村一直没有自己的小学、初中，孩子们上学只能去山下的莲花镇，并由家长或家里的老人在学校附近租房陪读；虽有一个幼儿园，但一共才三个学生，跟管理他们的大人（老师、保洁、保安）一样多！

导致军营村空心化的原因并不复杂，那就是显著的城乡差距。据厦门统计局（tjj. xm. gov. cn）最新发布的《厦门市2021年国民经济和社会发展统计公报》，2021年，厦门市的城镇化率高达90.1%，全体居民人均可支配收入64362元、城镇居民的人均可支配收入67197元，而军营村同期的人均收入只有42558元，明显低于厦门城镇居民，也低于厦门平均水平。可见，今天的军营村虽然很早就摆脱了绝对贫困，但依旧是厦门市相对贫困的地区之一。此外，在医疗、教育、公共服务等方面，军营村也无法和厦门城区相比。在此情况下，军营村民是很难抵挡住城市的"拉力"的。其实，城市处于优势地位并由此对乡村形成巨大的虹吸效应，这是一个世界性的普遍现象，军营村的空心化不过为此多了一份注脚而已。

"如何优化产业结构，突破传统乡村振兴以农业振兴为中心的发展模式窠臼，特别是在人口减少的大趋势下，农村空心化已经成为山区农村难以避免的一种社会现象的情况下，如何通过社会创新的方式，优化人口结构，进而推动产业结构调整，关系着乡村振兴能否实现可持续发展。"（王猛等，2020:154）。这是日本一个山村——德岛县神山町在其振兴过程中所要面对的难题，这一难题今天同样摆在了军营村的面前。近些年，军营村所大力发展的旅游业实际上就是对传统农业的一次突破,而且初见成效,目前已经有一部分年轻人返乡创业,在村里办起了茶厂、民宿、烧烤、农家乐、饮品店等。不过,无论是传统的茶业,还是随后的旅游业,军营村也都遭遇到发展的瓶颈:茶业主要面临邻县安溪的竞争压力,虽然主打的都是乌龙茶,但安溪茶叶早已是知名品牌,而军营茶叶迄今还未形成品牌,在价格、销路上都难以与之媲美;旅游业则主要面临游客数量有限且来源单一的问题,来军营村的游客主要是机关团体以及周边市民,前者主要是来政治学习的,后者主要是来亲近自然的,无论是人数还是消费意愿都很有限。因此,如何提升茶叶的知名度并形成品牌,如何提供更多更优质的服务来吸引远方的自费游客,便成为军营村亟须解决的问题。目前,军营村正多方筹集资金用于改良茶园土壤、提升茶叶品质、打造茶叶品牌,在全市首办"农村淘宝",通过互联网宣传推介"一村一品";开发七彩池、关帝庙、高山哨所等一批旅游景点并利用网络等媒体积极推介,建立"军营村高山云境接待服务"等微信公众号为游客提供更加方便的服务。不难看出,向外宣传、推介并提供优质的服务、接待等等,都对军营村的语言文字使用水平提出了更高的要求,从某种意义上说,就是需要普通话说得好、文字水平高甚至具有外语交际能力的人参与到军营村的振兴中。

  当然,对现有产业的优化、提升只是在一定程度上缓解了军营村的空心化,若要扭转这一局势还需要更多的社会创新。在此,日本德岛县神山町的振兴模式或许能够给我们带来一些有益的启示。神山町距离德岛城区有45分钟的车程,四面环山,山地占到神山町总面积的83%。其人口在1950年曾达到峰值的21241人,但在城镇化的大背景下,大量年轻人因求职和求学而向城市汇集,神山町的人口开始逐年减少,2018年时整个村子已跌至5271人,其中约有一半是老年人。人口空心化也影响到神山町的产业发展,其每年的总产值在2006—2012年间曾出现明显的下滑。面对如此严峻的形势,神山町于20世纪90年代初开启了振兴之旅,并以人才振兴为突破口造就了神山町振兴模式——"创造性空心化",即接受乡村空心化的事实,在此基础上,通过吸引外部年轻人以及创新型人才来推进当地人口结构的优化,利用乡村自身的优势,推进当地就业方式的多元化,提升农村社区作为商业空间的价值,摆脱乡村振兴对传统农林业等产业的依赖,构建可持续发展的乡村社会。为此,神山町开发了"Work-in-Residence"、卫星办公室以及神山塾等项目,收到了良好的成效。以卫星办公室项目为例,神山町将村内闲置的民居租赁给那些对办公场所要求不高的公司,如IT、视频和设计类公司,公司在此设立办公室并通过信息网络与在城市的总部建立链接。设立卫星办公室具有多方面的好处:对公司而言,一是可以分散风险并降低成本,二是创造了一种全新的工作环境,能够激发员工在乡村自然空间中的想象力与创造力;对乡村而言,一是盘活了闲置的房屋,二是卫星办公室在村内的消费也促进了当地经济的发展。2010—2019年间,设在神山町的卫星办公室多达16家,不仅给神山町带来可观的经济收益,还提供了多个就业岗位。如一家叫PLAT EASE的公司,便在神山町设立了卫星办公室并成立了子公司,之后陆续在当地招募了13名员工。不仅如此,卫星办公室项目也带活了另一个项目Work-in-Residence,该项目主要是通过吸引具有一技之长,并具有创业意愿的年轻人到神山町定居和就业。随着卫星办公室的持续增加,不少年轻人看到了其中的商机,他们通过Work-in-Residence项目来到神山町,开设了咖啡馆、面包店、比萨店、蔬菜店、鞋店、旅馆等,仅在2010—2013年间,就有58个年轻家庭105人来到神山町定居创业。卫星办公室的成功在日本全国引起了轰动,许多媒体纷纷报道。2015年,日本消费者厅也开始关注并予以肯定;2016年,日本总务省启动"卫星办公室实验"项目,开始在全国推广。(王猛等,2020:145-201)

神山町之所以能够成功,在于其认识到完全解决乡村人口的外流问题并不现实,因而转变思路将目光投向城市要素的引入与外部人才的引进上,将乡村振兴嵌入一个更大的外部空间中,从而构建了一个可持续发展的模式。单纯从人才的流动方向看,这似乎是一次"逆向"的城镇化,但其本质却是在缩小城乡差距并实现城乡融合,这与《规划》不谋而合:"顺应城乡融合发展趋势,重塑城乡关系,更好激发农村内部发展活力、优化农村外部发展环境,推动人才、土地、资本等要素双向流动,为乡村振兴注入新动能。"在此理念下,传统的乡村被重新定义,即乡村不再只是农业人口所居住的地方。其实,不光日本,其他一些发达国家也在践行这一理念。例如在英国,乡村人口占全国人口总数的18%,其中仅有1%是农业人口,17%是非农业人口,甚至是高层次人口,可以说是"乡村中的市民"(徐勇,2019)。因此,对军营村而言,如何引入城市元素与外部人才,走城乡融合的道路也是接下来不得不考虑的事情,而且它完全有这个条件。

与神山町一样,军营村也是一个美丽的山村,拥有城市所没有的独特的自然及人文条件,而且随着旅游业的发展,其交通、网络等基础设施也已完备,同时也有不少闲置的老宅、民居。重要的是,它处于闽南金三角——厦漳泉的交界地带,这些城市的IT、文创、艺术等一类的公司同样也有类似卫星办公室的需求。当然,要实现这样的城乡融合,军营村还要像神山町一样,一方面要有能够凝聚社群信任和推动社群集体行动的"关键人",另一方面也要全体村民在对待陌生人群体时具有应有的包容性与开放性。前者决定着能否将城市元素、外部人才引入乡村,后者决定着能否将这些元素、人才长期地留在乡村。未来军营村若是真的要借道这样的路径,同样需要提升自己的语言文字使用水平,不仅要有人能够说较为标准的普通话、较为地道的闽南话,规范地使用汉字,甚至也要有人能够使用其他语言、方言甚至文字等。唯有如此,方能将军营村与城市乃至一个更大的外部世界融合在一起,方能实现可持续发展。

六、结语

今天的中国,仍旧有 5 亿人生活在大大小小 230 多万个村子里。在一个城镇化迅速发展的时代,他们中仍将有很多人走进城市并因此形塑着村庄的面貌,有的村庄在坚守传统,有的将走向终结,但更多的则在尝试改变自己、走向振兴。在此过程中,不同的村庄选择了不同的路径并呈现出不同的类型。因地处深山,军营村得以在一个城镇化高度发达的区域保持着自己的村貌,并因此选择了集聚提升、特色保护的路径来振兴自己。这种发展模式极大地改善了军营村村民的社会生活,也显著地改变了军营村原有的语言生活:一方面,普通话、语言景观在村内都有着较为广泛的运用,并对这个村子的支柱产业——茶叶与旅游业形成重要的助推作用;另一方面,闽南话及其承载的村落文化依旧在这个村子得到较好的保持,它不仅是这个村子凝聚村民的重要纽带,也是吸引游客的重要旅游资源。

然而,在城镇化的大背景下,军营村的振兴也面临村庄空心化的挑战,如何在"振兴"与"空心化"之间找到一种平衡,便成为接下来不得不考虑的问题。就本文的研究来看,无论是对已有的产业进行升级改造,还是开辟新的产业,都需要军营村及时提升自己的语言及文字水平;军营村未来的发展,将取决于它能否从外部吸引年轻的人才,在此,语言或许不是最重要的因素,但一定是不可或缺的因素。

第 16 章
南洋华侨历史文献《公案簿》与中华语言文明传承

引 言

华侨先辈漂泊到南洋讨生活,随之到达南洋的还有他们所操的语言。语言承载了中华文明,一起来到南洋。方小兵(2021)提出,文明始于语言。语言在建构和传播文明的过程中,形成了语言与文明的同构性,语言符号所表征的知识体系就是文明成果。郭熙(2022)认为可以进一步强调,语言符号体系本身就可以明确为一种文明成果,并将其称为"中华语言文明"。华侨先辈将中华语言文明带到了南洋,并且与在地的殖民者语言文明、土著语言文明发生了不可避免的接触。华侨先辈为了生存,一方面融合和吸收其他语言文明的营养,一方面坚守和传承中华语言文明。本文借助南洋华侨历史文献《公案簿》,探究这段历史。

《公案簿》是"吧国公堂"档案中的重要文献。"吧国公堂",成立于1742年,终结于20世纪50年代,是指巴达维亚(印度尼西亚首都雅加达的旧称)华人社会中的精英监督和管理华人的半自治组织机构。"吧国公堂"记录了相当丰富的档案资料,现保存在荷兰莱顿大学汉学院图书馆。《公案簿》是其中分量最大、记述最系统、保存最完整的(聂德宁,2002)。《公案簿》的内容主要有两个方面:一是对"吧国公堂"有关华人的案件会审记录;二是对华人社区重要事件和重大决议的记录。

《公案簿》是由有文化、识文断字的知识分子用毛笔当堂书写记录的。根据考证,华文是当时南洋华侨日常生活中的强势语文(王文豪,2022)。公堂的记录者,官职为"朱葛礁",和古时的代写书信先生类似,在庭审中将言者的"大白话"转化成书面语。这导致《公案簿》中使用的语言比较复杂,这种语言类似于近代汉语白话,是一种词汇和语法受到汉语闽方言和马来语深刻影响的华语,夹杂着众多荷兰语借词。

《公案簿》的前28卷(册)为华文记录,已由前辈学者整理出版,共15辑,并评述了《公案簿》的史料价值(聂德宁,2002)。华侨史学者还以《公案簿》为史料依据,对南洋华人社会的纠纷解决机制、房屋租赁及女性地位等社会经济、文化议题进行了专题研究。也有部分学者注意到了《公案簿》中的语言问题,对《公案簿》的语言,特别是词汇进行了初步训释研究。例如,Salmon(2004)在校注《公案簿》第一、二辑过程中,训释了100多条华文外来语。

《公案簿》档案材料很好地反映了18—19世纪南洋华侨社会的语言使用情况,描绘了华侨传承中华语言文明的轮廓。本章将从语言文明视角,以《公案簿》为观察依据,追踪中华语言文明在南洋华侨社会传承与发展的印记,展现中华语言文明在海外与其他语言文明接触、融合、传承的过程。

一、语言文明的接触

18到19世纪,华侨到达南洋的爪哇岛时,不得不面对荷兰殖民者的统治。公堂作为华侨的自治机构,夹在荷兰殖民统治者和华侨社会中间,起到上传下达的作用,经常要与荷兰人发生接触,两者之间的语言文明也在接触交流的过程中碰撞出火花。荷兰人针对公堂文件提出自己的"语言"疑问,《公案簿》中多有记载。

案例一:咨询何为"香火"

北吉律仁得唠_{检察长}于和(荷兰)1850年6月7日第1111号致书挨实哖_{驻扎官}云:"为挨实哖于和(荷兰)1849年9月26日第2634号所详唐人叶保全有恳王上恩准王双桂之事,因王双桂于上年和(荷兰)4月12日身故,有做字:'付叶保全厝一间,不得发兑,只是奉祀王双桂之香火而已。'此《口词字》,王上已交职之手,委职酌量权衡。兹职欲知奉祀香火是何道理,因职未能明其所恩,未知此香火是人之身体溶化而作香火否?抑或不然,徒奉祀其香火乎?祈查勘叶保全或能明此理者如何,具词详复。"

上文中荷兰的法官写书信给驻扎官询问"奉祀香火是何道理",其因不明"香火"是什么意思,故不能断案。公堂回信如是答复:

第 16 章　南洋华侨历史文献《公案簿》与中华语言文明传承

挨实嗹于和（荷兰）1850年6月8日迷字号八，将请祈公堂查勘："酌量如何，具词详复。"

列台吊讯叶保全，供云："此王双桂系晚之家岳叔。因他并无儿女，故其将死之时，作《梁礁字》付晚挂，其字内有唱明：'厝一间，宜料理奉祀其香火。'彼时若晚不肯承受，恐有违于唐之规例，故不得已而承受奉祀之，因恳王上恩准以为久长之计。至于'香火'，系是人身已死之时，即烧纸折火炉，另立木主谓之'神主'，其木主内有登记人死之日月，外有登记死人之姓名，每逢年、节、忌辰，烧香插在火炉，奉祀其神主，谓之'香火'。所谓事死如事生，乃唐人之道也。将情申详挨实嗹电照。"

（摘自《公案簿》第7辑）

公堂大致向荷兰人解释，"'香火'，系是人身已死之时，即烧纸折火炉，另立木主谓之'神主'，其木主内有登记人死之日月，外有登记死人之姓名，每逢年、节、忌辰，烧香插在火炉，奉祀其神主，谓之'香火'"。并且强调"所谓事死如事生，乃唐人之道也"。"香火"体现了中华文明中供奉祖先的传统，荷兰语中没有相对应的词汇可以表达其意义，公堂不得不将其进行拆解说明，这个过程无形地增进了双方语言文明的理解。

案例二：公堂决断同姓可否为婚

挨实嗹于1855年4月5日第114号致书玛腰（陈永元）："兹附去此书，祈酌量申详。"

北茄浪挨实嗹于1855年3月30日第100号致书于丰挨实嗹："为敝地有二唐人争执婚礼，一谓同姓不可为婚，一谓在唐则然，在外夷则不拘执此礼。其一言虽外夷亦当以礼，无礼则伤风化，而羞辱矣。他二比争执不平，求在吧公堂决断是非。"

北茄浪的驻扎官咨询吧城驻扎官，华侨同姓是否可以结婚，荷兰人不知这个应该如何处置，故咨询华侨公堂。公堂进行会商，回复如下：

公堂会议："据阅来书争辨婚礼一事，按古礼所载，同姓不婚，此周家元圣之所定也。嗣后，圣贤迭兴，代有其人，而无敢易成规，迄今几千余岁，盖谓古人立法之美也。我吧自大明万历年间建设公堂，一

165

切婚事载在简书,不但未见其事,且亦未闻其语。若谓在夷不拘此礼,则吾侪辈亦可服夷之服矣。既无服夷之服,则同姓为婚,断乎不可。谨详挨实嗹察夺施行。"

在中华语言文明中,姓氏和家族、血统有深刻的关系,《现代汉语词典》(2016)中,将"姓"解释为"表明家族的字"。同姓不可成婚,南洋华侨官员向荷兰人解释其中道理,认为此规矩源自"周家元圣",将其推至"周礼",并且认为遵守之,则可以代代育贤人,将其奉为"唐人规制",在外的华侨都应当遵守执行。我们不去争论其中科学道理,单纯从语言文明视角,足以看出中华语言文明的复杂性。《公案簿》中还记录了荷兰人询问"风水""盟誓"等华语词汇的案例,这些都反映了中华语言文明当时在南洋,与在地语言文明发生了"遭遇战",语言文明之间互相接触,实现了从"疑惑"到"理解"的转变。

二、语言文明的融合

语言在稳定环境、固定人群的交际中可以自给自足,但是移民社会、人群的接触,以及语言文明的接触,使得不同人群的语言结构可以交互影响。在早期的南洋华侨社会,殖民者的语言文明作为社团的强势方,对生存需求方南洋华侨的语言文明产生了诸多影响,起初这种影响看起来是单方面的。我们以《公案簿》中官职名称为例,《公案簿》中不管荷兰人的官职还是华侨官职均借自荷兰语。荷兰殖民者官职名如下:

挨实嗹,也作挨寔嗹、挨实宁等,借自荷兰语"Resident",荷兰殖民者在本地的驻扎官,也可以称为省长或者州长。

(1)公堂嚛喳唠续:承挨实嗹命,查勘详复林㮊申请担保居吧新客林仕能造苴金并打面而可否称厨工一案。(《公案簿》第4辑,第1页)

敖文律仁嘚唠,借自荷兰语"Gouverneur Generaal",意为荷印总督。

(2)奉挨实嗹遵敖文律仁得唠于和(荷兰)1833年6月3日第10号旨意,擢举黄燎光官为吧国雷珍兰之职,协理世务,凡诸黎庶各宜钦遵。特此颁行沃智字为炤。(《公案簿》第3辑,第99页)

第16章　南洋华侨历史文献《公案簿》与中华语言文明传承

厘力突,也作室力突,借自荷兰语"Directeur",意为总理、部长、理事等。

(3) 为接厘力突于和(荷兰)12月18日第41号之字,内附双烛银贰员(圆),欲知此银真假如何,似属可疑,抑或在外有人使用如此银色乎,祈为查勘是祷。(《公案簿》第4辑,第65页)

实奎炳,借自荷兰语"Schepen",意荷兰东印度公司的司法官,华侨社会的司法问题起初由他负责。

(4) 实奎炳给字为问蔡捷明事存底。抄奉实奎炳列上台为谕唐人甲必丹及雷珍兰知悉事:照得唐人蔡捷明入字禀告,欲与和兰(荷兰)新桄吉立之女婢,名唠吉,系吧产,今换唐人名唤陈贤娘。(《公案簿》第1辑,第71页)

褒黎司,也作婆里司、婆司等,借自荷兰语"Politie",意为警察。

(5) 吊讯际卅于巴,供如褒黎司所陈。吊讯削视人于卅巴,供云:黄亚亲无端叫晚而来,际于巴与木生同睡在新冢。所供是实。(《公案簿》第4辑,第102页)

华侨公堂官职名称,列举其中几个如下:
妈腰,借自荷兰语"Majoor",原为少校军衔,后成为华侨官职头衔,是华侨公堂最高头衔。

(6) 和(荷兰)1843年10月20日,拜五下午,妈腰(陈永元)府中嚣喧唠,值月公勃低甲必丹黄永绿官、雷珍兰吴昭阳官,甲必丹黄燎光官不在议。(《公案簿》第3辑,第23页)

甲必丹,也作甲必丹大、甲大、甲太、甲丁、甲,借自荷兰语"Kapitein",原为上尉军衔,后成为华侨官职名,负责管理华侨民生事务。

(7) 和(荷兰)1824年6月28日,拜一,即甲(甲申,道光四年)六

月初二日,列台在甲必丹大(高长宗)府中嘧喳唠,值月公勃低郑甲解官、叶甲选官。(《公案簿》第 2 辑,第 4 页)

雷珍兰,借自荷兰语"Luitenant",原为中尉军衔,后成为华侨官职名,负责辅佐甲必丹处理日常事务。

(8)公馆甲必丹高俊杰官、雷珍兰陈广元官审得张南京叫梁顺舞住西门:'为买乌糖,除外尚欠去雷 9.32 盾,伏乞追究。'(《公案簿》第 7 辑,第 23 页)

朱葛礁,借自荷兰语"Secretaris",公堂书记官。

(9)高甲大摄理玛腰(陈永元)事,同雷珍兰苏天庇官、陈濬哲官、黄锦章官、陈逢义官、高西川官、郑肇基官、朱葛礁赖观澜官俱在座。玛腰(陈永元)告假不到。陈思聪甲不暇不到。(《公案簿》第 9 辑,第 107 页)

默氏,简称"默",借自荷兰语"Wijkmeester",意为街区区长、街长。

(10)陈正隆,年三十九岁,亚地生长,自幼回唐。前伊父故陈水曾受荫雷之职,抚养教训成人。所行良善,和睦乡邻,结交正士,家资颇有,相助乡党。现任理默氏,便有益于教文明。如王上欲准其所恳,可也。将情详挨实哗裁夺。(《公案簿》第 4 辑,第 83 页)

通过以上官职名的来源,不难看出,在南洋华侨社会的行政体系话语中,荷兰殖民者的语言文明深刻影响了当时的南洋华侨社会,南洋华侨借入了大量的相关词汇,比如熬文明(政府)、兰得力(地方法院)、公勃低(代理人)、吗宜实力(治安长官)、嘧喳唠(议事)等。但是随着南洋华侨社会的发展,《公案簿》中官职名等行政体系词汇开始融入中华语言文明,南洋华侨开始使用一些具有华语特色的词汇,比如用"王上"指称荷兰派驻在印尼的总督。

(11)妈腰(陈永元)于和(荷兰)1850 年 5 月 25 日入字挨实哗云:"为职现甚苦,不得不入字于王上,但职字内系恳限本年和(荷兰)

5月酒偶仔之事,若挨实哖肯相助,必然允矣。想挨实哖亦知职有买实理房地多用钱项。又,职明知挨实哖多要相救,亦无致克亏于教文明,又无克亏于挨实哖,故敢相恳将职《口词字》祈为转入于王上。是祷!(《公案簿》第7辑,第30页)

康培德(2017)还注意到,南洋华侨往官职体系中引入了等级高低的分别,用华语词汇"大""小""二"等表示,会在原官职名称前加上"大",如"大妈腰""大甲",还用"大朱""二朱"区别正副朱葛礁。

(12)至和(荷兰)1853年曾蒙王上8月13日第20号案夺,即举为公堂二朱之职。又和(荷煎)1856年,又蒙王上案夺,升为公堂大朱之职。所任大朱,每月得俸120盾,今已五年。任理公事,公堂列台未尝毁言致谴,即外员首领亦爱悦无间。(《公案簿》第10辑,第164页)

华侨还用"大淡"称呼荷兰驻扎官挨实哖,甚至延伸出了"外淡",表示在城外负责具体事务的长官,"内淡"表示在城内负责事务的长官等。

《公案簿》中官职名称一开始的产生方式是直接音译荷兰语,到后来演变为音译加意译的方式,创造出了一些两者结合且符合华语词汇结构关系的官职名称。语言文明在接触和沟通的基础上,会产生自然的融合,也体现了中华语言文明的包容性,在语言文明演化过程中,会将彼之成分要素为我所用。

三、中华语言文明的坚守与传承

为了生存,中国人漂泊到南洋,他们埋头讨生活,在语言方面,并没有受到太多外力规划因素的影响,然而南洋华侨在语言文明的接触融合中,并没有选择抛弃中华语言文明,而是选择坚守,并且积极地传承。《公案簿》中记录了华侨为传承中华语言文明所做的努力。沈燕清(2019)通过《公案簿》中的相关记录,总结了公堂在200多年的时间里为华侨社会的治理以及华侨教育的发展做出的重要贡献,并且认为这些贡献主要体现在对华侨义学和私塾、中华学校和荷华学校及新式教育的发展等方面所起到的推动作用。她还在文中列举了公堂历代官员尽心尽力对明诚书院等义学机构进行全力维持和严格管理,推动华侨教育发展等事项,具体包括各项开支费用均由公堂负责筹措和担当、校舍修缮与扩大、师资的延聘与辞退、教学时间(包括启读日期、歇馆时间及紫阳牌位的春秋二祭等事项)的安排、义学规章制度的制定等。

本文重点关注了公堂对于传承中华语言文明具有直接作用的几个具体举措,比如招募福建籍的知识分子作为塾师。《公案簿》有诸多求职义学机构的自我介绍记录。

(13) 具禀人晚生方夺侯为恳求恩准事:"窃晚一介庸愚,驽钝舌耕,恭颂玛腰大人合列位宪台大人,抚恤群黎,建学教授,保赤之恩且推暨乎海筮而山陬也哉!迩闻义学欲延西席,训迪童蒙,晚实不敏,请其从事。伏恳赐诺,敢不胜黾勉供职?翘首颙望,曷胜依恋,谨泐芜禀,肃请钧安,并陈贺悃,统祈霁照。"(《公案簿》第 10 辑,第 9 页)

(14) 前任雷珍兰陈文遬上书,恩来年任义塾明诚书院正师之职。其秉公堂玛腰暨列位宪台阁下:为恳充义塾教授事,切晚弟素本以砚田为业,自惭惊力虽不能奋志于天朝,亦曾任吧国公堂朱葛礁迨升雷珍兰之职。恭逢国家奠安,百姓咸宁,任事多年,小心翼翼,克遵厥职。自致仕以来,孜孜教读,确守儒业,孔孟是宗。昔日先人建创书院,崇祀先贤,春秋享祀,延师教育穷人子弟,咸知礼义,文教振兴。(《公案簿》第 14 辑,第 29 页)

这些义学的塾师大多是精研过四书五经的儒生,信奉孔孟之道。并且这些塾师大多是主动到南洋华侨社区求职的。覃寿伟(2018)根据《公案簿》中的记录,推演发现 1865—1875 年,10 年时间,明诚书院义学塾师更换九人次。他认为频繁更换的原因是竞争较大、酬金少且多变。本文认为,儒生塾师来往频繁,间接充当了两地的联络角色,维系了南洋华侨社区中华语言文明的传承。覃文还认为,时人缺乏自信,致使文化交流出现传而不播的情况。其实,塾师与义学机构最重要的作用是维系中华语言文明在南洋的传承,为南洋华侨社会留下中华语言文明的血脉,而文化的对外传播并不是当时华侨的目标。

另外,公堂还促进了华侨新式教育的发展,为中华语言文明在现代华侨社会的传承奠定了基础。公堂在 20 世纪初开办新式中华学堂。《公案簿》第 15 辑中有多所中华学堂的记录。

(15) 新吧杀中华学堂于和 1917 年 8 月 1 日之禀贴,为恳求公堂喜将该片地其已筑成该学堂者,赐给于他以过名字,作该学堂之业产。

（16）结石珍中华学堂所恳之事，其求公堂赐给片地于其学堂之旁者。大玛瑶以为此事无所妨碍，盖于贫人医院我等原亦已赐给片地矣。

（17）代理玛瑶为诵蒋妈助君之书，恳公堂给助月银于丹那望之中华学堂。

新式中华学堂采用日本横滨华侨设立的大同学校的办学模式，教师多是从中国招聘而来，采用官话教学，设有国文、算术、常识、音乐、体育及英语等课程。到了1906年，为了加强各学校之间的联系，统一协调课程设置、办学经费等方面的问题，改组成立爪哇华侨学务总会。到1912年，中华学堂改称中华学校，数量有80余所，学生达5451人。

《公案簿》近200年的档案记录中使用了大量关于"唐"的语汇，简单列举如下：

> 唐人、唐山、唐文、唐字、唐法、唐船、唐教、唐历、唐妇
> 唐监光、唐病屑、唐美色甘、唐人医院、唐人礼仪、唐人礼统
> 唐人葬仪、唐人成规、唐规矩、唐数法、唐山规例、唐人五伦

这些关于"唐"的语汇也侧面体现了南洋华侨对中华语言文明的坚守，特别是在与荷兰人、当地民族沟通中，华侨更愿意凸显自己的唐人身份、唐人规矩与礼法。

四、结语

中华语言文明与在地语言文明因南洋华侨而产生接触联系，中华语言文明的复杂性，让其他民族有时会出现疑惑，华侨先辈要负责进行解释，这是最好的语言文明接触与理解的过程。另外通过官职名称借词的变化，我们还能发现中华语言文明具有包容性的特点，不仅是过去语言接触理论视角下的借词，而且是文明视域下的互鉴与汲取营养。最重要的是，南洋华侨没有因为生存压力而抛弃自己的祖语文明，而是大办义学、招募塾师、促办新学，努力地传承中华语言文明。《公案簿》作为华侨历史文献，见证和记录了南洋华侨传承中华语言文明的历史，这也提示我们，对华侨文献当代资源价值的挖掘，要多

一个语言文明的视角,要结合语言接触、语言传承的基本语言学理论,从文明的角度寻找在海外传承中华语言文明的鲜活故事。

《公案簿》作为华侨历史文献资源,具有文化遗产属性(郭熙,2022),它代表了南洋华语的历史面貌。基于语言文明的视角,《公案簿》是南洋华侨传承中华语言文明、留给后人的一项成果。伯克(2020)认为某种语言的使用可以表达、维护乃至帮助创建该群体成员之间的团结。华文为维系南洋华侨社会的民族情感做出了贡献。更重要的是,南洋华侨强烈的民族认同,促使他们最终坚守和传承了中华语言文明。

时代在变,构建人类命运共同体、"一带一路"倡议、中国式现代化……会让更多的中国人在新时代继续走出国门,也会有更多的外国人来到中国,或者主动地学习中文。我们的中华语言文明会与其他语言文明更频繁更紧密地相遇。世事更迭,如今中国人的文明心态已不是几百年前的样子,但是依然会有其他群体不理解中华语言文明,中华语言文明也许依然会与其他语言文明发生冲突,也一定会继续从其他语言文明中挖掘为我所用的成分。今天走出国门的华人,不管走到哪里,对中华民族的向心力都更强了。中华语言文明的传承与发展,也会遇到更复杂的情境。重新审视华侨先辈带着中华语言文明走过的路,激励我们要更重视新形势下的中华语言文明的海外传承,同时要关照语言文明的传播。

第 17 章
汉字文明的特质及申遗可行性分析

引　言

　　汉字是中华民族祖先发明创制用来书写汉语言的文字，也是中国、日本等东亚及东南亚部分国家和地区广泛使用的文字体系之一。尽管有些国家的现行文字不再使用汉字，如朝鲜、韩国、越南等，但是汉字对这些国家语言文字及文化的影响却是深远的。由于上述国家古籍文献均采用汉字书写，在取消汉字的官方文字地位以后，能够识别并使用汉字的人越来越少，古籍中汉字的识读辨义成了一个棘手的问题。因此，在这些国家，汉字已经列入了濒危文化遗产的行列。

　　汉字的发明和使用不仅丰富了中国文化内涵，推动了中华文明的发展，也对世界文明的推进具有重大贡献。在世界语言文字体系中，汉字只是普通一员，但从文字的历史以及对人类文明的贡献来看，汉字的发明对于人类文明的进程和文化传播起到了至关重要的作用。汉字在发展演变的过程中，不仅优化了文字作为语言书写手段这一工具性功能，形成了汉字造字手段、字形构造、字形演变等汉字字体文化，同时，由于汉字书写方式的演变，还衍生出直接的相关文化形态及传统技艺，如笔墨纸砚所构成的文房四宝文化形态，进而推动了笔墨纸砚制作技艺文化。与此同时，汉字书写过程也衍生出独特的文化形态——书法艺术。以汉字为核心的文化样态及体系共同构成了汉字文明。

　　那么，汉字是否可以申请加入"世界非物质文化遗产名录"呢？本文将从汉字文明的特质入手来论证汉字文化"申遗"的可行性问题。

一、语言作为文化遗产的界定及特征

人们多从哲学或语言学的角度来定义语言,进而突出了语言的工具性特征,如"语言是人类的交际工具""语言是思维的外化媒介和表达手段",以及"语言是音义结合的符号系统",等等。而事实上,语言除了作为交际工具和文化载体,自身也是一种重要的文化符号,是人类创造的宝贵财富,单方面从工具性角度界定语言,难以全面概括语言属性,进而无法充分认识语言的价值。

(一)语言文化遗产特征

联合国教科文组织 2003 年发布的《保护非物质文化遗产公约》对非物质文化遗产定义如下:"非物质文化遗产(intangible cultural heritage)指被各群体、团体、有时为个人所视为其文化遗产的各种实践、表演、表现形式、知识和技能及其有关的工具、实物、工艺品和文化场所。"这是针对国际社会,侧重于非物质文化遗产保护层面来界定的概念(张春丽、李星明,2007:139)。由于语言是特定社会团体历史文化和生产生活文化的一部分,集中反映了该社会团体成员普遍具有的世界观、价值观以及思维方式,是一个民族精神文化范畴的重要内容。根据非物质文化遗产的认定标准,我们可以发现语言满足非物质文化遗产的所有特征,是一种特殊的文化遗产(孙宏开,2021:1)。薄守生(2007:65)也指出语言是非物质文化遗产的重要组成部分。

语言是人类最古老的文化形态之一。黄涛(2008:29)认为语言文化遗产有三个方面的特性:第一,语言不仅是其他文化形态的传承工具和文化载体,其自身也是非物质文化遗产;第二,语言需要以语言社团为单位,不能以某个个体来保持,语言具有不可再生特性;第三,语言是人类生产生活的基本工具,受到经济原则的驱动,语言容易"优胜劣汰"。因此,从语言的文化属性来看,语言满足非物质文化的一切内涵。联合国教科文组织明确规定:非物质文化遗产主要包括口头传说和表述(含语言本身),表演艺术,社会风俗、礼仪、节庆,有关自然界和宇宙的知识和实践,传统的手工艺技能等五大部分。这个规定明确提到了语言,这为语言的申遗工作提供了依据。

(二)语言作为非物质文化遗产的申请障碍

《人类口头和非物质遗产代表作申报书编写指南》中第 23 条 b 款 iv 条明

确规定,语言就其本身形态来讲,不适合作为文化主体进行遗产申报。但这并不意味着语言不可以包含在非物质文化遗产申报内容之内,只是不能以语言作为申报主体,那些与语言存在密切关系的文化表现形式则可作为申报主体,但要满足如下四个条件:(1)申报主体文化形态具有口头创作特点;(2)该文化现象保留着口口相传的主导特征;(3)申报主体文化是该口传遗产中的一个显著部分;(4)该文化遗产的口头性是其保护的主体目标(姜莉芳,2010:28)。

从上述规定可以看出,语言自身虽不能作为申报主体,但可以作为一种文化载体参与其他文化形态的申报中,但这无法突出语言作为非物质文化遗产的重要地位。从现实角度来看,尽管语言满足非物质文化遗产的所有属性,但世界上任何一种语言文字都是人类宝贵的文化遗产,都具有独特性和单一性,而我们不可能把所有语言都列入遗产名录。

尽管不同语言间具有平等的地位,文字的地位却是不同的。从文字的发展历史、书写形态、衍生文化以及对人类文明历史的推动作用来看,不同的语言文字在各自语言使用过程中,积淀了不同的文化内涵,并衍生出密切相关的文化形态。文字对于语言来讲,其文化形态相对具体,文化内涵发展态势更加丰富。因此,我们可以从文字申遗的角度来审视语言申遗问题。

对于汉字来讲,如何把汉字与非物质文化遗产条件相结合,凸显其文化特质是首要问题。根据非物质文化遗产认定标准,汉字除了具有典型的"非遗"特征,其衍生文化同样具有独特的文化内涵以及人文功能。汉字是汉字文化发展的基础,除了汉字自身的文化属性,其衍生文化已经随着现代科技的发展处于濒危境地,如笔、墨、纸、砚等手工制作技艺,随着社会发展逐渐失去了传承者。因此,我们认为汉字文明具有非物质文化遗产核心内涵,具备申遗的可行性。

二、汉字文明的非物质文化遗产属性

汉字不仅仅是语言的记录符号,作为一种古老的文字体系,它已经上升到中华民族的精神层面,"它不仅仅是一种交际工具,而且是维系一个民族的巨大力量"(张岱年、程宜山,2015:11)。汉字的使用过程在中华文化中衍生出众多的文化形态,也推动了科学技术的进步,拥有当今世界其他语言文字所不具备的特性。

（一）古文字体系的活化石

汉字是世界上最古老的文字体系之一，其起源标志着中国古代文明的开端。关于汉字的起源，虽然目前没有一个确切的说法，但是无论哪种说法都使这一问题充满了神奇色彩，也更增添了汉字的魅力和神秘感。关于汉字的历史，根据当前可以查阅的古代文献记载以及考古研究成果，可以把汉字起源追溯到公元前4000年中国古代新石器时代的仰韶文化时期，距今至少有5000年的历史。殷商时期甲骨文上的汉字已经是系统成熟的文字体系。

在世界古文字体系内，古埃及人5000年前创制了圣书文字，但是这种文字并未流传下来，该文字所记载的古埃及文化也随之成为历史；苏美尔人创制的楔形文字也具有5000多年的历史，然而在公元330年后，这种文字彻底消亡。其他古文字还有玛雅文、波罗米文等，也都淹没在历史长河中。唯独汉字是上古时期唯一传承至今的文字体系，成为迄今为止世界上连续使用时间最长的文字体系。汉字久盛不衰，独自屹立于世界文字体系之林，影响力巨大。可以说，汉字是人类文字体系的活化石，它承载并见证了中华文明的发展，在当今世界语言文字中具有唯一性。

汉字属于象形表意文字，字形和字义联系密切。在书写形式上，汉字经历了由图形到笔画的演变，完成了由具体图形到抽象笔画的像似化文字建构过程。大多数汉字是由笔画组合而成的"方块字"，由形旁和声旁组成，仍属表意文字。汉字所具有的形态、语音和意义三者集于一体的特性在世界文字体系中是独一无二的。这种文字特性利于形义联想，进而提升了阅读速度。因此，那些古代的唐诗、宋词可以作为中国儿童必读的启蒙材料，而那些中国的古代典籍仍然可以有效识读。这都是其他字母文字所不能比拟的。

汉字经历了几千年发展演变历程，实物记载显示汉字经历了甲骨文、金文、篆书、隶书、楷书、草书、行书等不同的变形阶段，如今人们普遍使用的是汉字的楷书书写形式。汉字的构造过程是长期演化而成的，是一代又一代集体智慧的结晶。

（二）中华民族文化精神的统一载体

非物质文化遗产体现并传递了民族的精神（刘锡诚，2004：11）。作为中华民族文化的重要组成部分，汉字体现了中国古人朴素的宇宙观，反映了中华民族先祖与自然的和谐统一。关于汉字的起源有很多传说，恰恰是这些传说增强了汉字的神秘色彩，更使其成为中国人的精神寄托，影响着一代代中国人的精神世界。汉字的创造过程体现了中国古人的智慧和思想，它表达了人与自然的和谐统一，是中国古代哲学思想的间接体现，也是中国天人合一思想在文字上的生动映射。纵观造字手段，无论象形、指示，还是形声、会意，均把客观世界形象生动地反映在汉字的字形当中。这充分体现了中国古人朴素的唯物主义观念，反映了中国人对宇宙自然的认识及中国人赖以寄托的精神所在。"字形藏理、字音通意、同形同宗、同音通意"是汉字的艺术构建法则，蕴含了中国人处理人与人、人与自然之间关系的准则，例如汉字"人"体现了"撇捺互撑，站立为人"的人本思想，还体现了中国人的哲学思想、伦理道德、审美情趣等民族精神，蕴藏了人与自然和谐发展的基本道理，是全人类难以再造的旷世瑰宝。因此，汉字同样"蕴含着中华民族特有的精神价值，思维方式和想象力，体现着中华民族的生命力和创造力"（邓显超，2007:118）。

"语言不仅是人类交流思想与感情、传承文化与认知客观世界的工具，同时也是民族的非物质文化遗产，是民族的特征与标志，是维系民族认同感的媒介，是文化最重要的载体与组成部分，是不可再生的文化资源。"（郭龙生，2008:34）汉字是中华民族灵魂的纽带，每一个字都有其深远的来历，每一个中国人都是那一撇一捺构成的"方块字"，中国人的情思早已浓缩到简单的横竖撇捺之中。汉字为中华民族营造了特有的意境，中国人可以借助汉字来抒发自己的个人情怀，宣泄自己的喜怒哀乐。

"文化遗产是历史与记忆的承载，具有凝聚社群情感、增强身份认同等重要人文功能"（侯松等，2019:6）。我国幅员辽阔，地域差异大，方言众多，很多方言之间甚至无法沟通。汉字具有超方言及超语言特性，各个方言均把汉字作为书写手段，共同维系着民族情感，保持着中华民族的统一。然而，有着共同文化背景及文明渊源的欧洲，很多语言如意大利语、法语、西班牙语、葡萄牙语和罗马尼亚语之间的差别，某种程度上比中国不同方言间的差距小得多，但是这些语言缺少汉字这样能够体现并维系统一精神世界的文字载体，他们缺少统一意识，不愿承认各自语言是"罗曼语"的不同方言，而是强化各自的独立意识。因此说，汉字维系着中国人精神的统一，进而维护着国家的统一。

（三）汉字衍生文化的根基

汉字是中华民族历史文化的重要组成部分，在使用发展过程中衍生出了众多的文化形态，这些众多的文化形态与汉字具有的独特字形有直接关系（韩伟，2002:131）。

汉字衍生文化表现之一是汉字的书写文化，这与汉字自身演变为艺术文化形态密切相关。汉字独特优美的结构,使得汉字的书写手段不断发生演变,从甲骨文的雕刻,到金文的浇铸,再到毛笔作为书写的主要工具,都是书写文化的具体体现。由毛笔多样的表现力,产生了中国独特的艺术形式——书法,书法艺术推进了篆刻艺术的发展,印章雕刻、摩崖石刻,都离不开文字作为艺术形态这一前提。汉字书写工具的改进推动了中国书画艺术的发展。毛笔是中国特有的汉字书写工具和绘画工具,使得中国自古以来形成了书画同源的文化,还衍生出了中国文化特有的"文房四宝"书房文化。笔、墨、纸、砚文化是受汉字书写驱动而形成的汉字衍生文化,这四种文化样态各自形成了独特的文化内涵。而且,笔墨纸砚的制作技艺已经在"中国非物质文化遗产名录"中,是目前我们需要保护的重要的文化样态。

汉字的方块式构造书写自如,可以自上而下,也可以自左向右。根据汉字书写特点产生了与汉字有关的众多民俗活动,交融在中国传统节日和民族民俗中。例如,中国特有的楹联文化就是因为汉字的竖式书写形式以及汉字词意形成的对称对仗排列特点;合体字恰恰是将汉字方块书写特征、便于识读的特点体现在了民俗节令之中,如"招财进宝""双喜"字以祈求吉祥;再如元宵节的猜灯谜活动与汉字构造特点有密切关系;花鸟字是中国民间特有的一门将字画结合的艺术形式,用一些花卉和禽鸟的图案拼写成汉字。

除了这些与汉字有关的民俗活动,汉字还衍生出了中国特有的字辈文化。字辈文化起始于汉代,盛行于宋元时期,承袭于今。中国人有一种传统的取名方法,就是在同姓同族人中兄弟辈的名,必有一字相同。其相同的那个字就叫字辈,或称派名、字派、派行。字辈的功能就是用来区分同姓同族中的尊长差别,并以此维系同宗同族的家族观念。这些民俗活动是中国古代社会活动的缩影,不仅丰富了中国人的生活,也成为重要的民俗文化,促进中国人的精神发展。

(四)汉字记录方式的变化推动了科技发展

汉字最初是通过镌刻手段得以保留下来。它们主要分布在甲骨文、金文、石鼓文之上,这种手段最终发展出了篆刻艺术、碑刻艺术。汉字镌刻手段使得碑刻艺术衍生出拓片文化,这为印刷术的发明奠定了基础。

千百年来,中国人致力于书写载体的探索。中国人尝试过在甲骨、金属器皿、石碑上镌刻文字,也尝试过在木简、竹简以及绢帛上书写文字,直到纸的发明,使得书写变得经济、便利、快捷。中国人对书写载体的探索推动了造纸术和印刷术等科技的发展。这两种科学技术使文化的传播更加方便,极大推动了人类文明的发展。造纸术和印刷术使中国的文化典籍得以在当时广泛传播并流传至今,影响着世界文明的进程,对于人类知识、思想、宗教等方面的传播具有强大的推动力。

(五)汉字传播增进文化交流

汉字对我国周边国家的影响巨大,像越南、朝鲜、韩国古代均借用汉字来书写并记载其历史文化。在汉字文化的影响下,有些国家开始自行创制文字,如日本的汉字,韩国的韩字,越南的喃字等。可见,汉字成为这些国家发明文字的母字。日本人至今还使用汉字,并依据汉字的笔画创建了假名,共同用于日语的书写文字。汉字和假名混用,既保持了汉字文化的整体性,也进一步丰富了汉字文化,使得汉字文化呈现出多样发展的态势。

汉字不仅影响了这些国家的语言文字,同时,汉字还影响了这些国家的其他文化发展。

三、汉字文明申遗条件分析

综合汉字对人类文化发展的贡献,可以说,世界上没有哪一种文字具有汉字独特的文化地位。汉字作为最古老的一种文字,在科技高度发达的今天,久盛不衰,体现出其强大的生命力。"在非物质文化遗产内涵有争论的情况下,联合国教科文组织一般根据非物质文化遗产的外延进行确认。"(戴红亮、魏晖,2011:123)语言文字虽具有非物质文化遗产的内涵,但其外延很难有重合部分,也就是说,语言文字的本体无法作为非物质文化遗产来确定。陈双新、张素格(2011:53)提出汉字不符合"申遗"条件,原因在于汉字不具有濒危性,同时,汉字不具有非物质文化遗产应具有的"民间性""口头性"等特征。我们认为,对汉字的认识不应只停留在其作为书写工具的层面,而应全方位考虑汉字所具有的文化内涵。汉字文化均具有"民间性"和"口头性"特征。汉字文化不同于汉字的书写,汉字的书写使用是官方的,但是汉字文化的发展却体现了民俗特点。汉字虽然使用广泛,但是作为一种古老的文字,古体汉字的识读和书写具有濒危性特性。因此,无论从汉字的本体,还是以汉字作为载体和表现内容的衍生文化样态,均具有非物质文化遗产的属性特征,符合非物质文化遗产的申报条件。

目前,非物质文化遗产主要有五类:(1)口头传统和表现形式,包括作为非物质文化遗产媒介的语言;(2)表演艺术;(3)社会实践、仪式、节庆活动;

(4)有关自然界和宇宙的知识和实践;(5)传统手工艺。汉字文化体现了上述五项全部内容。第一,汉字是许多文化样态的载体形式或表现内容,如楹联文化、灯谜文化、合体字文化以及剪纸艺术文化等;第二,汉字的书写过程,书法艺术行为是一种典型的表演艺术;第三,汉字文化融进了社会实践过程中,如汉字造字过程、字谜的设计过程;第四,汉字是象形表意文字,体现了中国古人对自然界的认识以及人与自然的和谐关系,反映了中国人的唯物主义思想;第五,汉字衍生文化的传统手工艺,如剪纸、笔墨纸砚的制作技艺等与汉字有着直接关系。

概括来讲,汉字文明申遗具有如下优势:

首先,汉字是古文字体系唯一流传至今的文字。当今世界,各种语言除了汉字和水书仍使用表意文字体系,其他语言几乎均采用拼音文字或字母文字体系。汉字经历了几千年的演变,历史发展脉络清晰,从未间断,这在世界语言文字发展史上是一个奇迹。汉字的表意系统反映了中华民族生产生活实践以及对自然界的认识。汉字无论是简化字还是繁体字,都仍然生机勃勃。尽管如此,不同历史阶段的古汉字识读问题仍然是迫切需要解决的问题,古汉字识读处于濒危状态,符合世界非物质文化遗产要求的条件。同时,古汉字识读需要培养"传承人",以加强古汉字保护。

其次,汉字具有强大的文化功能,衍生出众多文化形态。文字是语言的辅助工具,具有普遍意义的工具特征。汉字不但作为汉语的辅助,其自身演变出了汉字文化,这在世界语言文字发展历史上是一个孤例。汉字文化中的花鸟字剪纸(315Ⅶ-16)和谜语(31Ⅰ-31)均被列入"国家级非物质文化遗产名录"。同时,汉字还衍生出众多密切相关的文化形态,如中国的书房文化,"文房四宝"中,笔墨纸砚的制作技艺均被列入"国家级非物质文化遗产名录"。

再次,汉字推动了科技发展,推进了人类文明进程。中国"四大发明"中的"造纸术"和"印刷术"就是汉字记录和书写活动的鲜明写照,不但推动了中国文明的进程,也为世界文明发展做出了重要贡献。

最后,汉字文化是共存文化,至今在汉字文化圈国家中影响深远。汉字不但增进了中华民族认同感和归属感,也体现了对文化多样性和人类创造力的推动作用。

因此,无论把汉字作为"申遗"主体,还是把汉字文明作为"申遗"主体,均存在可行性。可以根据汉字衍生文化的不同分项,如书法、文房四宝制作工艺、剪纸、楹联等汉字文化形态,指定培养传承人,这完全符合"非遗"要求。

四、结论

黄涛(2008:27)指出,我们今天开展文化遗产保护工作,不能按照传统观念把语言当作一种交际工具,而要把语言当作一种非物质文化遗产。非物质文化遗产需要研究科学有效的技术与方法加以保护,否则将会因保护不当而遭受损失(何星亮,2005:34)。语言亦是如此,这是因为"语言除了它的工具性,还是人类悠久历史的见证者。语言的背后沉淀着人类文明丰富的信息"(吴永焕 2008:39)。因此,不能单纯从使用的角度来看待语言文字,更要重视语言文字中所体现的文化价值与实际意义。

汉字是中华民族宝贵的文化财富,是一直伴随中华民族历史进程的文化形态,是传承汉字文化极具生命力的表现形式,其历史悠久,与人类文明的结合时间最长,承载着中国人对世界的认识和看法。很多汉字的读音随着语言的发展已经完全发生了变化,然而文字字形却基本保持原貌,成为中华民族的一个代表符号。汉字及汉字文化自成体系,汉字完全超出了语言辅助工具的记录功能,其自身已经形成了一种文化符号,并维系着以汉字为载体的文化内涵。在中国几千年的文明发展历史中,汉字一直作为中国人的形象标记,"横平竖直"的汉字笔画构成也体现了中国人的精神世界。汉字还承载了中国古人的世界观和自然观,体现了人与自然的和谐统一。汉字是中国文化的根,汉字及汉字文明是中国为世界创造的重要文化遗产。

第五部分

语言文明与社区语言规范

第 18 章
手机号码分段中的机构干预与动态趋同

一、手机号码分段：一个未被管理的社区语言现象

社会语言学对语言变异的研究提出了关于言语社区的形成和发展的解释（Xu，2010，2015）。语言规划研究近年来也开始关注言语社区的作用和影响（方小兵，2015，2018；徐大明，2022）。然而，长期以来，这两个方向的研究都是各行其道。语言规划研究仍然主要关注政策和规范的制定，而社会语言学的语言变异研究中常常忽视这些政策和规范的影响和作用（徐大明，2021）。这种情况显然不利于语言变异研究和语言规划研究的发展。我们认为，有必要将两方面的研究成果进一步整合，以发挥它们各自的优势，更好地促进学科建设。本文主要针对语言变异研究当中忽视语言规划作用的问题，通过运用言语社区和语言规划的理论对日常生活中的语言变异现象进行分析，说明语言变异发生和发展的机制，以及个体、群体和社区在其中的地位和作用，这是观察语言规划研究对语言变异的结果产生影响的一个切入点。

已有的语言变异研究的理论比较注重从语言结构系统的角度来定义和解释变异现象。从传统的结构主义语言学立场出发，有社会语言学家将语言变异定义为一个结构单位，或称其为"语言变项"（linguistic variable）（徐大明等，1997：66）。通过"语言变项"可以揭示个体、群体和社区之间的关系。例如，语音(f)变项，是指在一组字的发音中其声母有时发成[f]，有时发成[x]，而社区主流是发成[f]的情况（李荣刚，2011）。因此该变项是所调查方言音系中的一个单位。这一变项的研究同时还揭示了群体特征的产生和社区新规范的形成途径。然而，在比较传统的方言调查中是没有这种单位的，传统的调查结果要求的是一个无变异的"纯净"音位系统。这时，调查人就需要做出取舍，或者取[f]或者取[x]。这样就隐匿了一部分语言事实，但是达到了其理论所设定调查目标，即获取（或制定）一个"规范"的方言音系。在比较仔细的调

查报告中,可能会指出这种"一字两读"的现象,甚至还会确定前者是"新派",后者为"老派"发音,等等。由于没有社区调查的定量方法,这些调查结果基本上是调查人在参考其他研究的情况下主观决定的。社会语言学的调查人按照"社区调查"的方法,根据定量结果来确认社区主流形式,同时明确显示变异的情况。确定新旧"变式"(variant)时是根据其在不同年龄段群体中的分布;而且,有时可以决定,该变异并非处于语言变化的进行状态(无新旧变式之分),在社区中是一种稳定情况,可以只是一种场合语体标记,例如,许多当代英语社区中的(-ing)变项(徐大明,2006)。

在研究作为语体标记的变项时,美国的一些社会语言学家提出了"威望变式"(prestige variant)的概念。威望变式指在比较正式或"高端"场合中较多采用的变式(徐大明,2006)。这里值得注意的是,这些"威望变式"的地位一般不是由权威机构认定的,而可能只是一种社区规范。在美国的很多地方,英语的发音是没有官方标准的,教育机构和学术单位可能会有一些推荐和示范,但其权威性和统一性远远达不到像由政府机构发布规范标准时的情况。由于言语社区是非形式化的组织系统,其组织效力仅来源于成员参与的结果(徐大明,2022),所以,如果不遵循社区规范,其后果不过是失去了社区认同和作为社区成员所享受的各种利益而已。社区规范是约定俗成的,无成文规定,但往往成为社区成员自觉遵守的规则。

随着社会语言学的发展,在一些社区调查中发现的语言变项被区分为"标准变式"和"非标准变式";"标准变式"常常同时也会是"威望变式";这是在有"语言标准化"的社会中常见的情况。而在某些未有"语言标准化"的情况下所发现的"威望变式"就不一定是标准变式。在英国调查过的一些社区中,在反主流文化的带动下,在某些群体中的"非标准变式"一时成为新潮流,大家争相模仿,以至于变成实际上的社区规范。因此,有些研究又提出了"隐威望"(covert prestige)的概念,实际上就是变相把小社区中的事实规范纳入大社区的"威望"规范系统(徐大明,2006)。

因此,在语言标准化发达的社会中,较难区分社区规范和机构规范,因为机构规范可能早已贯彻到基层,已经融入社区规范之中了。在我国,现代汉语的标准化活动成绩斐然,国人的语言标准意识在教育系统的灌输下大大提高,甚至汉语方言也在语言学家的推动下产生了各种标准的版本并加以推广,这在许多国家是不可想象的事。因此,通过多年的努力,汉语的书面语言和口头语言的规范逐步完善,特别是在普通话的范畴,语音语法词汇的规范和标准基本上是全面覆盖,很难找到一些未被规范的"盲区"。所以,在我国的语言生活当中,只有研究一些尚未完全规范的语言现象,才能厘清哪些是机构管理的效应,哪些是社区自身的规范效果。

为了达到上述研究目的,我们需要在现实中发现这样的语言现象,它需要满足两个条件:一是属于一个未被充分管理和规范的领域;二是有足够多的个体说话人处于相同或相似的语境。受陆丙甫、应学凤(2019)研究的启发,我们想到了像手机号码这种长串数字在使用中"分段"的现象。手机号码分段现象目前在我国还是一个未被充分规范的领域,拥有手机的用户在报出手机号码时,都会面临分不分段或如何分段的问题。因此,目前来看,把手机号码分段形式作为一个语用变项来进行社会语言学变异研究,是一个较为合适的选择。

二、手机号码分段作为语用变异现象

进入 21 世纪以来,随着移动通信技术的发展和手机使用的普及,我国的手机使用率大大提高,几乎达到"人手一机"的情况。而最初是 10 位,后来增至 11 位的手机号码也成为世界上最长的手机号码(之一)。在使用这一长串数字组成的手机号时,语言生活中出现了一些有趣的现象,这些现象似乎还未完全纳入管理范畴。在日常生活中,向别人提供自己手机号码的情况成为普通的言语活动。在报 11 位的手机号码时,分几段说出的情况现在也已成为司空见惯的语言现象。然而,正是这些现象,可以向我们显示语言变异、言语社区和语言规划的一些一般性原理。

电信系统对 11 位数的手机号码的分段有明确规定。前三位数为一段,这段号码用来识别不同的运营商;随后四位数为第二段,是地区识别号;第三段由最后四位数组成,成为区别在相同运营商和相同地区的不同手机用户的号码。因此,有很多人认为这种分段(3-4-4,以下简称344)是"正确"的分段,所以采用了该分段作为自己的分段方式。但是,根据我们的调查,另外一些人(一说是大部分人)并不了解上述规定,或认为该规定与个人的分段无关,所以还有很多与此不同的分段法。

(一)社区语言变异:大学生手机号码分段

我们在江苏某高校的一个班级的学生中开展了一项关于手机号分段分配方式的调查。结果显示,电信系统的 344 分段是最流行的分段(可称作主流式),其次是 335 分段(可称作次主流式),其他的还有 443、434 和 533 等(见表1)。这一结果显示了典型的语言变异状态,即"半随机"状态,虽然有较强的随机性,但也有一定的规律性。大部分学生的分段只有一种模式,还有少数具有两种常用的分段式,如 344/443,344/335 等。此外,尽管手机号码由左至右可以分很多段,每段也可以由不同的位数组成,但这个调查结果却显示,学生们都分三段,且限于 3—5 位数字一段。

表 1　手机号分段分配方式变异情况(N=59)

号码分段	人数	占比/%
344	33	55.90
335	12	20.30
443	9	15.30
533	1	1.70
344/443	1	1.70
335/443	1	1.70
335/344	1	1.70
335/434	1	1.70
合计	59	100

注:表 1 中的 344/443 等为双重分配方式。

上述的规律性,既不是必然的,也不是完全偶然的。因为 11 位数在保持原有顺序的情况下,有数百种分段可能,而这里只出现了 5 种(见表 2)[①]。以上调查中未发现分四段以上的情况。同时,调查发现的三段式都是每段包含 3—5 位数。在这样的条件下(11 位数顺序不变,分三段,每段含 3~5 位数),理论上可以有 6 种情况:335,533,353,344,443 和 434。但是,以上调查只发现了其中 5 种。

表 2　高校学生调查结果(不同分段形式的自报人次)

号码分段	人次	占比/%
344	35	55.60
335	15	23.70
443	11	17.50
533	1	1.60
434	1	1.60
合计	63	100

① 我们在知乎上搜索,发现了更多的分段模式:每段 2~5 位数字的分段式较为常见,并且整个号码分为 3~4 段。如果以上述条件为限定,则可能的组合限于 2225,5222,2522,2252,3332,2333,3233,3323,335,533,353,344,443,434 等 14 种。

表 2 按不同的分段形式统计,一人两式的情况做两人次处理,结果与表 1 没有太大的区别,但是排位第二第三的两种形式的占比上升,合计超过总人次的 40%。排位前三的分段式合计达到总人次的 96.8%。也就是说,5 种形式中的两种是"少见"的现象。

已有的语言变异研究发现,社区中流通的几种变式从来都不是均匀分布的,总有比较主流的形式和一些少见的形式。该高校同一个班级的学生手机号码分段的情况恰恰演示了这种语言变异的情况。虽然大家都分段,却出现了多种不同的分段形式。然而,虽然结果中出现了多种不同形式,却显现了较强的集中性,而不是完全随机的分散分布的情况。

从集中性看,虽然出现了三种主流变式,然而其中一种变式的流行程度已达半数,显示出一定的集中性。不过,比起许多其他语言变异现象,例如,江苏省连云港市连岛话的(f)变项(李荣刚,2011),手机号分段仍显示出缺乏规范的情况。连岛调查收集了数百人的发音之后发现,(f)变项只出现两个变式,而手机号分段,仅仅几十人就出现了 5 个变式,主流变式高达 3 种。以上结果显示,手机号码分段很可能是一个尚未被规范的社区语言变异现象[①]。一个外部的规范,也就是电信系统的 344 分段,在社区中似乎有一定的影响,但并未成为社区普遍接受的"标准变式"或"威望变式"。

(二)不同分段方式的原因

小范围调查伴随的访谈收集了一些学生手机号码分段的原因,之后在知乎上也找到一些网民给出的手机号分段的不同原因,包括下列几种:

(1) 中华人民共和国境内地区移动终端通信号码依据如上这个资料,貌似 344 是正确的。(知乎)

(2) 123 - 456 - 789 - 00 分四段,每一段想个谐音想个成语想个节日什么的,组成一首三句半。绝对能记住。(知乎)

(3) iPhone 拨打使用 344 分段。(知乎)

(4) 我觉得好记比较重要,以前我也是 344,后来换了手机号就 452 了,因为中间是 12345,尾数是 XX 好记。(知乎)

[①] 这项小范围调查不能算作一个有全面代表性的社区调查,但是可以作为社区中的一个定向抽样,其目的是发现社区中的某一个群体中是否已出现主流变式,可以作为进一步的社区调查的先导性研究。

(5) 我给门卫报手机号时,说"138,1398,xxxx",他总是认为我一开始说错了,"1398"是改口从头再说,这样几回之后,我就改成"1381,398,xxxx"了。(访谈)

上述分段原因当中,(5)是一位从原来的 344 分段改成 434 分段的,给出的原因是,为了方便交流。其他因为分段问题产生交流不顺畅的情况还有:

(6) iPhone 拨打是用 344 分段,但不是每个人都这么分段,443、434、335 也都常见。而习惯一种分段法的人,同一号码用另一种分段法显示也会需要确定一下才拨打出。(知乎)

(7) 我一直(用)344(分段方式),遇见其他人说我电话号码我都要反应好几秒才对照得过来。(访谈)

(8) 我发现在超市报会员就是手机号码,有些收银员就会愣一下,可能接受不了 434 格式,这不是她习惯的分段,对于她听力接受度也有一定影响。我要是变成 344,要想一下,但是收银员接受度就好多了。但有时候面对以上场景,我会妥协,以就对方的习惯,这样效率高一些。(访谈)

(5)—(8)都提及不同分段带来一些交际中的问题,同时也表现了对这些问题的态度。例如,(6)实际是在吐槽 iPhone 的设计给某些用户造成的不便。(8)是一位习惯 434 分段的调查对象,当提及交流中产生的困难时表示:虽然可以临时变通,但不会因此改变自己的习惯分段。

上述调查结果说明,手机用户有不同的分段式,各有自己的原因。但是,不同的手机号码分段会带来交流的困难,有些人认为这不是什么大问题,另外一些人则会因此改变自己的习惯,改用社区中较为流行的分段。因此,个人的语言习惯在言语互动中会有适应性的调整。在社会交际中,通过不断的试错和调整,最终,多数人的语言习惯趋于一致。这种情况可能就是主流形式,以及社区规范形成的基础。然而,类似电信系统和 iPhone 设计的 344 分段这种"机构规范"在其中会有什么作用呢,下文将讨论这个问题。

三、讨论：社区规范和机构规范

社会生活日新月异，相对应的语言生活也不断发生变化，新的语言现象不断产生；语言规范工作也紧跟形势，不断进入之前未涉足的领域，如互联网语言使用、人机互动语言使用等领域。然而，在当前这种语言规划活动已经大面积覆盖语言生活的情况下，言语交际中的手机号码分段现象却还未被完全规范。这就更能凸显出对这一现象进行社会语言学分析的价值所在。针对这一现象，我们展开调查，发现了比较典型的语言变异现象，其中包含个体变异现象、群体差异现象和社区主流现象。调查也发现了多种对于不同手机号码分段模式的解释，可以归结为如"方便记忆""个性化展示""无意识跟随""执行规范"等几种原因。但是，这些仍有必要运用社会语言学理论做进一步的分析。

（一）主动和被动的个体说话人

社会语言学的理论对语言现象的分析基本上是区分"个体/社会""主观/客观"两个维度（Xu, 2006）。简单来说，个人的语言特点是客观的个体现象，群体和社区的特征是客观的社会现象（或称"社会事实"）；个别人的语言态度是个体主观现象；而群体性的语言态度则是群体主观现象。应用上述框架，我们对电话号码分段变异进行了分析，并且用两个表格分别总结了该现象的客观和主观内容。与之前的研究有所不同的是，这里不仅区分了"个体/社会""主观/客观"维度，而且增加了从动态视角观察的"主动/被动"维度。

表3总结了手机号分段变异的客观情况：那些比较少见的分段形式，有的仅仅是个体说话人为了方便记忆而采用的形式；有的却是刻意挑选号码的结果，包括一些谐音某些词语所需要的分段方式[①]。与此同时，有些个体主动改变自己的分段方式以便"跟潮流"或"符合规范"，因而成就了一些群体层次上的一致现象。除了个体主动适应群体的效应，主流形式的形成还包括外部规范的影响，或者是共同的心理机制的影响[②]。

[①] 例如，四个数字一组对应一段词语，"1314"寓意"一生一世"，"1818"表示"要发要发"，等等。
[②] 例如，陆丙甫、应学风（2019）指出的"四字段"的影响。

表3 手机号分段客观情况

	个体	群体(含社区)
主动	展示或坚持个性化分段式	调整个人习惯以适应主流分段式
被动	保持记忆需求的分段式	外部规范或语言共性影响的分段式

表4总结了手机号分段变异的心理机制。有的个体就是要表现得与众不同,在手机分段上也要体现个性,甚至有人故意要挑战"规范"。与此相反的情况是,有些人要改变自己来适应群体特征,努力做个"守规矩"的"好孩子",包括改变自己的号码分段习惯来符合"规范"分段式。以上都是主动性的体现,而被动性也有两方面:一种是毫无群体意识或规范意识,我行我素,不觉得自己的分段式跟别人还有什么关系;另一种则是一直下意识地追随群体,而从来不觉得自己还有什么选择的余地。

表4 对说话人心理的分析

	个体	群体(含社区)
主动	突出个性,"与众不同"为目的	规范意识强,认同群体或社区规范
被动	缺乏交际意识和规范意识	下意识地跟随群体

但是,总体上来说,多数人似乎是有一定的主动性的,而"从众"和"守规"恐怕也是社会上多数人的特征,结果就是群体特征和社区规范的逐步发展和形成。

(二)言语社区的内部结构和外部环境

根据已有研究,言语社区的内部结构基本可以分作三个层次,即社区、群体和个体(徐大明,2006)。在比较早期的研究中,个体层次不太受关注,所以语言变异特指社区内的群体之间在语言表现上的差异(徐大明等,1997)。近期研究开始注意个体的作用,特别是个体在跨群体和跨社区的变式传播过程中的作用(徐大明,2006)。以上的手机号码分段的变异情况可以充分演示三个层次间的不同情况。

社区内不同群体之间的差异主要是由不同群体的生活经验决定的,社区所在的社会大环境也会对社区产生影响,有时对其中一些群体的影响会大于对社区总体的影响。据了解,政府的语言管理机构并未出台任何关于手机号码分段的规定,而且在官方发布的正式文件中出现手机号码也未以分段形式表示。在那些有影响的领导讲话中,一般不会报手机号码;目前也尚未看到曾给出关于手机号码分段的明确指示。网络搜索显示,某电视台举办的知识竞赛节目中居然还有一道关于手机电话分段的抢答题:443,344,335 哪种分段为"正确分段"?(答案是 344)。即便如此,在社会大环境中,手机号码分段基本上仍是一个自由的运作空间。

针对语言规划研究中忽视言语社区的问题,以及语言变异研究中忽略机构规范影响的问题,在已有研究的基础上,本文提出如下语言变异与规范的理论模型,从结构上显示机构规范、社区规范、群体特征和个人习惯的关系。

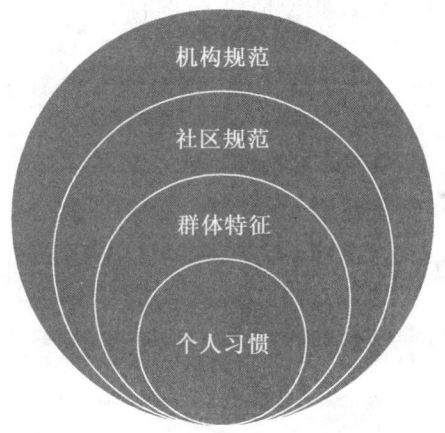

图 1　语言变异与语言规范示意图

图 1 是一个简化的静态结构模型,重点在于表现语言变异现象中的层级性结构,同时引入机构规范这一之前被忽略的因素。也就是说,机构规范是无变异的,但其影响力可以渗透到社区中,影响和改变社区中的变异状况。在其影响力足够大的条件下,某些变式可以成为社区中某个或多个群体的主流形式,同时也可以成为社区大多数个体成员身体力行的个人模式。然而,在手机号码分段的现实状况中,我们看到的是,344 的电信分段标准,不仅与少数人的分段习惯不同,与某些群体的主流分段式也不同,在某些社区中仅勉强达到主体性的规模。

以上情况并不是作为推翻机构规范可以转化为社区规范假设的证据,而是作为其转化过程假设的支持证据。来自外部环境的机构规范,通过强力和持久的贯彻,是可以转化为社区成员完全一律的外显行为的。而且,如果该规范符合社区的共同利益,如"便利社会交际"等目标,则更容易为社区成员所接受,迅速而广泛地形成事实规范。这里我们可以引用上述高校调查结果中"三段式"的例子,在"分三段"这一特征上,数百位调查对象是完全一致的。其中,可能是有"电信分段"的影响,也可能是"便于记忆"的原因,还可能是群体认同的压力驱动的结果,更可能是几种力量的综合效应。

言语社区的规范不具有强制性。个体说话人的自由可以从个性化手机号码分段变异中得到展示。因此,在刚性语言管理的空白区域,手机号码分段的个体变异得以产生,群体变异特征在社会认同和机构规范的影响下逐步形成,社区规范在群体间互动的基础上形成,机构支持的语言规范在与言语社区的互动中得到逐步实现。

言语社区调查表明,语言变异是社区的自然状态,完全统一的语言规范往往是社会机构与言语社区互动的结果。虽然权威机构在语言使用上的示范会对社区规范的形成有影响,但语言标准化的实现往往是依赖外力的管理结果。在无外力介入的情况下,社区规范仅仅是社区的主流形式,而社区仍然会保留一些支流形式和少见的个人形式。

四、结论:机构干预与动态趋同

社会语言学的研究已经发现言语社区产生和发展的机制,在交流和认同的驱动下,社区规范自然形成。与此同时,语言规划研究也验证了社会机构对语言生活管理的效应。本研究针对机构语言规范在社区中的影响和作用的问题,以及语言变异现象怎样向社区规范转变的问题开展研究。因此,我们选择了一个语言管理机构较少关注的语言变异现象——手机号码分段的语用变异——进行调查分析。研究发现:语言管理机构尚未强力推行电信系统的分段标准,而日常生活中,个体说话人由于自身的需要,创造出来多种分段模式。然而,个人的分段模式一方面受到群体认同的影响,另一方面也直接或间接地受到电信系统标准的影响,群体分段特征正呈现出动态趋同的模式。因此,上述结果说明,个人认同促进了群体特征的形成,并进一步构成社区规范。社区规范是语言规范的基础,语言规范在社区的言语互动中得以实现,而机构干预可以在其中发挥引导和带动作用。

第19章
电话号码分段与语言文明规范

引 言

工信部《2021通信业务统计公报》显示,2021年全国电话用户净增4755万户,总数达到18.24亿户,其中,移动电话用户总数16.43亿户。手机是使用最频繁的通信工具,记住手机号码,至少记住自己的手机号码,是我们普通人必须解决的问题,也是当下最频繁的语言生活之一。在语言与社会互动互育的过程中,语言结构、语言媒介、语言功能等不断发展丰富,社会文明也日新月异(李宇明,2021)。手机号码有11位数,一般来说,手机号码整体记忆难度较大,人们一般会选择分段记忆。现有手机号码由运营商统一分配,前3位是网络识别号、4—7位是地区编码(HLR归属位置寄存器)、8—11位是用户号码(随机分配),即3-4-4模式。手机制造商默认手机号码的分段也是3-4-4,在呼出或呼入时会自动显示3-4-4分段模式,如华为、OPPO等。在书面语(公共空间景观)和口语中,手机号码如何进行分段?两个领域的手机号码分段会有差异吗?与机构(运营商、制造商)规范是否一致?调查手机号码分段情况,能够说明在社会互动中,语言生活不断丰富,社会文明也随之提升,语言文明规范也需跟上。

一、书面语(公共空间景观)手机号码分段情况

调查地点:在东莞共调查了教育路(一)、教育路(二)和中兴路。因教育路较长,按照街道长度为500—1000米左右的调查设计原则,分开进行。教育路(二)是该地区的新街及商业中心,中兴路是该地区的老街,商户较多但规模都不大。教育路(一)是新街的一部分,但是人流不及教育路(二)及中兴路。

调查对象:1. 临街可见的所有店面招牌。一般而言,一个门店对应一个

招牌,但有些店铺位于二层或以上,对应的标牌会悬挂在二楼或以上,本次调查一并统计。2. 临街可见的所有张贴、悬挂的含有电话号码信息的小广告,包括条幅、印刷品、手写品等。

调查方法:采用观察法,调查员实时观察并记录,先进行街道一边的观察,再折返观察另一边。后期对调查数据进行统计分析。

调查时间:调查集中在 2022 年 4 月。

(一)店面招牌

参考《东莞市户外广告设施和招牌设置管理条例》(2022 年 1 月 1 日施行),本次调查的店面招牌,指个体工商户、法人和非法人组织在拥有合法权属的经营地、办公地或者建(构)筑物,设置表明单位名称、字号、标志或者建(构)筑物名称等内容的标牌、灯箱、霓虹灯、文字符号等的行为。店面招牌的设置形式比较固定,一般可分门楣式、墙体式、墙面集约式、集约落地式等,但其中的文字、颜色等变化多端。本次调查囊括了除集约落地式外的三种形式。

教育路(一)共收集 104 个招牌,店面招牌上有电话号码 67 个,其中分段的电话号码 8 个,占电话号码总数的 11.94%。教育路(二)共收集 118 个招牌,店面招牌上有电话号码 11 个,为所有调查区域的最低值,其中有 4 个电话号码进行了分段,占电话号码总数的 36.36%。中兴路共收集 149 个店面招牌,店面招牌中共有电话号码 104 个,电话号码中有分段的 8 个,占电话号码总数的 7.69%。合并统计后的结果,店面招牌共有 371 个,其中有电话号码的店面标牌 182 个,电话号码中分段的有 20 个,占电话号码总数的 10.99%。详见表 1。

表 1 东莞调查结果统计表

	教育路(一)	教育路(二)	中兴路	总计
店面招牌(N=371)				
店面招牌	104	118	149	371
有电话号码招牌	67	11	104	182
比例	67/104=64.42%	11/118=9.32%	104/149=69.80%	182/371=49.06%
电话号码分段	8	4	8	20
比例	8/67=11.94%	4/11=36.36%	8/104=7.69%	20/182=10.99%

(续表)

	教育路(一)	教育路(二)	中兴路	总计
小广告(N=169)				
小广告号码数	56	54	59	169
电话号码分段	14	10	17	41
比例	14/56=25.00%	10/54=18.52%	17/59=28.81%	41/169=24.26%
合计比例	22/123=17.89%	14/65=21.54%	25/163=15.34%	61/351=17.38%

(二) 小广告

本次调查的小广告主要指临街可见的张贴或悬挂的各类信息,如门店前面张贴的招聘信息、招租信息、悬挂的条幅或电子显示屏、公交站台展示栏等。大多数的小广告由广告公司制作或者打印,少数由个人打印或手写。与店面招牌相比,小广告基本不受监管,制作成本较低,更换频繁,可见度有限,随意性也相对较强。

本次调查,教育路(一)共收集了 56 个小广告电话号码,其中分段的电话号码 14 个,占比为 25.00%。教育路(二)共收集了 54 个小广告电话号码,其中分段的有 10 个,占比为 18.52%。中兴路共收集了 59 个小广告电话号码,其中分段的有 17 个,占比为 28.81%。总共收集了 169 个小广告电话号码,分段的电话号码共有 41 个,占比 24.26%。详见表1。

(三) 语言景观中手机号码分段形式

本次调查,在东莞共收集了 351 个语言景观电话号码,其中手机号码最多,共有 266 个,占比为 75.78%;固定电话号码有 72 个,占比 20.51%;400 电话和行业服务电话很少,一共只有 13 个,共占比 3.69%。

在 266 个手机号码中,不分段为主流模式,在教育路(一)、教育路(二)、中兴路分别占总数的 86.32%、83.67%、82.79%。在进行分段的手机号码中,3-4-4 为主流模式,三条街道中该模式占手机号码的总数的 13.68%、16.33%、15.57%。其他分段模式极为罕见,共收集两个样本,一个为 5-6 分段模式,一个为 3-3-2-3 的分段模式。所有的分段手机号码,中间使用空格隔开。详见表2。

表 2 手机号码分段模式统计表

分段模式	教育路(一)		教育路(二)		中兴路		总计	
	数量	占比/%	数量	占比/%	数量	占比/%	数量	占比/%
未分段	82	86.32	41	83.67	101	82.79	224	84.21
3-4-4	13	13.68	8	16.33	19	15.57	40	15.04
5-6	0	0	0	0	1	0.82	1	0.38
3-3-2-3	0	0	0	0	1	0.82	1	0.38
总计	95	100	49	100	122	100	266	100

二、口语(自报)手机号码分段情况

仅仅通过语言景观电话号码分段情况还无法判断人们在语言生活中真正的分段情况。结合前面的调查结果,我们重点关注占比最高的手机号码,增加了口语层面自报手机号码的问卷调查。问卷调查时间在2022年4月12日—17日进行。采用线上问卷形式(https://tp.wjx.top/vj/PtOPQg7.aspx)。问卷的前期,主要在东莞地区展开,后期为了增加不同区域的样本,扩展到全国多个省份。问卷区分了学生和非学生,其中学生样本主要来自东莞某高校,总计七成多的样本来自东莞。

本次调查共收集到561份问卷,男性209人,占比37.25%;女性352人,占比62.75%。在年龄方面,28岁及以下最多,占比71.84%;其次是29—45岁,占比16.40%;46—59岁,占比11.05%;60岁及以上,占比最少,只有0.71%。受访者中学生有375人,占比66.84%;非学生186人,占比33.16%。

(一)分段情况

调查发现,分段模式最多的是3-4-4模式,占比61.32%;其次是3-3-5模式,占比19.43%;不分段的有63人,占比11.23%。其他分段模式多元,4-4-3占比4.1%,4-3-4占比3.74%,5-3-3占比2.32%,两分模式(5-6或者6-5)占比1.43%,3-5-3占比1.25%;6.24%的受访者选择其他。分段模式非常多元,有四分模式,如:2-3-3-3、3-2-3、3-2-2-4、3-2-3-3、3-2-4-2、3-1-3-4、4-2-2-3等;三分模式2-4-5、5-2-4

等;五分模式 3-3-2-2-1;二分模式 4-7。详见表3。

表3 自报手机号码分段情况统计表(N=561)

选项(多选题)	小计	比例/%
×××××××××××(不分段)	63	11.23
×××—××××—××××(3-4-4)	344	61.32
×××—×××—×××××(3-3-5)	109	19.43
×××—×××××—×××(3-5-3)	7	1.25
××××—××××—×××(4-4-3)	23	4.1
××××—×××—××××(4-3-4)	21	3.74
×××××—×××—×××(5-3-3)	13	2.32
×××××—××××××(5-6)或××××××—×××××(6-5)	8	1.43
其他	35	6.24

(二) 分段原因

在问及手机号码分段的原因时,58.11%的受访者选择"记忆方便",占比最多;占比第二多的是"个人喜好和习惯",占比为57.22%;第三为"朗朗上口",占比48.48%;第四为"根据号码的特点",占比为40.82%。上述四个选项为主要原因。另外,有10.16%的受访者选择了"感觉身边的人都是这样用的",有3.39%的受访者选择了"从号码经销商、运营商等地方学来的"。详见表4。

表4 自报手机号码分段模式统计表(N=561)

选项(多选题)	小计	比例/%
根据号码的特点	229	40.82
个人喜好和习惯	321	57.22
朗朗上口	272	48.48
记忆方便	326	58.11
感觉身边的人都是这样用的	57	10.16
模仿号码经销商、运营商等	19	3.39
其他原因	2	0.36

三、讨论

下面首先对比书面语与口语手机号码分段模式,然后探讨手机号码分段的理论基础,最后从语言文明视角来讨论手机号码分段规范。

(一)书面语与口语手机号码分段对比

大部分书面语手机号码不分段,少数分段的以3-4-4模式为主,其他分段模式极其罕见。具体到语言景观方面,84.21%的手机号码未进行分段;剩余的手机号码进行分段,其中15.04%的分段模式为3-4-4,另有5-6和3-3-2-3两种模式,各有一个样本,各占0.82%。书面语手机号码不分段是主流,分段的是少数,且主流分段模式只有3-4-4,其他模式占比极低。可见,书面语手机号码呈现模式目前依然保持稳定,几乎没有变异,与机构规范保持一致。

但是在口语方面,手机号码的分段模式复杂多样,远远突破了机构规范。虽然有11.23%的受访者不进行分段,但分段是主流。3-4-4依然是最流行的模式,占比为61.32%。3-3-5的模式也较多,占总数的19.43%。其他分段模式很多元,两分模式5-6、6-5、4-7;三分模式4-4-3、4-3-4、5-3-3、3-5-3、2-4-5、5-2-4;四分模式2-3-3-3、3-3-2-3、3-2-2-4、3-2-3-3、3-2-4-2、3-1-3-4、4-2-2-3;五分模式3-3-2-2-1。

可见,书面语比较保守,书面手机号码的分段只部分反映了口语中的情况。在口语层面,手机号码分段变异情况非常复杂,远远领先于书面语。简言之,书面手机号码分段是少数,口语手机号码不分段是少数。我们认为,书面语手机号码分段尚在变异过程中,口语中手机号码的变异模式会逐渐影响书面语的分段,今后书面语中的分段可能会逐渐增加。

(二)手机号码分段的理论基础及实践

Miller(1956)提出人类语言信息处理的过程是"组块"(chunking),即将小单位按照一定的结构模式组成越来越大的结构单位。通过总结大量的实验研究,提出短时记忆的容量为7 ± 2个单位,人类处理信息能力的限度是"七块左右(7 ± 2)"。Cowan(2001)提出短时记忆容量限制为4的理论。手机号码共有11位,作为一个整体、不分段,已经突破了人类处理信息能力的极限。汉语口语中,最大的停延段是四个音步,四言格式化是汉语的语法化(王洪君,2002;沈家煊,2019)。Liu(2008)对20种语言的数据库语料做了统计,结果也显示没有一种语言的语料库"句子平均依存距离"超过 4 的。陆丙甫、应学凤(2019)也提出,人类语言句法结构的直接成分不会超过 7 个,其中决定结构模式的"模式成分"不会超过 4 个。

手机号码共有 11 位,作为一个整体、不分段,已经超出了一般人记忆数字的能力。再结合前文论述的运营商 11 位数代表的不同意义,理论上说,我们记忆手机号码时,四个一段进行切分效率最高,3-4-4 分段模式最符合上述理论。不少受访者也说 4 个数字一组,读起来的感觉更好。简言之,在实践层面,主流的分段模式 3-4-4 符合上述理论假设。口语中手机号码分段的主要原因是记忆方便、个人喜好和习惯、朗朗上口以及号码特点等。换句话说,受访者进行手机号码分段的依据是结合号码的特点,进行容易记忆的切分,且符合汉语的节奏。甚至为了达到上述标准,违反经济原则,增加切分段数,进行四段、五段切分。

(三)手机号码分段规范与语言文明

语言文明是有结构层次的,是一个系统(陈汝东,1996)。规范性是这个系统中重要的一环,手机号码分段及其规范问题是"语言文明"需要关注的内容之一。在个人层面,手机号码分段是没有规范的。问卷调查显示,个人口语手机号码分段的模式五花八门,二分、三分、四分甚至五分模式,都存在。如前文所述,手机号码的机构规范是隐性的,这也是手机号码分段原因选项"从号码经销商、运营商等地方学来的"(代表机构规范)只有 3.39% 的原因。很多人选择了 3-4-4 模式,但并不知道已经受到了机构规范的影响。而在社区层面,目前已有的地方招牌设置的相关法律法规并未对手机号码的分段有明确规定,但是调查发现,公共空间的手机号码分段模式高度一致,不分段是主流,分段也是 3-4-4 模式占主流。这表明,手机号码分段的社区规范已经形成,门面招牌和小广告都是非官方标牌,无论语言景观的所有者还是制作者,都在遵循大家默认的共同规范。大众交际是城市基本的语言信息交际状况之一(李宇明,2021)。口语层面过多的手机号码分段模式,特别是违背经济原则的四分、五分模式,不利于语言信息交际,也违反了语言文明的基本要求。手机号码分段变异模式过多,如果不进行语言规划,迟早会影响到书面语,社区层面的规范会遭到挑战,最终会影响语言文明建设。手机号码及使用作为语言生活的重要环节,不应成为真空地带,需要基于言语社区理论(徐大明,2004),从社区语言规划的角度加以引导(方小兵,2018),进行适度的语言管理,最终目标是发挥语言的正功能,遏制语言的负功能,进一步提升语言文明的规范性。

第 20 章
机构规范与社区规范:手机号码分段变异调查

关于电话号码分段现象的社会语言学解释认为,统一的语言规范在较大范围得以实现一般需要几代人的时间;但是,在交际密度较高的言语社区内,一代人即可形成一个社区主流趋势。本研究分别对企业的 400 电话、固定电话、手机号码进行统计分析,以验证该结论,探究机构规范与社区规范的互动。

一、10 城市 400 电话号码分段情况

本调查对从互联网搜索得来的数百个电话号码进行分析,试图验证上述假设。近期我们通过在"百度"首页搜索框输入"售后服务电话+空格+城市名"分别对北京、上海、广州、深圳、天津、重庆、杭州、青岛、沈阳、石家庄共计 10 座城市依次进行了搜索(例"售后服务电话 北京"),然后对搜索到的网页进行检查,发现其中包含"400"开头的电话号码即检查其分段显示的情况。10 次搜索的每一次搜索结果都是百万个以上,逐页看下去,发现很多公司的售后服务列有 400 电话,但其显示形式有所不同。

据"百度百科","400 电话"是一种主被叫分摊业务,即主叫承担市话接入费,被叫承担所有来电接听费用,广泛用于多行业售前售后服务咨询方面。400 电话号码长度为 10 位数字,是专为企事业单位设计的全国范围内号码统一的虚拟电话总机,所有拨往 400 总机号码的来电均被转接至预先设定的固定电话、手机或呼叫中心专线上。目前 400 电话已经成为企业的必需品,400 号码也已经成为很多公司的标志,一个没有 400 电话的公司,已会让人产生疑问。

大多公司为了宣传或者提供售后服务,都会在相应的网站提供 400 服务电话及固定电话号码,因而为我们搜索语料提供了方便。

本次调查的程序是,在每个城市的搜索结果中顺序查找,找到 30 个 400 电话为止,之后进行检查和统计。从 10 个城市中,共收集到了 300 个"400 电

话"号码文本,发现对长度为10位号码的400电话有如下8种分段模式(×代表0—9中的任意数字):① 400×××××××(不分段),② 400-××××××× (3+7),③ 400×-××××××(4+6),④ 400××-×××× (6+4),⑤ 400-××-×××××(3+2+5),⑥ 400×-×××-×××(4+3+3),⑦ 400-×××-××××(3+3+4),⑧ 400-××××-×××(3+4+3)。对分段的表示,大部分是用连字符,少数是用空格。

上面列出的形式虽然看来较为多样化,但对10座城市的统计结果却显示,全国似乎已经形成了一个主流分段趋势,即(3+4+3)式,共调查到147例,占总数的49%;而10座城市中,有6座城市(天津、沈阳、上海、重庆、广州、深圳)对该形式的使用达到50%或以上。有趣的是,北方5市和南方5市的主流变式有所不同:北方5市是(3+3+4)最流行,为72例,占北方5市总数的48%;南方5市是(3+4+3)最为流行,为89例,占南方5市总数的59%。北方5市中有2市(北京、青岛)的(3+3+4)变式达到50%以上,而南方5市中则没有任何一市该变式达到或接近50%。

目前调查的这些样本都比较小,但大趋势还是比较清楚的。根据表1、表2统计可以看出,总数居于前两位的分段模式分别是"3+4+3"(49%)、"3+3+4"(约39%)。由于没有强力的规范,400号码的分段模式在全国范围尚未形成占半数以上的主流形式,但在南方5市"3+4+3"模式的使用已经接近六成。估计该形式(3+4+3)将进一步扩散,目前北方已有2市(天津、沈阳)的主流形式与该形式一致,分别为其城市总量的50%、53%。"3+4+3"的竞争形式"3+3+4"分段模式在全国的使用比例较低(约39%,比前者低10%)。除了这两个接近主流的形式(分别占49%和39%),其他形式(包括不分段)都比较少见,居于第三位的是"3+7"模式,不足总体的5%,其次是"4+3+3"和不分段,均只占3%左右,其他罕见形式合计仅占1%。统计结果详见表1和表2。

表1 北方5市的统计结果

类型	北京	天津	石家庄	沈阳	青岛	合计
不分段	0	0	1	0	4	5
3+7	0	2	1	2	1	6
4+6	0	0	0	0	0	0
6+4	1	0	0	0	0	1
3+2+5	0	0	0	0	0	0

(续表)

类型	北京	天津	石家庄	沈阳	青岛	合计
4＋3＋3	2	0	3	1	2	8
3＋3＋4	17	13	14	11	17	72
3＋4＋3	10	15	11	16	6	58
合计	30	30	30	30	30	150

表2　南方5市的统计结果

类型	上海	重庆	广州	深圳	杭州	合计
不分段	1	1	0	0	2	4
3＋7	2	0	2	2	2	8
4＋6	0	1	0	0	0	1
6＋4	0	0	0	0	0	0
3＋2＋5	0	1	0	0	1	2
4＋3＋3	1	0	0	0	1	2
3＋3＋4	7	6	6	13	12	44
3＋4＋3	19	21	22	15	12	89
合计	30	30	30	30	30	150

上述调查结果说明，由于"交际功能"的制约作用，在言语社区中，即使没有强制规定，主流变异形式也会逐渐形成，最终可能构成社区规范。

二、10城市固定电话号码分段情况

为了与400电话分段变异进行比较，我们还确定了另外一个变项，即固定电话(俗称座机，下文简称"固话")号码分段变项。固话在我国企事业单位的使用、普及时间要大大早于400电话，因此，我们期望其表现形式会较少变异。应用与上述调查同一来源的语料，我们对上述假设进行了检验。具体步骤是，采用与上述百度搜索完全相同的10次搜索结果，然后对搜索到的结果中的固话号码进行检查，辨别这些电话号码的文本是什么形式，即是否分段，以及怎样分段。收取语料的方法与之前的一样，也是在每个不同城市的售后服务电话的众多网页结果中提取前30个固话号码。因此，10个城市，共检索获得300个固话号码文本。

期望固话号码表现形式比较统一的原因是，我们认为，随着国人数代人的实践和磨合,固话号码的语用方式会变成社区规范,因此,在全国范围内,会比进入21世纪后才开始使用的400号码的表现方式更加一致。然而通过比对搜索到的语料,我们发现问题并不是这么简单。

上文指出,检索到的400号码的分段形式是8种,而出乎意料的是,包括区号在内的10位或11位的各城市固话号码的书面表现形式比10位的400号码更加多样化。

从固话号码字符分段形式的数量看,只会比400号码的分段样多,本研究聚焦的是电话号码分段方式的变异,这一点上,固定电话号码的数据确实支持了上述关于社区规范和变异动态趋同的假设。

如上所述,从字符层次看,固话号码的表现形式非常多样,具体如下:

第一,与400号码变异相同或相似的表现是:号码分段有的是用连字符,有的是用空格表示,例如,以虚拟的一个北京固话号码(010)××××××××为例其分段可以表示为010-××××××××,也可以表示为010-××××-××××。400号码的分段显示也是这样的两种形式。然而,固话的分段表达稍微复杂一些,因为有用户在一个电话号码内部使用了两种不同的符号(括号、空格、连字符、两两结合)进行分段,例如,将上述号码展示为010-×××× ××××,前面的分段用连字符,后面用空格,这种形式在400号码的文本中是没有的。与此相似的另一种400号码没有的形式,是用括号来标示区号的形式,即上文中的虚拟号码首次出现的形式(8位用户号未分段)和其变异形式:(010)××××××××,(010)××××-××××等。

第二,固话号码的区号首位数字是"0",在与国家代号连用时则省去不用,因此,上述号码还被表现为86-10-××××××××,8610-××××××××等几种不同形式[①]。加不加国家号,加的时候是用连字符、空格或是括号标示出来还是不标示,国家代号与地区号分开还是不分开的选择都导致对固话号码不同的分段形式。除此之外,在号码前面还会有增加"+"号的形式:+8610-××××-××××,以及+10-××××-××××等形式。

第三,我们在对400号码的检索中,还发现一种表现形式,即使用"/"来表示两个可用号码的情况,因为固话有区号部分,这种两可号码在固话文本中引发更多的变异形式。这类情况,400号码的例子可以是:400-××××-××0/400-××××-××1;其相对应的情况,两个并列的固话号码可以是:010-××××-×××0/010-××××-×××1的形式。然而,与上述情况不完

[①] 我们在语料中发现了一例看来是错误的形式:0086-010-××××××××的形式。

全相同的是,我们同时还发现了010-××××-×××0/××××-×××1、(010)××××××××0/××××××××1等形式,即并列的8位数用户号共用前面的区号的表达方式。除了使用"/",在广州和深圳两地,我们还发现用"、"表示同样功能的情况,因此就有了类似010-×××××××0、010-×××××××1,和(010)××××××××0、××××××××1等形式。

上述复杂情况,如果用机器扫描查找的话,就不能只给出(010)××××××××和010-××××-××××等几种"标准形式"来识别分段模式,而需要把各种可能的变化及其组合都检查到,予以区分或按照某种规则进行合并。我们使用人工识别,应用现代汉语社区成员的逻辑思维,对纷繁的分段表现形式予以概括。因此,检索到的分段模式其实很简单,基本只有两种情况,一种是仅标示出区号的分段,即010-××××××××,另一种是对8位的用户号也分段,即010-××××-××××形式。如上所述,虽然由于字符层次多样化的表现等问题而出现了多种变异形式,而实际上只有"3/4+8"(如010-××××××××、0571-××××××××)和"3/4+4+4"(010-××××-××××、0571-××××-××××)两种分段模式。

正如变异理论所预测的那样,经过几代人的实践,变异形式会趋于统一和稳定,固话号码的分段也验证了该结论,见表3。

表3 国内10城市固定电话号码分段情况统计结果

城市	不分段	仅地区号和用户号之间分段(3/4+8)	地区号和用户号之间分段、8位用户号中间也分段(3/4+4+4)
北京	0	29	1
天津	0	28	2
石家庄	0	30	0
沈阳	1	23	6
青岛	0	26	4
上海	1	28	1
杭州	0	27	3
重庆	0	29	0
广州	1	24	5
深圳	1	19	10
合计	4	263	33

表3结果显示,固定电话分段的情况,全国比较统一,主流变式是分两段的情况,即地区号和用户号之间分段(3/4+8);在300例中此类分段式占比约

88%,大大高于 400 号码的最流行分段式的比例 49%。与此同时,同样是 10 位以上的号码,固话的分段式基本统一,除了上述的两段式,还有三段式的 (3/4+4+4)模式,与 400 号码多样化的两段或三段式形成对比。固话号码分段,各城市之间的差异也很小,没有 400 号码那种北方 5 市的流行分段式与南方 5 市不一样的情况。值得一提的是石家庄市的分段式,其 30 例无一例外与全国主流式相同,出现了局部性无变异的情况。

三、电话号码呈现方式变异

商家在网页上预留的 400 号码或者固话号码,需要人们输入电脑方能呈现,所以我们此处借用"书写"一词用来表示对电话号码的输入,代表网页上电话号码的呈现形式。

相比分段情况,固话号码的具体呈现形式十分多样化,各城市间的差异也很大,表现为从石家庄市的 1 种形式到广州和深圳 9 种形式的差距的情况,见表 4。在一个足够大的群体中,变异是常态,像固定电话的地区号与用户号那样分段显示的情况,是一个机构规范逐步落实的个案,通过几代人的实践,目前已经形成了全国性的社区规范;而 400 号码则未发展到这个阶段。

相比分段的规范,固话号码的书写规范还不够统一,但也不是没有主流,各地的主流和全国的主流一致,都是 0×××-××××××××(或 0××-×××××××)的形式,高达 234 例,占比 78%。

之前有关 11 位手机号码分段研究的结果在对 400 号码和固定号码分段的调查中得到进一步验证,其关于言语社区规范的假设得到支持。

表 4 国内 10 城市固定电话号码分段及不分段的各种书写形式

城市	不分段	地区号和用户号 之间分段(3/4+8)	地区号和用户号之间分段、 8 位用户号中间也分段 (3/4+4+4)
北京		010-××××××××(25); 010-×××××××-×××; 010-×××××××/××××××××; 010-×××××××/010-×××××××; +86 010-××××××××	010-××××-××××

（续表）

城市	不分段	地区号和用户号之间分段（3/4＋8）	地区号和用户号之间分段、8位用户号中间也分段（3/4＋4＋4）
天津		022-××××××××(27)；022-××××××/×××××××；	022-××××-××××
石家庄		0311-××××××××(30)	
沈阳	024××××××××	024-××××××××(22)；86-24-××××××××	024-××××-××××
青岛		0532-××××××××(23)；0532-×××××××-×××；(0086)0532-××××××××；0532-××××××××/××××××××	0532-××××-××××；0532-××××-××××/0532-××××-××××
上海	021××××××××	021-××××××××(24)；021-00001111/1112①；(0086)21-××××××××；86-021-××××××××	8621-××××-××××
杭州		0571-××××××××(23)；（+86571)-××××××××；(0086)571-××××××××	0571-××××-××××；0571-(××××-××××)
重庆		023-××××××××(27)；023-××××××××023-××××××××②；023-××××××××/023-××××××××	023-××××-××××

---

① 这是一个虚拟号码，用来代表如下情况：书写者为了节省空间或省力，把类似021-0000-1111和021-0000-1112的两个号码合并表示（两个号码的前4位相同）。

② 此例应为"023-×××××××× 023-××××××××"之误（漏掉一个空格）。

第20章　机构规范与社区规范：手机号码分段变异调查

(续表)

城市	不分段	地区号和用户号之间分段(3/4+8)	地区号和用户号之间分段、8位用户号中间也分段(3/4+4+4)
广州	020×××××××	020-×××××××(18)； 020-×××××××/020-×××××××； 86-20-×××××××； +86-20-×××××××； 020-×××××××、××××××	020-××××-××××； 8620-××××-××××； 86-20-××××-××××
深圳	0755××××××××	0755-××××××××(15)； (0755)-××××××××； +86-755-××××××××； 0755-××××××××、××××××××； 0755-××××××××/0755-××××××××	0755-××××-××××； 0755-××××-××××； 0571-(××××-×××)

四、余论

除了关于手机号码分段在口语中的变异现象的调查，我们也对手机号码进行了网络调查的验证，应用了与上文基本相同的搜索方式来获取语料。

开始的时候与上述400号码和固定电话号码的调查方式完全相同，也是在百度搜索"××市售后服务电话"，结果发现这个方法不太有效，至少没有达到之前的效率。这是因为，尽管各城市的售后服务电话的网页上基本会提供400号码或固话号码，提供手机号的却少得多。在浏览之前百度搜到的众多网页时，基本上在电脑显示的30页(30屏)左右(估计在100个链接左右)时，即可发现30个400号码和固话号码；而输入"北京市售后服务电话"之后搜到的结果，逐页检查，浏览了30几页之后，只发现了6个手机号。对这6个号码的相关内容进行研究发现，有几个号码注明了"工程师热线"，"保修电话""上门服务"等字眼。随后我们尝试使用上述字眼进行搜索，最终发现，用"北京市上门服务电话"的搜索结果比较有效，可以达到之前的效率，即在100个链接的范围之内找到30个电话文本。在尝试过程中，虽然搜北京的结果开始不顺，但我们曾用"石家庄售后服务电话"的搜索在33页的结果中发现了30个手机号文本,看来不同城市的情况还是不太一样。随后,在"北京市上门服务电话"的搜索奏效之后,我们用"石家庄市上门服务电话"再次搜索,发现只用了大约之前的一半时间就找到了 30 个手机电话文本。随后其他 8 城市的搜索都用了"上门服务电话"。

对搜到的文本进行检查分类发现,这些号码分段的情况比较简单,基本上是不分段的只有少数分段的文本,统计结果在表 5 列出。

表 5　10 城市"上门服务电话号码"分段情况统计结果

	不分段	(3＋4＋4)分段	(3＋3＋5)分段
北京	28	2	0
天津	29	0	1
石家庄	30	0	0
沈阳	27	3	0
青岛	27	3	0
上海	29	1	0
杭州	29	1	0
重庆	24	6	0
广州	27	3	0
深圳	29	1	0
合计	279	20	1

可以看出,不分段的形式是绝大多数,有 279 例,占比 93％,比固话主流分段模式的统一率(88％)还要高 5％,且各城市完全一致,最低的是重庆,其统一率也在 80％;最高的是石家庄 100％,像固话的分段情况一样,达到了无变异的规范程度。

上文曾提到固话的书面表现形式五花八门的情况,相比之下,手机号码的分段表现形式却十分简单,21 例分段的(3＋4＋4)和(3＋3＋5)都是用空格或连字符表示的,除了沈阳的一例,该文本显然是别出心裁的一个特例,其三段数字是用汉字隔开的,为"1××电××××话××××"的形式。

本研究利用企业的 400 电话、固话、手机号码对徐大明、李荣刚(2022)的研究结论进行了验证,证明了在社区中语言变异有趋同的趋势。个别商家、机构的"约定",最终会扩散成为社区的"俗成"。

由于本研究依赖网络搜索的材料,且样本较小,其计量结果会有较大的随机性。上述各城市的售后服务电话号码的具体数据仅供参考,其意义和作用限于演示语言变异的理论,更准确的数据还需要应用其他方法。尽管如此,我们相信,从定性角度和大趋势上看,这些数据是可以说明一些问题的。至少我们可以发现固定电话分段的主流性高于400号码,其地区间的差异也小于400号码,希望这些结果都能在今后的研究中得到验证。

除了发现的有关变异的一致性,调研中透露出来的其他一些有趣的现象产生的原因也值得深入探究,如石家庄的电话号码为何统一性这么高?广州、深圳的固话号码为何书写类型这么多?是不是和所处的地理位置(如靠近首都、沿海城市)有关?不同城市内部电话号码分段模式统一与不统一是否反映了不同的经营理念?

我们希望这个小调查可以为社会语言学研究提供一些启示,特别是怎样在现实生活中发现语言变异现象,怎样利用互联网进行低成本的语料搜集工作,怎样认识机构规范与社区规范的互动关系,等等。

余论：语言文明观念阐释、话语实践与政策构建

李宇明(2012)在《论语言生活的层级》一文中指出，语言规划有宏观、中观、微观三个层级，宏观层级包括中央和地方政府，中观层级包括企事业单位等各类社会终端组织，微观层级包括家庭和个体语言生活。宏观、中观、微观层面构建了语言文明话语实践推广方案的基本框架。相应地，语言文明话语实践推广也可以分为三个层面：在宏观层面，需要建设符合法治和德治要求的社会大环境；在中观层面，企事业单位需要在机构内部营造文明的语言生活，向社会提供良好的语言服务；在微观层面，家庭与个人需要在公共场合和网络环境中实施文明言行。本文将首先对语言文明这一概念的内涵进行阐释，然后从上述三个层面讨论语言文明的话语实践与政策构建。

一、语言文明观念阐释

我国是东方文明古国，素有"礼仪之邦"的美称。以文明方式行事，就意味着"一切事情都必须通过言辞和劝说（即和平的方式），而不是通过强力和暴力来决定"（阿伦特，1998：60-61）。就语言层面而言，语言文明就是要言辞礼貌，不说粗话脏话或表达形式符合通用规范，减少公共空间存在的语言粗鄙化现象（王玲、陈新仁，2019），消除互联网使用中的语言霸凌现象（Van Hee et al.，2018），等等。同时，语言文明还可以指通过文治教化使社会达到昌明高雅的状态。

为了更好地认识语言文明，方小兵(2021)将这一概念分为三个范畴。个体范畴的语言文明表现在个体的言语行为上，包括注重礼貌形式，避免语言暴力，这一范畴属于语用学研究的内容；集体范畴的语言文明表现在典雅文体受到社会推崇，这一范畴属于语体学研究的内容；文化范畴的语言文明体现在民族共同体"有意识地通过母语来提出概念术语、建构知识体系和保存文明成果"。

在实施方略上,应该通过宣传礼貌用语唤起语言文明意识,通过语言治理保障语言交际秩序,通过推行雅文运动提升典雅语言能力,通过倡导中文首发制度增加中文的国际知识供给,通过提出本土术语和原创性的知识体系来建构和承载文明成果,推进文明复兴进程。

随着全民文化程度的提高,以及国家对文化软实力的重视,当今社会对典雅文体提出了新的要求。因此,应该推行类似"白话文运动"的文体改革运动,我们将其称为"雅文运动",其最大的特点是提倡典雅表达,促进语言文明。不能以实用主义的眼光来看待推广普通话,仅仅将其理解为念得准、写得对。事实上,实用主义会毁掉人们的审美。普通话测试达标的不少大学生也面临着母语素养亟待提高的问题,而掌握典雅文体是其中一个重要环节。推动典雅文体本质上是一种语文建设,可以称其为文体规划,这与经典语言规划中的"本体规划"概念不完全相同。因为本体规划考虑的仅是语码本身——西方"本体规划"一词中的"本体"就是"语料库"(corpus),而文体规划更多关注的是语料的使用方式。

二、宏观层面的语言文明话语实践与政策构建

从宏观层面上讲,语言文明是精神文明的重要组成部分,可以营造便于交际和文明和谐的语言大环境。这一语言大环境应该基于物质文明、精神文明、政治文明、社会文明、生态文明这五大文明理念,符合法治和德治相得益彰的要求。法律是成文的道德,道德是内心的法律。法治是国家的强制之治,德治是社会的教化之治(李林,2016)。国家法律和社会道德都具有规范社会行为、调节社会关系、维护社会秩序的作用,在国家治理中都有其地位和功能。推广语言文化话语实践,应该通过健全法治来保障语言文明行为,同时要倡导德治来传播语言文明意识。

(一)健全法治,保障语言文明行为

通过立法形式将部分道德规范变为法律是世界各国通行的做法。在这些法律规范中,既包括宣传教育的促进手段,也包括处罚不文明行为的措施。例如,日本制定了《轻犯罪法》,针对一些违反道德的行为进行处罚。

语言立法是国家语言政策的最直接体现。2001年1月1日起正式实施的《中华人民共和国国家通用语言文字法》是我国第一部语言文字方面的专门法律,确立了普通话和规范汉字作为国家通用语言文字的法律地位。同时,这

部法律要解决的问题之一是对语言文字的社会应用进行管理。大众传媒、公共场合的用语用字是该法的主要调整对象,包括公共服务行业及公共设施、招牌、广告及企事业单位名称等,这些都是语言景观建设中需要认真规划和考虑的(康宁、杜璇,2020)。在修订国家语言文字法时,应该增补与语言文明相关的内容,立法禁用各类不文明语言。要求政府制定相应的条例以推广语言文明话语,要求具体管理部门颁布的公文和制作的宣传用语遵循语用规范。

通过立法规范市民言语行为,对于提高城市文明程度具有重要的意义。首先,立法后能够强化文明行为促进的执行力度,增强权威性,提高公信力。其次,可以厘清语言不文明行为的违法界限。现实中,普通民众对于语言文明行为的界定还比较含糊,但法律对促进语言文明的表现形式、实施方法会做出严格规定,通过立法可以进一步界定道德层面的文明行为和法律层面的文明行为,可以为鼓励和处罚市民行为提供清晰、明确、可操作的法律依据;最后,立法有助于建立表彰语言文明行为的长效机制。违法成本过低,处罚手段单一,是语言不文明行为屡禁不止的一个重要原因。通过立法,适度加大对此类行为的处罚力度,并采取纳入社会信用记录等举措,有助于在全社会形成自觉抵制语言不文明行为的良好风气(郑莉娜,2015)。

从国内来看,目前已有多个城市颁布实施了文明行为促进法规。例如,深圳市人大常委会于2012年通过了《深圳经济特区文明行为促进条例》;2016年,《杭州市文明行为促进条例》颁布;2020年,《南京市文明行为促进条例》颁布;2021年,《重庆市文明行为促进条例》颁布。

《南京市文明行为促进条例》对"语言文明"的规定非常细致,要求"司法和行政执法人员应当做到着装规范、仪容整洁、语言文明;公民应当着装得体,言行举止文明,不喧哗,不使用低俗语言……可以聘请文明行为引导员,协助做好文明行为的宣传、规范、倡导和不文明行为的劝阻、制止等工作。文明行为引导员对不文明行为人进行劝阻、制止时,应当文明用语、举止规范"。《重庆市文明行为促进条例》要求"公交车和出租车驾驶人用语文明、规范服务;医护人员遵守医疗服务行为规范,尊重患者,用语文明……"《杭州市文明行为促进条例》要求"公民应当语言文明,不以语言、侮辱性动作挑衅他人"。《湘潭市文明行为促进条例》要求"礼貌用语,不争吵谩骂、不说脏话粗话"。《广州市文明行为促进条例》要求"行政执法人员应当文明执法,着装规范、仪容整洁、语言文明。公民应当举止文明,衣着得体,不得大声喧哗、使用粗言秽语……使用文明语言,不得侮辱、诽谤他人"。

胡培安(2001)认为"语言规范化是衡量一个民族文明尺度的重要参数之

一",也有学者指出,"语言文字规范化是一个国家发展和社会文明的标志"(周秋原,2005)。换言之,公共场合的语言使用符合国家规范,也是语言文明实践的一个标志。例如,青岛市政府2018年开始实施修订版《青岛市社会用字管理暂行规定》,其中第二条明确规定,标牌、标志牌、指示牌、名称牌、标语牌、广告、招牌、告示、会标、地名、公共设施、企业事业组织名称等应当以国家通用语言文字为基本用语用字;第十条中规定标语牌、地名标牌、告示招牌以及涉外单位的牌匾等需要书写外文的,外文与汉字必须并用,上为汉字,下为外文,不得单独使用外文。又如2010年以来,国家质量监督检验检疫总局和标准化管理委员会发布的公共服务领域外文译写规范系列国家标准(GB/T)规定了公共服务领域外文翻译和书写的原则、方法和要求,适用于公共服务领域中场所和机构名称、公共服务信息的外文译写。

(二)倡导德治:传播语言文明意识

如果社会上缺乏语言文明意识,就很难一下推动语言文明建设。文明意识是一个城市乃至一个国家是否现代化的重要体现,而公共语言文明建设离不开文明意识的养成,这需要广泛持久的社会倡导、学校教育、家庭培养与自我修养的合力。近年来,管理部门通过弘扬社会主义核心价值观,自上而下有意识地在全社会强化人们讲文明礼貌的自觉意识,引导公民树立语言文明意识,推广文明语言使用,提升语言文明素养,养成文明言行的习惯(徐大明,2020)。

党的十七大报告指出了建设生态文明的目标。冯广艺(2008)在《生态文明建设中的语言生态问题》一文中指出,构建良好的语言生态环境,是抓好生态文明建设,为构建社会主义和谐社会服务的一项重要工作。生态语言学有"豪根模式"和"韩礼德模式",其中"豪根模式"聚焦语言生态,探讨语言及其环境之间的关系,关注语言污染等问题;"韩礼德模式"则聚焦语言对生态环境的影响,关注和谐话语分析中的"良知原则""亲近原则""制约原则",这些都与语言文明息息相关。随着人们生态文明意识的增强,语言文明与生态文明将会越来越趋于融合。

在公共场合布置标语是中国管理部门进行文明宣传的常见和有效形式,而通过城市标语可以很好地提升人们的语言文明意识。标语自身语言形式文明得体,表达的内容积极向上,有助于营造文明和谐的社会大环境。

然而,有的城市以不文明手段对抗不文明行为,这无异于以暴制暴,因为不文明的标语是起不到劝导和提升社会文明的效果的。2021年11月25日

《光明日报》提到,对西安一小区物业垃圾分类提示板上的"文明提示"标语,不少住户都称感到不适:"乱扔垃圾,出门车撞死,全家人死光""乱扔垃圾,猪狗不如""垃圾遍地,你是腿瘸还是眼瞎?"……"光明时评"指出,这类"诅咒辱骂式标语"近年来不断侵入公众视野,明明想要达到文明的目标,却偏偏采用了不文明的手段,不是本末倒置了吗?文明只停留在了目标和结果层面,却在完成的过程中缺位了,不禁让人疑问:"用不文明的方式,能够让社会文明吗?"

管理部门应该建立文明行为的记录档案,对于获得文明模范等荣誉称号的个人,应当记入人事档案。同时,要建立文明个人的表彰机制,鼓励国家机关、事业单位、企业和其他组织依法对本单位在文明行为方面表现特别突出的工作人员进行表彰和奖励。

在倡导语言文明意识过程中还有一个经常被忽视的内容,即消除语言腐败,不说假话、空话、套话,营造风清气正的语言生态(方小兵,2021)。语言腐败主要表现在话风败坏,不符合格莱斯的真实性原则,违反社会主流价值观的"诚实"原则。空洞式、吹捧式和掩盖式等类型的语言腐败会污染政治生态,影响公序良俗。《语言与国家》一书专辟"语言与政府风貌"一章,论述了文风的重要性,充分体现出编纂者对"文风关世情"的清醒认识,从一个侧面进一步揭示了"语言系国运"的深刻道理(张日培,2015)。因此,可以借助党风建设、政府作风建设来消除语言腐败,进一步提升语言文明意识。

三、中观层面的语言文明话语实践与政策构建

从中观层面看,各类事业单位、企业、社会团体和其他机构组织都可以结合自身实际和特点,积极参与文明话语实践和传播工作。

(一)公共事业单位

公共事业单位包括文化事业单位(广播电台、电视台、出版社、报社、杂志社、剧团、影院等)、卫生事业单位、体育事业单位、交通事业单位、城市公用事业单位(如园林绿化、城市环卫、市政维护),等等。这些单位通常自身具有一定的文明素养,更应该承担提升社会整体文明程度的责任。

首先,电台、电视台、官方网站要带头履行语言文明承诺,发挥媒体的社会影响力、塑造力和监督作用。一方面要正面鼓励,即宣传一些语言文明实践案例作为示范,鼓励媒体制作语言文明方面的专题节目、综合节目,比如类似于中国诗词大会形式的"中华文明礼仪大会"。另一方面,要像曝光交通违规一

样,曝光语言不文明行为。比如,江苏交通广播网曾经以"出口成脏,污染了城市耳朵"为题,曝光了一些交通事故处理过程中的不文明言行。影视制作部门要签署语言文明承诺书,报纸、广播、电视、网络等公共媒体应当积极宣传社会文明建设,刊播公益广告,批评和谴责不文明的语言行为,对不文明的公示语进行监督批评,组织开展语言文明活动周活动,营造全社会鼓励和促进语言文明的氛围。伴随着我国互联网事业的高速发展,一些低俗、庸俗的网络流行语大行其道,人们对此表示反感甚至痛恨。新媒体旨在"引导"舆情,而不是"引爆"话语,应该让互联网成为传播先进文化的新途径、服务公共文化的新平台、推广语言文明的新空间。

其次,社会团体在语言文明建设中可以发挥积极作用。据《昆明日报》(2018年11月5日)报道,昆明市"文明城市市民巡访团"成为文明城市建设中的"啄木鸟",首批30名巡访团团员来自昆明市各行各业,有机关公务员、企事业单位工作人员、律师、在校大学生、教师、自由职业者。市民巡访团团员还进行了上岗培训,他们不仅注意公共环境里的语言文字使用错误,而且重点关注语言的不文明现象。另外,学术团体、学术平台可以发挥学术监督作用、宣传作用,如"啄木鸟"不能仅仅捕捉不规范用字用语,而且应该捕捉不文明语言文字。还有大量的文化和艺术团体,他们可以通过文娱节目(如小品、相声、曲艺)来宣传语言文明,鞭策语言不文明行为。

再次,窗口行业应该发挥典型的示范带动作用,营造浓厚的语言文明创建氛围,推动窗口单位语言服务水平不断提升,为巩固文明创建成果做出贡献。银行、医疗、邮政、电信、宾馆、风景园林等窗口服务行业应当根据服务对象、服务范围等制定文明服务行为规范和管理办法,出台语言文明实施规则,督促工作人员做到语言文明、服务热情,以贴心服务换来群众的认可。一个个为民服务的小窗口可以展示语言服务的亮丽风采,体现社会发展的大文明。机场、车站、码头等窗口也是语言文明实践的重要场所。机场(尤其是国际机场)是城市的重要"窗口",不文明行为容易引起别人的反感。2012年,在中央文明办、中国民航局和首都文明办的指导与推动下,首都机场开展了"同创共建精神文明,合力展示国门形象"活动。[①] 2017年,张家口机场以创建文明城市为契机,制定出台《张家口机场文明创建工作方案》,利用宣传栏、电子显示屏、橱窗展板等平台,广泛宣传文明行为和文明礼仪,做到售票、值机、安检、贵宾室等窗

---

① http://www.bjwmb.gov.cn/zxgc/wmsj/t20130820_536549.htm。

口服务工作人员仪表端庄,礼貌待人,用语文明,不断完善机场的文明窗口形象。①

最后,行业协会与学会是公共事业单位的终端之一,它们通常肩负推广语言文明的社会责任。例如,鉴于部分书法从业人员为了迎合市场而粗制滥造,甚至以丑为美,书写和传播"丑书",贻误大众,2022年2月初,中国出版协会等11家协会和学会联合发布《关于规范使用汉字的倡议》。《倡议》指出,汉字是传承中华文明的重要载体,是中华文化的根,是最具代表性的中华优秀传统文化标识。规范使用汉字、表现汉字之美,需要全社会共同努力。大力弘扬汉字所蕴含的中华文化精神,更好地服务人民群众美好文化生活的新期待和经济社会高质量发展的需要。

(二)学校

学校是推广语言文明话语实践的主阵地。语言文明教育要从娃娃抓起,才更有效,要将语言文明教育纳入早期及初期教育,做到语言文明教育"进教材,进课堂,进头脑"。

为了推动学生文明意识的提高和文明语言行为的养成,营造文明和谐的校园氛围,许多学校都开展了"建设文明校园,争做文明学生""树立语言规范意识,构建文明校园环境""讲普通话,写规范字,做文明人"系列活动,把学生的语言文明和行为文明作为常规教育的基本内容,通过电子屏、宣传橱窗创设有利于学生健康成长的校园文化环境,让语言文明教育"进校园、进课堂、进师生心里",真正融入校园的每一项活动中。

教材是语言文明的载体和传播媒介,其作用历来受到人们的特别关注。可以推出语言文明方面的通俗读物,尤其是适合儿童阅读的插图故事。同时,要仔细检查,剔除教材中的不文明语言。例如,安徒生童话《丑小鸭》入选小学课本时,编者对许多语言表述进行了调整,如"大家都叫它'丑小鸭'",原文为"丑八怪"。译者无意,但对于小学生读者来说,"丑八怪"很有可能成为他们口中的"口头禅",甚至是给同学起的绰号。于是,编者把他们认为的不文明用语"丑八怪"换成了"丑小鸭"。

除了优化教材,教育工作者还改编歌曲创作童谣,用孩子们喜欢的方式诠释文明礼仪。据2017年5月12日"中国文明网"报道,有的学校为孩子们挑选了耳熟能详的《小苹果》,而在歌词的选择上,则是自己改编过的社会主义核

---

① http://www.zjkwmw.gov.cn/news/201705/1325.html。

心价值观的歌词,①并将《学生文明礼仪基本常规十条》谱成歌曲唱出来:"见人要微笑打招呼,语言文明无脏话,出操放学有秩序,爱护公物勿损坏……"有的还采用中央电视台《朗读者》节目的形式,让学生朗诵"常用礼仪用语":"问人姓名用贵姓,问人年龄用贵庚。读人文章用拜读,请人改文用斧正。请人批评说指教,求人原谅用包涵……"

通过举办主题教育活动来推广语言文明话语实践也是一个常见方案。例如,开展"小手拉大手、文明一起走"素质教育实践活动,清除污言秽语,向语言霸凌说"不";开展"扣好人生第一粒扣子"活动,养成语言文明习惯,在日常生活中,见到老师、同学、朋友能热情问好;在遴选"美德少年"时,以语言文明、举止文明作为一项遴选指标;还有"国旗下宣誓"主题教育活动,如"我宣誓:从今天起,我要告别不文明行为,不断提高自己文明素养,做到举止文明,语言文明,多用礼貌用语;不说粗话,不骂人",向不文明行为告别。

(三) 企业

从企业层面上讲,语言文明是企业重要的社会责任,也是企业文化建设的重要内容。然而,目前许多含有淫秽、暴力、恐怖、粗俗等内容的低俗广告、店铺名、物品名、标语和公示语大多来自企业,这些高度凸显的低俗内容往往会引发受众的负面情感,对全社会的文明话语造成了不良影响(Chen,2020)。

企业是语言景观建设的重要参与者。城市语言景观如同城市的地标,代表着城市的文化特色,是城市的文化名片。语言景观建设一定要反映出城市的历史文脉、文化底蕴和风土人情,与当地文化和谐共生(康宁、杜璇,2020)。许多百年老店的匾额、对联、标语等将城市的地理空间、物质空间升华为充满人文气息的"精神空间",这对于塑造城市形象具有重要的意义。然而,一些新型百货大楼、商贸中心的景观语言乱用外来词语,中文表述不符合国家语言规范,外文译写存在明显错误,与城市文明建设格格不入。还有一些街头小商品,为了追求"夺人眼目"的效果,不注重景观语言的信息功能,而是通过怪异的店铺名和低俗的企业广告来招徕顾客。如果这样的语言景观充斥街头,对语言文明话语实践推广有百害而无一利。

企业文明建设的内容包括企业所拥有的价值观念、习俗仪式和企业环境。将企业文明建设扎根于日常管理之中,在企业的日常工作、表彰以及文娱活动中推广传承,在传授文明礼仪知识和培养文明言行习惯的过程中,使人们通过

---

① http://www.wenmin.cn/syjj/dfcz/gs/201705/t20170512_4238077.shtml。

生动的活动来认识和领会企业文明的内涵。特别是公司的团建口号,除了能更好地拉近同事之间的关心,也有助于公司的发展。例如,"精诚团结,续写传说";"勿以恶小而为之,勿以善小而不为";"热忱为本,永续辉煌";"笑口常开,重诺守信";等等。

企业在8小时之外也可以开展精神文明创建活动,用一些富于哲理、易于理解、简明扼要的语句来宣传企业精神,比如王府井百货大楼的"一团火"精神,温暖每一位顾客的心;格力的"掌握核心科技""爱上中国造",鼓舞员工去创造丰富多彩和积极的人性。或者有意识地推广一些企业励志口号,来促进语言文明话语的实施。例如,"小企业做事,大企业做人";"多一份文明、少一点抱怨、多一些理解、少一点争执";"礼貌待人,顾客至上;自我提升,良性竞争";等等。还有的企业发布了《员工日常文明礼貌用语》,让员工在8小时之外认真学习、记诵。例如,"需要考虑说斟酌,请人谅解说包涵。等候别人说恭候,没能迎接说失迎。中途先走说失陪,请人勿送说留步。初次见面说幸会,请人帮忙说烦请。长期未见说久违,求人帮忙说劳驾……"①

企业的商标名称选用、品牌的命名,以及在报纸、电台、电视台、网站等媒体发布的广告是企业文化的显性表征,也是企业语言文明程度的直接反映。企业在广告用语的策划过程中,应该做到自律,承担社会责任,注重企业的长期形象培育,避免产生不良社会影响。通过文明、规范、生动的语言表述,将企业形象传输到消费者的心田,从而推动着商业文明的进步与发展。

四、微观层面的语言文明话语实践与政策构建

语言治理是一种多主体的共同治理,强调社会协同和公众参与度。每一个人都是文明城市的实践者、传播者和推动者,都要自觉维护语言文明。微观层面基本上是面向个体语言言语行为。从个体层面上讲,语言文明是人们在语言使用中所体现出来的良好文化与道德修养,表现为个体在言语行为上注重礼貌形式,避免语言暴力。在城镇化进程中,国家工作人员、教育工作者、人大代表和政协委员,以及文艺界的社会名流应当在文明行为促进工作中起表率作用,市民应当积极参与文明行为促进工作。在虚拟世界的语用实践中,应该警惕网络用语的污名化,整治语言暴力,包括侮辱谩骂、人身攻击、网络霸凌等暴力行为,消除"黑界""祖安文化""饭圈文化"等语言负能量。鼓励市民争

---

① https://www.51test.net/show/3306440.html。

当文明网民,用自己的实际行动传递正能量,为构建清朗的网络空间奉献力量。

（一）推广文明礼貌话语,消除语言暴力

礼貌代表着对他人的一种尊重,是同理心的一种表现,反应人性的真善美。恰当使用礼貌用语,可以融洽人际关系,有助于建立和谐的社会氛围。语言文明是一个社会文明程度的折射。在什么场合使用什么样的礼貌语言,实际上是一种语用规范,并不是可以自然习得的,而是需要指导和培训的。一个人经常被不文明的语言包围,就慢慢失去了对语言文明的意识。因此,我们除了要从小培养孩子学习使用礼貌用语,还需要在全社会大力宣传礼貌用语,以唤起民众的语言文明意识。

每一位市民都是城市文明的一面镜子。据"湛江文明网"(2018年11月21日)报道,2018年中国海博会在广东湛江举行。为迎接海博会开幕,许多市民注重自己的语言,管好自己的形象,用文明的细节感染来宾。市民语言文明亲切得体,能让参会人员如沐春风,给八方来客留下美好的印象和难忘的回忆,从而彰显湛江的城市文明。①

语言文明建设要从小抓起,循循善诱。礼貌用语要从娃娃抓起,这是家庭语言规划需要包含的内容。现在,家长强调孩子的学习成绩,而不太重视孩子的文明成长。礼仪培训教育也要从娃娃抓起,用礼貌话语、规范用语、文明行为示范和熏陶这些未来的市民。同时,娃娃也从家人言语行为中习得语言文明,父母应该通过频繁使用文明用语,给孩子做榜样。家庭教育和学前教育中对文明重视程度的提升,可以彰显社会整体文明程度的提升。

构建良好的网络空间语言生态是文明建设的一项重要工作,语言不文明行为不仅污染网络空间,还会蔓延到现实社会,对人民群众特别是青少年群体造成巨大影响,甚至颠覆其道德观和价值观。2018年7月6日,福建泉州文明网曾以"莫让对喷群损害网络文明"为题,报道了"对喷群"的网络语言暴力:"不走程序,直接开骂"成为众多对喷群的"群规"。群里网友们的对喷内容不仅是说脏话,甚而衍生了别具一格的骂人花式炫技。"骂人新方式"居然还得到群友们的"称赞",有些人甚至"自愧不如"地表示:"现在没有一点才艺都不敢骂人了。"对喷者多为寻求情绪宣泄,但心理医生提醒,长期爱说脏话也有可能是患上了心理疾病。每一位市民在网络空间应该注意杜绝语言暴力、语言

---

① http://gdzj.wenming.cn/pinglun/201811/t20181121_5557138.shtml。

歧视,以身作则,成为推广语言文明话语实践的形象大使。①

国家公务员,尤其是高级干部,应该在文明话语实践中起表率作用,然而在纷繁复杂的语言生活中,常常发生一些事与愿违的情况。例如,2021年12月23日,河南郑州市中级人民法院发明了"恶意讨薪"一词,他们发布了一个专门约束"民告官"的文件,重点整治"恶意起诉"政府机关的人,退回起诉状,把他们列入"黄名单",严重的要追究刑事责任。后来,因为舆论汹涌,该院将文件撤回。文明礼仪和文明话语培训不仅青少年需要,成年人,尤其是公务员,更加需要。

(二) 推广文明话语,抵制语言腐败

个体层面的语言腐败指"一些拥有话语权的人为了相关利益和意识形态的目的,偷换语言的概念,曲解一些词汇的含义,甚至做一些完全相反的解释"。② 换言之,语言腐败是"冠恶行以美名"。语言腐败带来的不仅仅是社会的腐败和道德的沦丧,还有语言的腐败和美的流失。社会的混乱首先是语言的混乱,社会的秩序首先反映在语言的秩序中。《狂人日记》反映的就是那个时代新旧社会交替过程中社会的失序。

语言腐败通过语言手段达到腐败的目的,即通过控制术语的制定权和解释权,或通过控制语言传播信道,随意改变社会业已约定俗成的词汇或话语含义,以获取个人私利或集团私利的一种行为。语言腐败定义中的"利"不一定是经济利益,也可能是获得社会资本。

《论语·学而》中说:"巧言令色,鲜矣仁。"孔子认为花言巧语,装出和颜悦色的样子,这种人的仁心就很少了。巧言令色实际上就是语言腐败,是语言不文明的表现。有些官员说话"假大空",对自己自吹自擂,对别人阿谀奉承。还有一些官员不顾及个人形象,在工作中语言出格失范,喜好哗众取宠,语不惊人死不休;在私下里热衷奇谈怪论,传播猎奇性新闻,博取别人的关注和围观,以获取虚荣的"中心感"。这些不同类型的语言腐败,不仅是作风建设的大敌,更是政治生态庸俗化的突出表现。

语言腐败不仅侵蚀正常的人际关系,而且导致政治生态庸俗化,是社会文明退步的表现。一个时代的腐败首先是语言的腐败,语言腐败导致社会走向

---

① https://www.qzwb.com/gb/content/2018-07/04/content_5838492.htm。
② https://baike.baidu.com/item/%E8%AF%AD%E8%A8%80%E8%85%90%E8%B4%A5/88554?fr=aladdin。

的高度不确定和不可预测性,导致人们选用最巧妙的语言来掩盖荒唐和罪恶。可以说,社会的腐败是从语言腐败开始的。因此,我们应该大力倡导和提升全社会每一位公民的话语文明程度,消除各类语言腐败。

五、结语

语言文明话语实践推广需要在宏观、中观和微观层面同时实施。在宏观层面,需要长期大力建设符合法治和德治要求的社会大环境;在中观层面,企事业单位内部需要倡导文明的语言生活,向社会提供良好的语言服务;在微观层面,家庭与个人在公共场合和网络环境展现文明言行。

语言文明是新时代文化建设和中华文明复兴的重要组成部分。要完善语言文明的话语实践和传播机制,必须首先树立语言文明意识,及时制定语言文明规范,充分发挥教育的基础作用,彰显国家公务员的带头作用、新闻媒体的示范作用和主要服务行业的窗口作用,以带动整个社会语言文明程度的提升。

语言文明是新时代文化建设和中华文明复兴的重要组成部分。语言文明建设包括通过语言治理保障语言交际秩序,推行雅文运动提升典雅语言能力,提出本土术语和原创性的知识体系来承载文明成果。在宏观层面,倡导德治以传播语言文明意识,健全法治以保障语言文明行为;在中观层面,各类企事业单位、社会团体应该结合自身特点,积极参与文明话语推广工作;在微观层面,每一位市民都应当成为文明话语的实践者、传播者和推动者。

参考文献

Ager, D. 2005. Image and Prestige Planning. *Current Issues in Language Planning*, 6(1), 1-43.

Austin, J. L. 1962. *How to Do Things with Words*. Oxford: Clarendon Press.

Ball, S. J. 1993. What is policy? Texts, Trajectories and Toolboxes. *Discourse: Studies in the Cultural Politics of Education*, 13(2): 10-17.

Barakos, E. & J. W. Unger. 2016. *Discursive Approaches to Language Policy*. London: Palgrave Macmillan.

Baudrillard, J. 2016. *The Consumer Society: Myths and Structures*. London: Sage.

Bell, A. 1984. Language style as audience design. *Language in Society*, 13(2): 145-204.

Ben-Rafael, E. 2009. A sociological approach to the study of linguistic landscapes. In E. Shohamy & D. Gorter (eds.), *Linguistic Landscape: Expanding the Scenery*. New York: Routledge.

Ben-Rafeal, E., E. Shohamy & M. H. Amara. 2006. Linguistic landscape as symbolic construction of the public space: The case of Israel. *International Journal of Multilingualism*, 3(1): 7-30.

Benwell, B. & E. Stokoe. 2006. *Discourse and Identity*. Edinburgh: Edinburgh University Press.

Berg, L. & J. Vuolteenaho. 2009. *Critical Toponymies: The Contested Politics of Place Naming*. London: Routledge.

Bettoni, C. 1985. Italian language attrition: A Sydney case study. In M. Clyne (ed.), *Australia, Meeting Place of Languages*. Canberra: The Australian National University Research School of Pacific Studies.

Blommaert, J. 1996. Language planning as a discourse on language and society: The linguistic ideology of a scholarly tradition. *Language Problems and Language Planning*, 20(3): 199-222.

Bodin, J. 1955. *Six Books of the Commonwealth*. Oxford: Blackwell.

Bourdieu, P. 1986. The Forms of Capital. In J. G. Richardson (ed.), *Handbook of Theory and Research for the Sociology of Education*. New York: Greenwood Press.

Bourdieu, P. 1991. *Language and Symbolic Power*. Cambridge: Polity Press.
Bourdieu, P. 2005. *The Social Structures of the Economy*. Cambridge: Polity Press.
Bucholtz, M. & K. Hall. 2010. Locating Identity in Language, *Language and Iidentities*. Edinburgh: Edinburgh Vniversity Press: 18 – 28.
Carson, J. & P. Kuehn. 1994. Evidence of transfer and loss in developing second language writers. In A. H. Cumming (ed.), *Bilingual Performance in Reading and Writing*. Amsterdam: John Benjamins Publishing Company.
Carter, R. 2003. Key Concepts in ELT: Language awareness. *ELT Journal*, 57(1): 64 – 65.
Chase, S. 1938. *The Tyranny of Words*. New York: Hurcourt, Brace and Company.
Chen, P. 1999. *Modern Chinese: History and Sociolinguistics*. Cambridge: Cambridge University Press.
Chen, P. 1993. Modern written Chinese in development. *Language in Society*, 22(4): 505 – 537.
Chen, X. R. 2020. *Critical Pragmatic Studies on Chinese Public Discourse*. London: Routledge.
Chilton, P. & Schaffner, C. 1997. Discourse and Politics. In Van Dijk, T. A. (ed.), *Discourse as Social Interaction*. London: Sage Publication.
Chomsky, N. 1965. *Aspects of the Theory of Syntax*. Cambridge M. A.: MIT Press.
Cook, V. J. 1992. Evidence for multicompetence. *Language Learning*, 42(4): 557 – 591.
Cooper, R. L. 1989. *Language Planning and Social Change*. Cambridge: Cambridge University Press.
Coulmas, F. 2005. *Sociolinguistics: The Study of Speakers' Choices*. Cambridge: Cambridge University Press.
Cowan, N. 2001. The magical number 4 in short term memory: A reconsideration of mental storage capacity. *Behavioral and Brain Sciences*, 24(1): 87 – 114.
Crystal, D. 1997. *The Cambridge Encyclopedia of Language*. Cambridge: Cambridge University Press.
Culpeper, J. 2011. *Impoliteness in Language: Using Language to Cause Offence*. Cambridge: Cambridge University Press.
Davies, B. & R. Harré. 1990. Positioning: The discursive production of selves. *Journal for the Theory of Social Behavior*, 20(1): 43 – 63.
De Bot, K. & M. G. Clyne. 1994. A 16-year longitudinal study of language attrition in Dutch immigrants in Australia. *Journal of Multilingual and Multicultural Development*, 15: 17 – 28.
De Fina, A., D. Schiffrin & M. Bamberg. 2006. *Discourse and Identity*. Cambridge: Cambridge University Press.
De Fina, A. 2010. The negotiation of identities. In M. A. Locker & S. L. Graham

(eds.), *Interpersonal Pragmatics*. Berlin: De Gruyter Mouton.

Demo, A. 2005. Sovereignty Discourse and Contemporary Immigration Politics. *Quarterly Journal of Speech*, 91: 291–311.

De Swaan, A. 2010. Language Systems. In N. Coupland (ed.), *The Handbook of Language and Globalization*. Blackwell Publishing Ltd.

Fairclough, N. 1992. *Discourse and Social Change*. Cambridge: Polity Press.

Fairclough, N. 2001. *Language and Power*. Pearson Education.

Fishman, J. A. 2000. The status agenda in corpus planning. In R. D. Lambert & E. Shohamy (eds.), *Language Policy and Pedagogy: Essays in Honor of A. Ronald Walton*. Amsterdam: John Benjamins.

Fishman, J. A. 2006. *Do Not Leave Your Language Alone: The Hidden Status Agendas within Corpus Planning in Language Policy*. Mahwah: Erlbaum.

Fitzsimmons-Doolan, S. 2015. Applying Corpus Linguistics to Language Policy. In F. M. Hult & D. C. Johnson (eds.), *Research Methods in Language Policy and Planning: A Practical Guide*. John Wiley & Sons.

Goffman, E. 1963. *Behavior in Public Places*. New York: Free Press.

Goffman, E. 1981. *Forms of Talk*. Philadelphia: University of Pennsylvania Press.

Gumperz, J. 1982. *Discourse Strategies*. Cambridge: Cambridge University Press.

Haarmann, H. 1990. Language planning in the light of a general theory of language: a methodological framework. *International Journal of the Sociology of Language*, 86 (1): 103–126.

Halliday, M. A. K. 1994. *An Introduction to Functional Grammar*. London: Edward Arnold.

Hall, S. 2000. Who needs identity? In P. du Gay, J. Evans and P. Redman (eds.), *Identity: A Reader*. London: Sage.

Harmann, H. 1990. Language Planning in the Light of a General Theory of Language: A Methodological Framework. *International Journal of the Sociology of Language*, 86 (1): 103–126.

Harris, S. 1984. The form and function of threats in courts. *Language and Communication*, 44: 247–271.

Hawkins, E. 1999. Language Awareness. In B. Spolsky (ed.), *Concise Encyclopedia of Educational Linguistics*. Oxford: Pergamon.

Heinrich, P. & C. Galan (eds.). 2011. *Language Life in Japan: Transformations and Prospects*. New York: Routledge.

Hornberger, N. H. 2006. Frameworks and models in language policy and planning. In T. Ricento (ed.), *An Introduction to Language Policy: Theory and Method*. Malden, MA: Blackwell.

Horrod, S. 2020. "Embedded into the core": The discursive construction of 'policy' in higher education learning and teaching documents and its recontextualisation in practices. *Discourse & Society*, 31(5): 478-497.

Hymes, D. 1972. Models of the interaction of language and social life. In John J. Gumperz & D. Hymes (eds.), *Directions in Sociolinguistics*. New York: Holt, Rinehart and Winston.

Jarvis, S. 2011. Conceptual Transfer: Crosslinguistic Effects in Categorization and Construal. *Bilingualism: Language and Cognition* 14(1): 1-8.

Jay, T. 2000. *Why We Curse: A Neuro-Psycho-Social Theory of Speech*. Philadelphia and Amsterdam: John Benjamins.

Johnson, D. C. 2013. *Language Policy*. New York: Palgrave MacMillan.

Kaplan, R. & R. Baldauf. 1997. *Language Planning: From Practice to Theory*. Clevedon: Multilingual Matters.

Kaplan, R. & R. Baldauf. 2003. *Language and Language-in-Education Planning in the Pacific Basin*. Dordrecht: Springer Netherlands.

Kristeva, J. 1986. Word, dialogue, and novel. In T. Moi (ed.), *The Kristeva Reader*. Oxford: Basil Blackwell.

Kuus, M. 2002. Sovereignty for Security?: The Discourse of Sovereignty in Estonia. *Political Geography*, 21(3): 393-412.

Lambert, W. 1974. Culture and language as factors in learning and education. Western Washington State College. *Annual Learning Symposium on Cultural Factors in Learning*.

Landry, R. & R. Y. Bourhis. 1997. Linguistic landscape and ethnolinguistic vitality: An empirical study. *Journal of Language and Social Psychology*, 16(1): 23-49.

Laufer, B. 2003. The influence of L2 on L1 collocation knowledge and on L1 lexical diversity in free written expression. In V. Cook (ed.), *Effects of the Second Language on the First*. Clevedon: Multilingual Matters.

Lawrence, C. B. 2012. The Korean English linguistic landscape. *World Englishes*. 31(1):71-92.

Lawton, R. 2016. A Critical Integrated Approach to Language Policy as Discursive Action: Strengths, Challenges, and Opportunities. In E. Barakos & J. Unger (eds.), *Discursive Approaches to Language Policy*. London: Palgrave Macmillan.

Leo, V. L. 1995. *Introducing Language Awareness*. Penguin Books.

Levinson, B. A. U., M. Sutton & T. Winstead. 2009. Education policy as a practice of power: Theoretical tools, ethnographic methods, democratic options. *Educational Policy*, 23(6), 767-795.

Levinson, S. C. 1983. *Pragmatics*. Cambridge: Cambridge University Press.

Liddicoat, A. J. & K. Taylor-Leech. 2020. Agency in language planning and policy. *Current Issues in Language Planning*, 22(1): 1-18.

Liu, Haitao. 2008. Dependency Distance as a Metric of Language Comprehension Difficulty. *Journal of Cognitive Science*, 9(2): 159-191.

Li, Wei & M. G. Moyer. 2008. *Blackwell Guide to Research Methods in Bilingualism and Multilingualism*. MA: Blackwell.

Li, Yuming. 2013. Understanding China's Situation through Its Language Life. Li Yuming & Li Wei, v-viii. *The Language Situation in China*. Vol. 1. Berlin: De Gruyter Mouton and Beijing: Commercial Press.

Li, Yuming. 2019. *Language Planning in China*, Berlin: De Gruyter.

Li, Yuming & Li Wei. 2015. *The Language Situation in China* (Vol. 3). Berlin: De Gruyter Mouton.

Li, Yuming & Li Wei. 2014. *The Language Situation in China* (Vol. 2). Berlin: De Gruyter Mouton.

Li, Yuming & Li Wei. 2013. *The Language Situation in China* (Vol. 1). Berlin: De Gruyter Mouton.

Lo Bianco, J. 2004. Language Planning as Applied Linguistics. In Alan Davies & Catherine Elder (eds.), *The Handbook of Applied Linguistics*. Blackwell Publishing.

Lo Bianco, J. 2005. Including Discourse in Language Planning Theory. In Paul Bruthiaux et al. (eds.), *Directions in Applied Linguistics: Essays in Honor of Robert B. Kaplan*. Clevedon: Multilingual Matters.

Lorenzo-Dus, N. 2005. A rapport and impression management approach to public figures' performance of talk. *Journal of Pragmatics*, 37(5): 611-631.

Martin, J. R. & D. Rose. 2003. *Working with Discourse: Meaning Beyond the Clause*. London: Bloomsbury Publishing.

Martin, J. R. & P. White. 2005. *The Language of Evaluation: Appraisal in English*. New York: Palgrave Macmillan.

McCarty, T. L. 2010. *Ethnography and Language Policy*. New York and London: Routledge.

Mey, J. 2001. *Pragmatics: An Introduction*. Oxford: Blackwell Publishers.

Miller, George A. 1956. The Magical Number Seven, Plus or Minus Two: Some Limits on Our Capacity for Processing Information. *The Psychological Review*, 63(2): 81-97.

Mortimer, K. S. 2013. Communicative event chains in an ethnography of Paraguayan language policy. *International Journal of the Sociology of Language*, 219: 67-99.

Mortimer, K. S. 2016. Discursive Perspectives on Language Policy and Planning. In S. Wortham, et al. (eds.), *Discourse and Education. Encyclopedia of Language and*

Education. Cham: Springer.

Mortimer, K. S. 2017. Discursive Perspectives on Language Policy and Planning. In S. Wortham, D. Kim, & S. May (eds), *Encyclopedia of Language and Education (Vol. of Discourse and Education)*. Cham: Springer.

Nekvapil, J. 2015. Language management theory as one approach in language policy and planning. *Current Issues in Language Planning*, 17(1): 11-22.

Neustupny, J. V. 1994. Problems of English contact discourse and language planning. In T. Kandiah & J. Kwan-Terry (eds.), *English and Language Planning: A Southeast Asian Contribution*. Singapore: Academic Press.

Ostler, N. 2010. *The Last Lingua Franca: English until the Return of Babel*. New York: Bloomsbury Publishing.

Pavlenko, A. & A. Blackledge. 2004. *Negotiations of Identities in Multilingual Contexts*. Cromwell Press Ltd.

Pavlenko, A. 2000. L2 influence on L1 late bilingualism. *Issues in Applied Linguistics*, 11(2): 175-205.

Perekmutter, R. 2013. Klassika zhanra: The flame war as a genre in the Russian blogosphere. *Journal of Pragmatics* 45(1): 74-89.

Piller, I. 2003. Advertising as a site of language contact. *Annual Review of Applied Linguistics*, 23: 170-183.

Porte, G. 1999. English as a forgotten language. *ELT Journal*, 53(1): 28-35.

Ricento, T. 2000. Historical and Theoretical perspectives in Language Policy and Planning. *Journal of Sociolinguistics*, 4(2): 196-213.

Rose-Redwood, R., D. Alderman & M. Azaryahu. 2010. Geographies of toponymic inscription: New directions in critical place-name studies. *Progress in Human Geography*, 34(4): 453-470.

Ryan, E. & H. Giles. 1982. *Attitudes towards Language Variation: Social and Applied Contexts*. London: Edward Arnold.

Said, E. 1974. An ethics of language. *Diacritics*, 4(2): 28-37.

Salmon, C. 2004.《18—19世纪印尼华文中的外来语初探》,载《公案簿(第二辑)附录》,厦门:厦门大学出版社.

Sandil, N. 2016. Bilingual Education in the United States: The Case of the National Association for Bilingual Education vs. Pro-English. *Bilingualism & Bilingual Education* (1).

Scollon, R. & S. W. Scollon. 2003. *Discourses in place*. New Yourk: Routledge.

Searle, J. 1969. *Speech Acts: An Essay in the Philosophy of Language*. Cambridge: Cambridge University Press.

Shin, D. & S. Park. 2019. Discursive Inquires to Language Planning and Policy from

Critical and Discursive Turn. *Korean Journal of Applied Linguistics*, 35(1): 79-105.

Shohamy, E., et al. 2015. *Linguistic Landscape in the City*. Bristol: Multilingual Matters.

Shum, W. & Lee, S. 2013. Impoliteness and disagreement in two Hong Kong Internet discussion forums. *Journal of Pragmatics*, 50(1): 52-83.

Spolsky, B. 2004. *Language Policy*. Cambridge: Cambridge University Press.

Spolsky, B. 2008. Prolegomena to a sociolinguistic theory of public signage. In E. Shohamy & D. Gorter (eds.), *Linguistic Landscape: Expanding the Scenery*. London: Routledge, 25-39.

Spolsky, B. 2009. *Language Management*. Cambridge: Cambridge University Press.

Spolsky, Bernard. 2016. Language planning in China: Foreword. *Chinese Journal of Language Policy and Planning*, (1).

Stevenson, C. L. 1944. *Ethics and Language*. New Haven: Yale University Press.

Talmor, E. 1984. *Language and Ethics*. New York: Pergamon Press.

Tannen, D., S. Kendall & S. Gorden. 2007. *Family Talk: Discourse Identity in Four American Families*. Oxford: Oxford University Press.

Tetlock, P. E. & A. S. Manstead. 1985. Impression management versus intrapsychic explanations in social psychology: A useful dichotomy? *Psychological Review*, 92(1): 59-77.

Tollefson, J. W. 1991. *Planning Language, Planning Inequality: Language Policy in the Community*. New York: Longman.

Tollefson, J. W. 2010. Perspectives on Language Policy and Planning. In R. B. Kaplan (ed.), *The Oxford Handbook of Applied Linguistics*. Oxford: Oxford University Press, 2010.

Tollefson, J. W. 2011. Language planning and language policy. In Rajend Mesthrie (ed.), *The Cambridge Handbook of Sociolinguistics*. Cambridge: Cambridge University Press.

Tracy, K. 2002. *Everyday Talk: Building and Reflecting Identities*. New York: Guilford Press.

Trudgill, P. 1992. *Introducing Language and Society*. London: Penguin English.

Trudgill, P. 2003. *Glossary of Sociolinguistics*. Edinburgh: Edinburgh University Press.

UNESCO. 2004. *Language as Violence, Violence as Language*. TIG Magazine.

Van de Berg, Marinus. 2015. Long-term accommodation and language planning strategies: Network density, dialect vitality, and the restructuring of the Shanghai speech community. Yang Shen & Daming Xu. *China Language Strategies*. Nanjing: Nanjing University Press.

Van den Berg, Marinus. 2016. Restructuring Chinese speech communities: Urbanization, language contact and identity formation. *Special Issue of Journal of Asian-Pacific Communication*, 26(1).

Van den Berg, Marinus & Daming Xu. 2010. *Industrialization and the Restructuring of Speech Community in China and Europe.* Newcastle: Cambridge Scholars.

Van Dijk, T. A. 2008. *Discourse and Context.* London: Cambridge University Press.

Van Hee, C. et al. 2018. Automatic detection of cyberbullying in social media text. *PLOS ONE*, (10): 1-22.

Verschueren, J. 1999. *Understanding Pragmatics.* London: Edward Arnold.

Waas, M. 1992. What future has my past? Intra-generational language attrition among German speakers in Sydney, Australia. *Manitoba Heritage Review*, 7: 17-21.

White, P. R. 1998. *Telling Media Tales: The News Story as Rhetoric.* Sydney: University Doctoral dissertation, University of Sydney.

Wierzbicka, A. 1987. *English Speech Act Verbs: A Semantic Dictionary.* Sydney: Academic Press.

Wodak, R. 2001. The discourse-historical approach. In R. Wodak & M. Meyer (eds.), *Methods of Critical Discourse Analysis.* London: Sage.

Xu, Daming & Zhang Jingwei. 2019. Chinese Sociolingusitics. In Chu-Ren Huang, Zhuo Jing-Schmidt & Barbara Meisterernst (eds.), *The Routledge Handbook of Chinese Applied Linguistics.* London: Routledge.

Xu, Daming. 2006. Nanjing Language Survey and the Theory of Speech Community. *Journal of Asian Pacific Communication*, 16(2).

Xu, Daming. 2010. The Formation of a Speech Community: Mandarin nasal finals in Baotou. In Marinus van den Berg & Daming Xu (eds.), *Urbanization and the Restructuring of Speech Communities in China and Europe.* Newcastle: Cambridge Scholars.

Xu, Daming. 2015. Speech Community and Linguistic Urbanization: Sociolinguistics theories developed in China. In D. Smakman & P. Heinrich (eds.), *Globalising Sociolinguistics: Challenging and Expanding Theory.* London and New York: Routledge.

Zhang, Jingwei & Daming Xu. 2019. The impact of communication technology on Chinese language life. In Chu-Ren Huang, Zhuo Jing-Schmidt and Barbara Meisterernst (eds.), *The Routledge Handbook of Chinese Applied Linguistics.* London: Routledge.

Zhao, B. et al. 2019. Place Spoofing: A Case Study of the Xenophilic Copycat Community in Beijing, China. *The Professional Geographer*, 71(2): 265-277.

Zhao, S. & R. B. Baldauf. 2012. Individual Agency in Language Planning: Chinese Script Reform as a Case Study. *Language Problems and Language Planning*, 36(1):

1-24.

阿伦特 1998《公共领域和私人领域》,北京:生活·读书·新知三联书店。

埃杰 2012《语言规划与语言政策的驱动过程》,吴志杰译,北京:外语教学与研究出版社。

艾萍 2009《论语言安全与民族文化安全》,中南民族大学硕士论文。

艾喜荣 2014《城市发展中语言规划的重要性》,《合作经济与科技》第 21 期。

艾秀梅,江波 2007《论网络空间中的语言暴力》,《江苏广播电视大学学报》第 4 期。

安昊 2014《部分中国农村初中生家庭语言暴力调查——以山东省日照市为例》,《吉林省教育学院学报》第 7 期。

巴特尔 2011《母语与语言安全问题——纪念第十二个国际母语日》,《内蒙古社会科学》第 3 期。

包联群 2019《语言政策与语言经济——以语言景观为例》,《第四届国家语言战略高峰论坛论文集》。

北京市语言学会 1982《礼貌和礼貌语言》,北京:北京出版社。

本雅明 2021《机械复制时代的艺术作品》,庄仲黎译,台北:商周出版社。

伯克 2007《语言的文化史:近代早期欧洲的语言和共同体》,北京:北京大学出版社。

薄守生 2007《关于"语言作为非物质文化遗产"的思考》,《汉字文化》第 6 期。

薄守生,赖慧玲 2009《当代中国语言规划研究》,北京:中国社会科学出版社。

蔡基刚,廖雷朝 2014《国家外语能力需求与大学外语教育规划》,《云南师范大学学报(哲学社会科学版)》第 1 期。

蔡永良 2011《关于我国语言战略问题的几点思考》,《外语界》第 1 期。

曹学林 2000《字母词语也是汉语词语》,《语文建设》第 7 期。

常晨光 2008《作为评价手段的情态附加语探析》,《外语与外语教学》第 1 期。

陈昌来 2007《应用语言学导论》,北京:商务印书馆。

陈超飞,刘冠楠 2013《微博语言暴力现象成因及规避机制》,《传媒 E 时代》第 6 期。

陈晖,鲍厚星 2007《湖南省的汉语方言》,《方言》第 3 期。

陈丽江 2008《政府新闻发布会中话语建构者的角色定位与转换》,《四川外语学院学报》第 5 期。

陈群 2012《捍卫主权须用"主权话语"》,《大公报》2012-07-19。

陈汝东 1996《论语言文明》,《语文建设》第 11 期。

陈汝东 1998《论言语道德》,《北京大学学报(哲学社会科学版)》第 1 期。

陈汝东 1999《当前城市社会用字中的不规范现象及其成因和对策》,《北京大学学报(哲学社会科学版)》第 5 期。

陈汝东 2001《语言伦理学》,北京:北京大学出版社。

陈双新,张素格 2011《关于汉字"申遗"问题的思考》,《河北大学学报(哲学社会科学版)》第 3 期。

陈松岑 1999《新加坡华人的语言态度及其对语言能力和语言使用的影响》,《语言教学与研究》第 1 期。

陈松岑,徐大明,谭慧敏 2000《新加坡华人的语言使用和语言态度调查报告》,载《21世纪的挑战——新加坡华语文的现状与未来》,新加坡:联邦出版社。

陈新仁 2008《全球化语境下的外语教育与民族认同》,北京:高等教育出版社。

陈新仁 2009《新编语用学教程》,北京:外语教学与研究出版社。

陈新仁 2013《批评语用学视角下的社会用语研究》,上海:上海外语教育出版社。

陈新仁 2022《语用规范化与城市语言文明建设》,《中国语言战略》第1期。

陈新仁,等 2012《当代中国语境下的英语使用及其本土化研究》,北京:北京大学出版社。

陈新仁,等 2013《语用学视角下的身份与交际研究》,北京:高等教育出版社。

陈颖 2010《中国—东盟合作框架下广西的语言发展战略探讨》,《学术论坛》第2期。

陈优 2023《家庭语言暴力需要系统式治疗》,《语言战略研究》第1期。

陈原 2003《语言和人》,北京:商务印书馆。

陈章太 2005《语言规划研究》,北京:商务印书馆。

陈章太 2009《语言资源与语言问题》,《云南师范大学学报(哲学社会科学版)》第4期。

陈章太 2015《语言规划概论》,北京:商务印书馆。

陈章太,于根元 1985《语言美和精神文明建设》,上海:上海教育出版社。

程江霞 2021《乡村振兴视阈下青岛乡村语言景观实探》,《青岛农业大学学报(社会科学版)》第3期。

崔丽红 2012《韩国的语言政策与国家意识探析》,《云南师范大学学报(哲学社会科学版)》第3期。

戴红亮,魏晖 2011《汉字申遗问题及政策建议》,《长江学术》第3期。

戴嘉树,吴琼,郑敬夫,等 2022《脱贫致富的乡村典范》,武汉:武汉大学出版社。

戴曼纯 2011《国家语言能力、语言规划与国家安全》,《语言文字应用》第4期。

戴庆厦 2004《社会语言学概论》,北京:商务印书馆。

戴庆厦 2010《语言关系与国家安全》,《云南师范大学学报(哲学社会科学版)》第2期。

戴玉磊 2009《浅析网络语言暴力的心理机制》,《开封大学学报》第6期。

党兰玲 2012《中原经济区和谐语言环境建设研究》,《河南社会科学》第10期。

邓显超 2007《中国文化发展战略研究》,中共中央党校博士学位论文。

刁晏斌 2007《略论"文革"时期的"语言暴力"》,《江南大学学报(人文社会科学版)》第4期。

刁晏斌 2018《全球华语的理论建构与实证研究》,北京:华语教学出版社。

丁萍 2007《关于构建和谐语言生活的思考》,《西北民族大学学报》第5期。

董琼瑜 2013《浅谈字母词的规范问题——以沈阳房地产业字母词为例》,《现代语文》第2期。

董燕萍,鲁守春 2010《外语对母语的负迁移:来自汉语拼音学习的证据》,《中国外语》第3期。

窦融久 1981《十年动乱与语言污染》,《新疆师范大学学报(社会科学版)》第2期。

杜敏,刘志刚 2020《论语言扶贫在乡村振兴战略实话中的可持续性》,《陕西师范大学学报

（哲学社会科学版）》第 2 期。

樊浩 2022《伦理精神现代"建构"的文化战略》,《道德与文明》第 5 期。

樊荣,彭爽 2009《汉语国际推广中的"文化融合"问题——以新加坡华文教育政策为例》,《东北师大学报》第 5 期。

范俊军,宫齐,胡鸿雁 2006《语言活力与语言濒危》,《民族语文》第 3 期。

方小兵 2014《梳理语言意识,优化语言规划》,《中国社会科学报》2014－07－07。

方小兵 2015《言语社区规划与母语安全》,《语言政策与规划研究》第 1 期。

方小兵 2018《从家庭语言规划到社区语言规划》,《云南师范大学学报(哲学社会科学版)》第 6 期。

方小兵 2019《老龄化社会呼唤老年语言学的出场》,《中国社会科学报》2019－12－03。

方小兵 2021《从文明语言到语言文明:论"语言文明"概念的层次性》,《云南师范大学学报（哲学社会科学版）》第 6 期。

方小兵 2022《语言文明观念阐释、话语实践与政策构建》,《中国语言战略》第 1 期。

房建军 2012《澳洲土著语言政策规划研析》,《语文学刊》第 7 期。

冯广艺 2008《生态文明建设中的语言生态问题》,《贵州社会科学》第 4 期。

冯志伟 1998《字母词的使用要看对象》,《术语标准化与信息技术》第 3 期。

冯志伟 2000《论语言文字的地位规划和本体规划》,《中国语文》第 4 期。

付义荣 2020《闽南农村汉语方言词汇变化研究》,北京:中国社会科学出版社。

傅立民 2004《论实力》,北京:清华大学出版社。

甘柏兹 2001《会话策略》,徐大明,高海洋译,北京：社会科学文献出版社。

高慧臣 2010《字母词的滥用对汉语教学的影响》,《语言与翻译(汉文)》第 3 期。

高杨 2021《人类命运共同体话语演变及创新意蕴》,《辽宁师范大学学报(社会科学版)》第 5 期。

高一虹 1994《生产性双语现象考察》,《外语教学与研究》第 1 期。

高玉娟 2012《大连方言语音对英语语音习得的影响》,《辽宁师范大学学报》第 6 期。

葛燕红 2005《南京市小姐称呼语的调查分析》,《中国社会语言学》第 2 期。

龚晓斌 2008《"零翻译"的文化反思》,《苏州大学学报》第 5 期。

关健英 2019《中国传统文化的独特气质》,《红旗文稿》第 21 期。

郭红霞 2011《二语词汇习得中跨语言迁移的语言类型分析》,《外语学刊》第 2 期。

郭鸿杰,周国强 2003《20 年来英语对中国大陆现代汉语词法和句法的影响》,《外语教学》第 5 期。

郭继荣,杨亮 2021《国内语言安全研究述评》,《情报杂志》第 6 期。

郭克范 2013《在西藏话题中建立中国论述》,《西藏研究》第 4 期。

郭龙生 2006《略论中国当代语言规划的构成要素》,《语言与翻译》第 3 期。

郭龙生 2007《略论中国当代语言规划的类型》,《语言教学与研究》第 6 期。

郭龙生 2008《中国现代化进程中的语言生活、语言规划与语言保护》,《中国人民大学学报》第 4 期。

郭声琨 2014《坚持严格规范公正文明执法》,《人民日报》2014-11-13。

郭熙 2009《华语规划论略》,《语言文字应用》第3期。

郭熙 2022《让更多的人了解中华语言文明》,《语言战略研究》第5期。

郭熙 2022《乡村要振兴,语言来帮忙》,《光明日报》2022-03-27。

郭熙,雷朔 2022《论海外华语的文化遗产价值和研究领域拓展》,《语言文字应用》第2期。

郭熙,曾炜,刘文正 2005《广州市语言文字使用情况调查报告》,《中国社会语言学》第2期。

海然热 1999《语言人》,张祖建译,上海:上海三联书店。

韩伟 2002《汉字字形文化研究论》,《河南大学学报(社会科学版)》第5期。

韩晓晔,范祖奎 2012《涉外报道中对有争议地名的指称问题——以人民日报(1946—2012)为例的分析》,《华东师范大学学报》第5期。

韩雪艳 2012《清除大学校园语言污垢,维护汉语的纯洁与健康》,《语文学刊》第3期。

汉娜·阿伦特 1998《公共领域和私人领域》,北京:生活·读书·新知三联书店。

何炳棣 2005《读史阅世六十年》,南宁:广西师范大学出版社。

何俊芳,周庆生 2010《语言冲突研究》,北京:中央民族大学出版社。

何伟,刘佳欢 2020《生态哲学观下语言暴力的界定、成因及防治》,《云南师范大学学报(哲学社会科学版)》第6期。

何星亮 2005《非物质文化遗产的保护与民族文化现代化》,《中南民族大学学报(人文社会科学版)》第3期。

何自然 2016《公共话语与我国语言政策》,《语言战略研究》第3期。

贺阳 2008《现代汉语欧化语法现象研究》,《世界汉语教学》第4期。

洪岗,陈乾锋 2011《中美新闻发言人拒绝策略对比研究》,《外语教学与研究》第3期。

侯松,刘慧梅,高佳燕 2019《语言原真性与文化遗产的意义生成——以浙江衢州"周王庙"为中心》,《东南文化》第5期。

候琳 2008《网络语言暴力浅议》,《语文学刊》第1期。

胡开宝 2006《汉外语言接触研究近百年:回顾与展望》,《外语与外语教学》第5期。

胡明扬 2002《关于外文字母词和原装外文缩略语问题》,《语言文字应用》第2期。

胡培安 2001《语言素质的内隐与外显因素》,《社会科学家》第4期。

胡壮麟 2019《多元文明交融下的国家语言战略》,《中国外语》第5期。

黄怀飞 2011《第二语言习得中的逆向迁移研究》,《青海师范大学学报(哲学社会科学版)》第6期。

黄仁国 2009《伊拉克战争后美国的教育国际交流新趋势》,《湖南科技大学学报(社会科学版)》第3期。

黄涛 2008《语言文化遗产的特性、价值与保护策略》,《中国人民大学学报》第4期。

黄行 2013《中国周边语言研究的意义和价值》,《中国语言资源动态》第4期。

黄行 2014《当前我国少数民族语言政策解读》,《中南民族大学学报》第6期。

纪小凌 2012《英语学习者书面语磨蚀研究》,《当代外语研究》第9期。

季正矩,王瑾 2006《国家至要:当代国家政治安全新论》,重庆:重庆出版社。
江俊儒,罗江华 2018《乡村振兴战略下图瓦村落语言文化传承的困境与思考》,《学园》第6期。
姜德军 2002《语言文明建设与精神文明建设》,《前沿》第11期。
姜莉芳 2010《濒危语言申报非物质文化遗产保护的思考——以居都仡佬语为例》,《贵州民族学院学报(哲学社会科学版)》第1期。
教育部、国家语言文字工作委员会 1999《关于进一步发挥城市的中心作用,全面推进语言文字工作的意见》,教育部门户网站:moe.gov.cn,1999-02-05。
教育部语言文字应用管理司 2002《城市语言文字工作评估实用手册》。
金君俐 2009《网络语言暴力的成因和对策初探》,《新闻实践》第4期。
劲松 2004《被字句的偏误和规范》,《汉语学习》第1期。
经济日报 2019《整改"洋地名",别矫枉过正》,中国经济网,2019-06-20。
康慧琳 2022《普通话能力对农民主观幸福感的影响》,《语言战略研究》第1期。
康宁,杜璇 2020《语言政策视域下城市语言景观建设》,《中国社会科学报》2020-09-15。
康培德 2017《十八、十九世纪巴达维亚唐人对殖民地行政体系的文化认知赋予与重塑——以〈公案簿〉中的官职、机构外来语为例》,《汉学研究》(台湾)第1期。
康喆文 2022《以乡村语言建设助力文化振兴》,《中国社会科学报》1月11日。
科兰 1995《试谈外交官应具备的心理和性格素质》,《外交学院学报》第4期。
孔特劳,菲利普森,斯库特纳布-坎加斯,等 2014《语言:权利和资源——有关语言人权的研究》,李君,满文静译,北京:外语教学与研究出版社。
孔详瑞 2020《论语译注》,上海:上海社会科学院出版社。
孔珍 2018《国际语言景观研究现状与发展趋势分析》,《中南大学学报(社会科学版)》第2期。
库尔马斯 2018《文字与社会导论》,阎喜译,北京:外语教学与研究出版社。
库忠芳 2016《谈语文教师的语言文明问题》,《甘肃教育》第18期。
李宝贵,李辉 2017《文化自信视阈下的地名"洋化"成因分析及解决对策》,《东北师大学报(哲学社会科学版)》第1期。
李尔康,焦蓉,温自强,等 2022《脱贫攻坚同乡村振兴背景下中西部欠发达地区语言扶贫研究——基于宜宾市高县丛木村的语言调查》,《农业开发与装备》第2期。
李桂南 2001《新西兰语言政策研究》,《外国语》第5期。
李国文 2000《汉语的无奈》,《语文建设》第4期。
李海英,方小兵,葛燕红 2013《论母语和母语规划》,《云南师范大学学报》第6期。
李海英,李现乐 2014《边疆地区语言规划与国家安全研究构想——以新疆地区为例》,《江汉学术》第3期。
李宏伟,王伟思 2013《汉语中字母词社会认同群体研究》,《通化师范学院学报》第4期。
李慧,李经伟 2013《网络购物会话中的称呼语研究》,《解放军外国语学院学报》第5期。
李慧,刘芳 2009《试论新时期军队科技人员外语应用能力的提高》,《高等教育研究学报》

第3期。

李洁麟 2009《马来西亚语言政策的变化及其历史原因》,《暨南学报》第5期。

李林 2016《让法治与德治相得益彰》,《学习时报》2016-12-15(03版)。

李明富 2012《美国国防语言战略演进探析——兼论"制语权"战争》,《国防科技》第5期。

李琪 2007《中亚国家的民族关系与地区安全》,《中国边疆史地研究》第2期。

李荣刚 2011《城市化对乡村语言变化的影响》,《重庆社会科学》第10期。

李荣刚 2022《从语言美到语言文明:20世纪80—90年代中国语言文明研究》,《中国语言战略》第2期。

李申,荣景 2012《论当前汉语外来词的使用及其规范化》,《东南大学学报》第4期。

李慎之,何家栋 2002《世界已经进入全球化时代:中国的道路》,广州:南方日报出版社。

李舒慧 2013《网络暴力语言现象探析》,渤海大学硕士论文。

李铁范 2005《网络语言研究综述》,《语文学刊》第6期。

李现乐 2010《语言资源和语言问题视角下的语言服务研究》,《云南师范大学学报(社会科学版)》第5期。

李现乐 2014《语言资源与语言经济研究》,《经济问题》第9期。

李现乐,刘芳 2013《开发少数民族语言经济价值的意义与途径——以民族地区旅游业为例》,《江汉学术》第5期。

李现乐,刘逸凡,张沥文 2020《乡村振兴背景下的语言生态建设与语言服务研究——基于苏中三市的乡村语言调查》,《语言文字应用》第1期。

李宪玲 2010《网络语言暴力的成因分析及对策研究》,华中师范大学硕士论文。

李秀 2009《试论内蒙古地区普通话与方言之间和谐语言生活的构建》,《前沿》第11期。

李学勤 1999《十三经注疏·毛诗正义》,北京:北京大学出版社。

李雪梅 2010《家庭语言暴力与少年越轨的相关性探析》,中国政法大学硕士学位论文。

李雪松 2012《母语环境中母语磨蚀的几点思考与困惑》,《荆楚理工学院学报》第12期。

李雅 2020《批评话语分析视角下的中亚国家语言政策》,《中国语言战略》第1期。

李亚,尹旭,何鉴孜 2015《政策话语分析:如何成为一种方法论》,《公共行政评论》第5期。

李沿围 2005《试论语言文明与文明城市建设》,《大连干部学刊》第9期。

李颖 2007《模糊语言在政治外交场合的应用》,《中国西部科技》第12期。

李颖,冯丽娟 2021《国内语言景观研究综述》,《成都理工大学学报(社会科学版)》第1期。

李永斌 2012《提高西藏普通话教学水平的策略分析》,《天中学刊》第5期。

李宇明 2003《和谐语言生活 减缓语言冲突》,《语言文字应用》第1期。

李宇明 2008《语言功能规划刍议》,《语言文字应用》第1期。

李宇明 2009《〈论语〉之论语》,《语言教学与研究》第4期。

李宇明 2010《中国语言规划论》,北京:商务印书馆。

李宇明 2012《当代中国语言生活中的问题》,《中国社会科学》第9期。

李宇明 2013《词典收录字母词问题笔谈——形译与字母词》,《中国语文》第1期。

李宇明 2018《用中文表达世界知识》,《中国社会科学报》,2018-09-14。

李宇明 2019《语言学的问题意识、话语转向及学科问题》,《广州大学学报(社会科学版)》第 5 期。

李宇明 2020《重视突发公共事件中的语言应急问题》,《语言战略研究》第 2 期。

李宇明 2021《语言与人类文明》,《中国社会科学报》2021-02-09。

李宇明 2022《构建信息无障碍社会》,《语言战略研究》第 2 期。

李云川 2011《英文缩略词的语用功能在汉语交际中的争议分析》,《云南师范大学学报(对外汉语教学与研究版)》第 2 期。

李运富 2022《汉字之光永照中华文明》,《语言战略研究》第 6 期。

连真然 2006《字母词的使用必须规范化》,《科技术语研究》第 2 期。

廖礼平 2005《说"CEPA"》,《语言文字应用》第 2 期。

林子人 2019《全球化、中产梦与地名的空间政治:我们为什么在意"洋地名"?》,《界面文化》2019-06-24。

凌濛初 2016《二刻拍案惊奇》,斯范注,武汉:崇文书局。

刘楚群 2017《语言景观之城市映像研究》,《语言战略研究》第 2 期。

刘楚群 2019《当今语言规范观:中和诚雅》,《江西师范大学学报(哲社版)》第 6 期。

刘道锋,刘瑾 2008《和谐语言观的理念与语言工作者的使命》,《湖南人文科技学院学报》第 1 期。

刘芳 2013《基于世界语文信息数据库的国际语言规划研究》,南京大学博士学位论文。

刘芳 2014《语言战略视角下的语言规划发展趋势研究——基于国际语言生活状况的分析》,《江汉学术》第 3 期。

刘芳 2021《优秀传统文化助力语言文明建设》,《语言文字报》2021-01-13(02)。

刘华蓉 2022《以开创之功启未来新局——2022 年的家庭教育》,《中国教育报》2022-12-25(04 版)。

刘丽芬,刘秀娟,黄忠廉 2021《语言景观格局研察——以三亚为例》,《中国外语》第 6 期。

刘梦 2023《家长语言暴力预防谈》,《语言战略研究》第 1 期。

刘世俊 1982《语言美讲话》,银川:宁夏人民出版社。

刘守英 2020《十四五——城市回归本质,乡村拥有体面》,《乡村振兴》第 11 期。

刘锡诚 2004《非物质文化遗产与民族文化精神》,《广西师范学院学报》第 4 期。

刘县书 2006《中国召开学术会议使用英语,汉语将沦为科学看客》,《中国青年报》2006-07-05。

刘晓丽 2010《美,从训练开始》,《文艺理论研究》第 5 期。

刘晓玉 2012《美国主流报纸涉藏报道分析——以〈纽约时报〉和〈华盛顿邮报〉对"3·14"事件报道为例》,河北大学硕士论文。

刘涌泉 2002《关于汉语字母词的问题》,《语言文字应用》第 1 期。

陆丙甫,应学凤 2019《人类信息处理能力限度对语言结构的基本制约》,《语言教学与研究》第 3 期。

路卿,卢文戈,邢利 2014《加强保定语言文明建设,助推城市特色文化可持续发展》,《才智》第 27 期。

罗雪梅 2012《上海市街头公共标识外语使用情况调查分析》,载赵蓉晖主编,《国家战略视角下的外语与外语政策》,北京:北京大学出版社。

罗志霖 2011《诸葛亮文集译注》,成都:巴蜀书社。

洛克夫 2001《语言的战争》,刘丰海等译,北京:新华出版社。

马莉 2003《语用原则与外交修辞》,《北京第二外国语学院学报》第 4 期。

毛翰 2009《为了中文的明天:中国应该叫停英语热》,《书屋》第 6 期。

毛延生 2013《语言暴力的语用理据诠释》,《江南大学学报(人文社会科学版)》第 3 期。

民政部等 2018《民政部 公安部 自然资源部 住房城乡建设部 交通运输部 国家市场监管部关于进一步清理整治不规范地名的通知》,民政部办公厅,2018－12－10。

莫洁 2020《家庭语言暴力危害不容忽视》,《光明日报》2020－07－17(02 版)。

眸子 1997《语言生活与精神文明》,《语文建设》第 1 期。

穆旦 2011《拜伦雪莱济慈诗精选》,武汉:长江文艺出版社。

聂德宁 2002《"吧国公堂"档案之〈公案簿〉述略》,《华侨华人历史研究》第 3 期。

聂鹏,木乃热哈 2017《西昌市彝文语言景观调查研究》,《语言文字应用》第 1 期。

牛道生 2013《英语对中国的历史性影响》,北京:北京大学出版社。

潘丽萍 2011《法律话语策略与民族身份——〈反分裂国家法〉的中国话语构建》,《外语学刊》第 1 期。

潘雪莲 2006《略论字母词的定义与定位》,《科技术语研究》第 2 期。

潘岳 2021《中国五胡入华与欧洲蛮族入侵》,《中央社会主义学院学报》第 2 期。

潘志平 2009《新疆的地缘政治与国家安全——历史与现状的考察》,《中国边疆史地研究》第 3 期。

彭宣维 2005《语言与语言学概论——汉语系统功能语法》,北京:北京大学出版社。

澎湃新闻 2019《不规范地名要治,也要问问当初是怎么出炉的》,澎湃新闻官方账号,2019－06－19。

钱乃荣 2004《质疑"现代汉语规范化"》,《上海文学》第 4 期。

乔丹丹 2015《儿童使用不文明语言现象及情感矫正策略》,《现代教育科学(小学教师)》第 4 期。

覃寿伟 2018《从〈公案簿〉看荷印吧城华人塾师与文化交流》,《闽南师范大学学报(哲学社会科学版)》第 1 期。

邱春安,严修鸿 2022《梅县农村客家话语汇使用现状调查研究》,《语言战略研究》第 1 期。

邱红,甘霖,加雨灵 2021《为儿童营造美好的城市空间环境》,《中华建设》第 11 期。

曲一帆 2021《校外培训机构转型路子多》,《经济日报》2021－08－16。

任荣 2005《论英语帝国主义背景下的汉语纯洁性》,《山西农业大学学报》第 2 期。

阮文康 2006《语言死亡:语言的安全与不安全》,《广西民族大学学报》第 5 期。

萨丕尔 2017《语言论》,陆卓元译,北京:商务印书馆。

闪雄 2000《网络语言破坏汉语的纯洁》,《语文建设》第 10 期。

单万云 2008《影响幼儿语言发展的家庭因素》,《时代教育(教育教学版)》第9期。
尚国文,赵守辉 2014《语言景观研究的视角、理论与方法》,《外语教学与研究》第2期。
尚国文,周先武 2020《非典型语言景观的类型、特征及研究视角》,《语言战略研究》第4期。
邵长军 2019《坚定文化自信的四个维度》,《中国青年报》2019-12-09(02版)。
邵长忠 2009《语言伦理观念的转变:英语原声影视中脏话的作用》,《山东外语教学》第6期。
沈河西 2019《葛剑雄:不要轻易给洋地名扣"崇洋媚外"的帽子》,《南方周末》2019-06-27。
沈家煊 2019《说四言格》,《世界汉语教学》第3期。
沈骑 2014《非传统安全领域的语言规划研究:问题与框架》,《语言教学与研究》第5期。
沈燕清 2019《吧国公堂对吧城华侨教育发展的贡献》,《南亚东南亚研究》第4期。
石定栩,朱志瑜 1999《英语对香港书面汉语句法的影响——语言接触引起的语言变化》,《外国语》第4期。
石定栩,朱志瑜,王灿龙 2003《香港书面汉语中的英语句法迁移》,《外语教学与研究》第1期。
史雯娜 2016《中国创作动画片中的语言暴力及应对策略》,《河南社会科学》第10期。
束红岩,李向福 2005《药品监督执法应注重语言文明》,《中国食品药品监管》第12期。
斯波斯基 2022《语言政策及管理理论优化版》,载方小兵主编,《国际语言政策研究前沿》,北京:商务印书馆。
苏杰 2017《上海私人标牌中的语言权势与文化权势》,《语言战略研究》第2期。
苏金智 2014《语言规划与文化建设》,《文化学刊》第4期。
孙浩峰 2020《体育赛事场地广告语言景观研究——以英格兰足球超级联赛为例》,《语言文字应用》第4期。
孙宏开 2021《语言是特殊的非物质文化遗产》,《语言战略研究》第5期。
孙建清 2016《"洋地名"并非一无是处》,《中国地名》第1期。
田飞洋,张维佳 2014《全球化社会语言学:语言景观研究的新理论——以北京市学院路双语公示语为例》,《语言文字应用》第2期。
田海龙 2009《语篇研究:范畴、视角、方法》,上海:上海外语教育出版社。
田海龙 2021《社会网络中的话语互动》,天津:天津人民出版社。
田晋芳 2006《90年代中国小说创作的消费主义转向》,上海社会科学院硕士论文。
万玲华 2015《孔子"慎言"观对当今语言道德建设的启示》,《教育教学论坛》第42期。
王春辉 2020《突发公共事件中的语言应急与社会治理》,《社会治理》第3期。
王海霞 2007《先秦典籍语言伦理探究》,南京林业大学硕士论文。
王虹 2005《中国传统道德与现代语言文明》,《沈阳师范大学学报》第3期。
王洪君 2002《普通话中节律边界与节律模式、语法、语用的关联》,《语言学论丛》第26辑。
王静 2004《治理语言污染 建设语言文明》,《黑龙江教育学院学报》第3期。

王娟,党怀兴 2022《乡村振兴背景下民族地区发挥语言经济交通路径的再探讨——基于西藏林芝市 M 县的个案研究》,《西藏民族大学学报(哲学社会科学版)》第 4 期。

王军 2009《副词"究竟"的始见时代》,《南京师范大学文学院学报》第 3 期。

王克仲 1981《语言污染表现在哪些方面》,《中国语文通讯》第 3 期。

王玲,陈新仁 2019《公共空间"语言粗鄙化"现象及其治理》,光明日报智库研究与发布中心,2019-12-19。

王玲,谭雨欣 2020《团体语言应急能力构成及在防疫中的体现》,《语言战略研究》第 3 期。

王猛,邓国胜等 2020《中日韩乡村振兴的创新实践》,北京:中国社会科学出版社。

王宁 2020《儿童友好型城市住区公共空间景观设计研究》,大连工业大学硕士论文。

王文豪 2022《早期南洋吧城华侨语言使用情况研究——基于华侨历史文献〈公案簿〉》,《中国语言战略》第 2 期。

王希杰 1983《语言的美和美的言语》,济南:山东教育出版社。

王晓娟 2020《语言景观:学前儿童语言学习的生活化资源与路径》,《教育观察》第 24 期。

王晓梅 2016《城市语言研究——中国社会语言学的贡献》,中国社会科学网,2016-09-14。

王晓梅,朱菀莹 2019《语言认同对全球华语社区建构的作用》,《中国语言战略》第 1 期。

王耀南 2017《关于遏制校园霸凌问题的政策法律建议》,《青年时代》第 21 期。

王振昆,谢文庆 1981《语言美在生活中的作用》,《语文研究》第 2 期。

魏宏灿 2009《曹丕集校注》,合肥:安徽大学出版社。

温特 2000《国际政治的社会理论》,秦亚青译,上海:上海人民出版社。

文军,吴越菲 2017《流失"村民"的村落:传统村落的转型及其乡村性反思——基于 15 个典型村落的经验研究》,《社会学研究》第 4 期。

文秋芳,张天伟 2013《美国国家外语能力建设模式分析》,《外语教学与研究》第 6 期。

文永超 2012《英语缩略语在汉语存在的理据——兼论汉语的纯洁性》,《外国语文》第 5 期。

吴畏 2019《乡村振兴背景下的古苗疆走廊民族语言文化建设》,《贵州社会科学》第 11 期。

吴永焕 2008《汉语方言文化遗产保护的意义与对策》,《中国人民大学学报》第 4 期。

伍铁平 1982《礼貌语言中的词汇》,《语文研究》第 2 辑。

习近平 2014《在纪念孔子诞辰 2565 周年国际学术研讨会暨国际儒学联合第五届会员大会开幕会上的讲话》,北京:人民出版社。

习近平 2016《动员社会各界广泛参与家庭文明建设,推动形成社会主义家庭文明新风尚》,《人民日报》2016-12-13(01 版)。

习近平 2016《在哲学社会科学工作座谈会上的讲话》,新华网,http://www.xinhuanet.com/politics/2016-05/18/c_1118891128.htm。

习近平 2017《习近平谈治国理政》第 2 卷,北京:外文出版社。

习近平 2022《高举中国特色社会主义伟大旗帜 为全面建设社会主义现代化国家而团结奋斗——在中国共产党第二十次全国代表大会上的报告》,《人民日报》2022-10-26

(01版)。

侠客岛 2019《小区因"崇洋媚外"改名,好经不要被念歪了》,人民日报海外版微信公众号, 2019-06-19。

新华社 2016《我国将重点清理整治居民区等地名"大洋怪重"乱象》,新华网,http://www.xinhuanet.com//politics/2016-03/22/c_1118408992.htm。

新华社 2019《真正把整治"大洋怪重"地名办成为民服务的好事》,新华网,http://www.xinhuanet.com/politics/2019-06/21/c_1124655633.htm。

徐大明 2004《言语社区理论》,《中国社会语言学》第1期。

徐大明 2006《语言变异与变化》,上海:上海教育出版社。

徐大明 2012《语言服务与语言消费可扩大内需》,《中国社会科学报》2012-04-23。

徐大明 2013《语言能力、语言意识和语言素质》,载李向玉主编,《澳门语言文化研究2012》,澳门:澳门理工学院。

徐大明 2014《语言是人类的信息工具》,《琼州学院学报》第4期。

徐大明 2015《语言交换理论初探》,《琼州学院学报》第1期。

徐大明 2017《语言学理论对自然语言处理的影响和作用》,《云南师范大学学报(哲学社会科学版)》第3期。

徐大明 2018《语言是言语社区的设施——关于"语言识别"和"语言认同"的讨论》,《外国语言文学》第2期。

徐大明 2020《城市语言管理与城市语言文明建设》,《云南师范大学学报(哲学社会科学版)》第3期。

徐大明 2021《社会语言学的产生与发展:跨学科视角》,《语言战略研究》第1期。

徐大明 2022《超国家层面语言规划需要引进语言主体与社会机构互动的理念》,《语言战略研究》第2期。

徐大明,陶红印,谢天蔚 1997《当代社会语言学》,北京:中国社会科学出版社。

徐大明,齐汝莹 2016《语言外部化》,《语言政策与规划研究》第2期。

徐大明,王晓梅 2009《全球华语社区说略》,《吉林大学社会科学学报》第2期。

徐林,黄雨 2021《乡村振兴背景下民族地区语言使用现状及困境研究——基于贵州省从江县党郎村的语言调查》,《怀化学院学报》第3期。

徐茗,卢松 2015《城市语言景观研究进展及展望》,《人文地理》第1期。

徐勇 2019《论现代化中后期的乡村振兴》,《社会科学研究》第2期。

许宝华 1984《语言美和推广普通话》,《语文学习》第2期。

扬清 2002《中国古代语言文明传统论析》,《前沿》第11期。

杨刚,沈威 2020《语言自信与语言生活在地名博弈中的互动》,《宁夏大学学报(人文社会科学版)》第6期。

杨丽萍,张沥文,李现乐 2018《乡村振兴背景下语言生态建设的思考》,《中国语言战略》第1期。

杨联芬 2021《从"声音"发现文体——读陈平原〈现代中国的述学文体〉》,《南方文坛》第

2 期。

杨敏红 2021《乡村振兴视野下的义乌新农村语言景观研究——以缸窑村、马畈村为例》，浙江师范大学硕士学位论文。

杨荣华，宋楚婷 2021《南京城市公共服务领域的语言文明考察》，《中国语言战略》第 2 期。

杨燕起导读注译 2019《史记》，长沙：岳麓书社。

叶帆 2016《创造中华文化新辉煌》，《人民日报》，2016－09－14(07)。

叶明志，张晋碚，王玲，等 1997《影响中学生学习成绩的相关因素探讨》，《中国行为医学科学》第 4 期。

叶庆炳 1997《中国文学史》，台北：台湾学生书局。

依迪丝·汉密尔顿 2019《希腊精神》，葛海滨译，北京：华夏出版社。

殷晓莉 2022《乡村振兴背景下民族语言文化建设研究》，《文化产业》第 34 期。

银晴，田静，苏新春 2022《语言何以助力乡村振兴》，《语言战略研究》第 1 期。

于根元 1996《语言文明研究回顾》，《语文建设》第 6 期。

俞平伯，等 2013《唐诗鉴赏辞典》，上海：上海辞书出版社。

俞玮奇 2012《城市青少年语言使用与语言认同的年龄变化——南京市中小学生语言生活状况调查》，《语言文字应用》第 3 期。

俞玮奇，王婷婷，孙亚楠 2016《国际化大都市外侨聚居区的多语景观实态——以北京望京和上海古北为例》，《语言文字应用》第 1 期。

贠杰 2019《警惕语言腐败污染政治生态》，《人民论坛》第 20 期。

约翰逊 2016《语言政策》，方小兵译，北京：外语教学与研究出版社。

曾宏伟 2008《幼儿英语教育与国家语言文化安全》，《南京社会科学》第 2 期。

曾亚平，程洋 2020《家庭语言暴力的语用分析——从父母与孩子的沟通角度》，《哈尔滨职业技术学院学报》第 5 期。

张春丽，李星明 2007《非物质文化遗产概念研究述论》，《中华文化论坛》第 2 期。

张岱年，程宜山 2015《中国文化精神》，北京：北京大学出版社。

张娣 2007《商标名称呼唤语言文明》，《中国知识产权报》2007－09－14(06 版)。

张红军，吕明臣 2019《我国中小城镇语言景观研究——以语言规划为视角》，《社会科学战线》第 6 期。

张焕香，李卫红 2013《北京高校大学生语言文明状况调查研究》，《语言文字应用》第 3 期。

张璟玮 2019《澳门公共语言空间的语言管理》，《第四届国家语言战略高峰论坛论文集》。

张璟玮，徐大明 2008《人口流动与普通话普及》，《语言文字应用》第 3 期。

张平云 2008《护患和谐、语言文明在护理工作中的重要性》，《中国医药指南》第 15 期。

张日培 2015《言以兴邦》，《光明日报》2015－01－20。

张日培，孙晓先，栾印华，等 2020《上海语言文字工作四十年(1978—2018)》，《语言生活皮书——上海语言生活状况报告》，北京：商务印书馆。

张寿康 1981《浅谈礼貌语言兼及"您们"的用法》，《语文研究》第 2 辑。

张天伟 2020《语言景观研究的新路径、新方法与理论进展》，《语言战略研究》第 4 期。

张天伟 2021《国家语言能力指数体系完善与研究实践》,《语言战略研究》第 5 期。

张天伟,高新宁 2017《语言政策的话语研究路向:理论、方法与框架——高考外语改革政策的批评认知案例研究》,《外语研究》第 6 期。

张晓瑾 2020《基于大数据的宁夏语言景观研究》,《北方民族大学学报》第 1 期。

赵春燕 2022《乡村振兴视域下理塘县中札村的语言生活》,《语言战略研究》第 1 期。

赵红丹 2014《员工强制性组织公民行为的多层次形成机制》,《心理科学进展》第 8 期。

赵怀忠 1997《语言、文明与文明用语——兼论高校馆精神文明建设》,《当代图书馆》第 4 期。

赵清福 2005《谈中小学教师语言文明的基本要求》,《当代教育科学》第 23 期。

赵世举,邓毕娟 2020《危难之时更需语言正能量》,《中国语情》微信公众号 2020-01-31。

郑莉娜 2015《杭州首度为文明立法意味着什么》,《杭州日报》2015-08-27。

郑苏皖,张佳佳,吴白嫚 2019《江苏省家庭语言暴力状况调研报告》,《汉字文化》第 6 期。

郑献芹 2006《楼盘洋化名称的消极影响》,《修辞学习》第 2 期。

中共中央办公厅、国务院办公厅 2021《关于进一步减轻义务教育阶段学生作业负担和校外培训负担的意见》,教育部网站,2021-07-24。

中国社会科学院语言研究所词典编辑室 2016《现代汉语词典(第 7 版)》,北京:商务印书馆。

中华人民共和国教育部 2022《义务教育语文课程标准》,北京:北京师范大学出版社。

中央党校采访实录编辑室 2020《习近平在厦门》,北京:中共中央党校出版社。

中央文明办协调组 2003《创建文明城市》,北京:学习出版社。

周秋原 2005《强化语言规范化教育》,《湖北社会科学》第 6 期。

周为 2021《汲取历史力量,开创语言文字事业新未来》,《中国教育报》2021-08-18(01 版)。

周锡山 2018《王国维文学美学论著集》,上海:上海三联书店。

周晓春,范东生,马晓晴 2022《基于 VOS viewer 的国外语言景观研究计量学分析》,《上海理工大学学报(社会科学版)》第 1 期。

周振甫 2021《文心雕龙今译》,北京:中华书局。

朱金富,樊荣,崔二龙 1994《影响小学生学习成绩的家庭因素研究》,《新乡医学院学报》第 3 期。